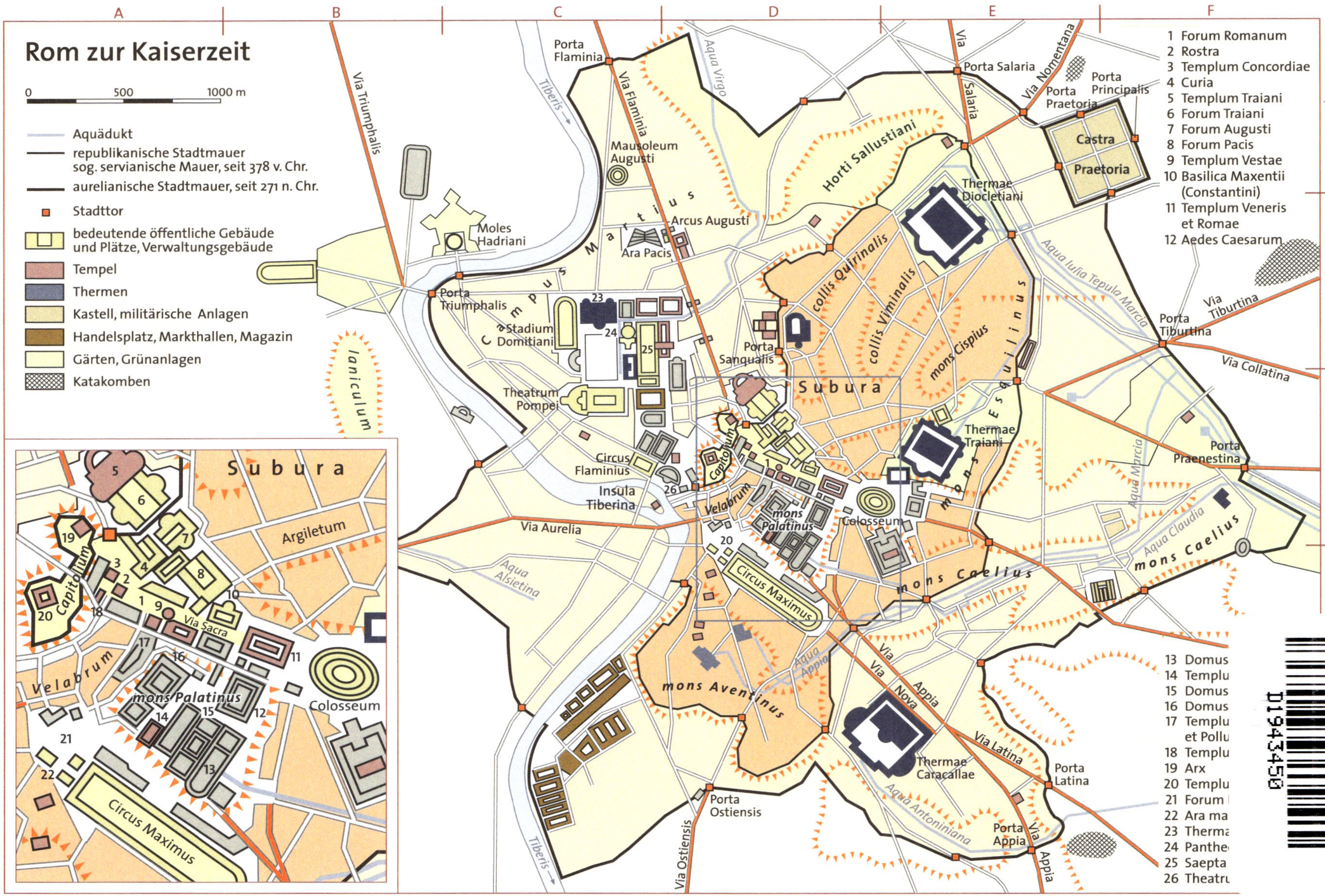

Rom zur Kaiserzeit
0 500 1000 m
Aquädukt
republikanische Stadtmauer sog. servianische Mauer, seit 378 v. Chr.
aurelianische Stadtmauer, seit 271 n. Chr.
Stadttor
bedeutende öffentliche Gebäude und Plätze, Verwaltungsgebäude
Tempel
Thermen
Kastell, militärische Anlagen
Handelsplatz, Markthallen, Magazin
Gärten, Grünanlagen
Katakomben
1 Forum Romanum
2 Rostra
3 Templum Concordiae
4 Curia
5 Templum Traiani
6 Forum Traiani
7 Forum Augusti
8 Forum Pacis
9 Templum Vestae
10 Basilica Maxentii (Constantini)
11 Templum Veneris et Romae
12 Aedes Caesarum
13 Domus
14 Templu
15 Domus
16 Domus
17 Templu et Pollu
18 Templu
19 Arx
20 Templu
21 Forum
22 Ara ma
23 Therma
24 Panthe
25 Saepta
26 Theatr
Via Triumphalis
Porta Flaminia
Via Flaminia
Tiberis
Aqua Virgo
Porta Salaria
Via Salaria
Via Nomentana
Porta Praetoria
Porta Principalis
Castra Praetoria
Mausoleum Augusti
Arcus Augusti
Ara Pacis
Campus Martius
Moles Hadriani
Porta Triumphalis
Stadium Domitiani
Theatrum Pompei
Ianiculum
Horti Sallustiani
Thermae Diocletiani
collis Quirinalis
collis Viminalis
mons Cispius
Esquilinus
Porta Sanqualis
Subura
Thermae Traiani
Circus Flaminius
Insula Tiberina
Capitolium
Velabrum
mons Palatinus
Colosseum
Circus Maximus
Via Aurelia
Aqua Alsietina
Aqua Iulia Tepula Marcia
Porta Tiburtina
Via Tiburtina
Via Collatina
Porta Praenestina
Aqua Marcia
Aqua Claudia
mons Caelius
mons Aventinus
Aqua Appia
Via Appia
Via Nova
Via Latina
Thermae Caracallae
Porta Latina
Porta Appia
Aqua Antoniniana
Porta Ostiensis
Via Ostiensis
Argiletum
Via Sacra
D1943450

Adeamus! 4

Ausgabe B

Herausgegeben von
Volker Berchtold, München
Prof. Dr. Markus Schauer, Bamberg

Erarbeitet von
Volker Berchtold, München
Benedikt Blumenfelder, München
Lena Büttner, Nürnberg
Anna Katharina Frings, Köln
Prof. Dr. Jens Holzhausen, Erlangen
Veronika Janser, Kaufbeuren
Dr. Ira Noss, München
Uwe Rollwagen, München
Dr. Cordula Safferling, Augsburg
Prof. Dr. Markus Schauer, Bamberg
Melanie Schölzel, Nürnberg
Dr. Sabine Seelentag, Köln
Udo Segerer, Rosenheim
Oliver Siegl, Bamberg
Dr. Elisabeth Strobl, Straubing
Kerstin Vormwald, Friedberg
Sabrina Weber, München

Berater (Archäologie):
Prof. Dr. Andreas Grüner, Erlangen

Oldenbourg Schulbuchverlag, München

Herausgeber:
Volker Berchtold, Prof. Dr. Markus Schauer

Erarbeitet von:
Volker Berchtold (München), Benedikt Blumenfelder (München), Lena Büttner (Nürnberg), Anna Katharina Frings (Köln), Prof. Dr. Jens Holzhausen (Erlangen), Veronika Janser (Kaufbeuren), Dr. Ira Noss (München), Uwe Rollwagen (München), Dr. Cordula Safferling (Augsburg), Prof. Dr. Markus Schauer (Bamberg), Melanie Schölzel (Nürnberg), Dr. Sabine Seelentag (Köln), Udo Segerer (Rosenheim), Oliver Siegl (Bamberg), Dr. Elisabeth Strobl (Straubing), Kerstin Vormwald (Friedberg), Sabrina Weber (München)

Redaktion:
Dr. Silke Anzinger; Grammatik-Teil, Wortschatz und Anhänge: Stefanie Ohmsen

Illustrationen und Karten:
Erika Heiligendorff: alle außer:
Barbara Steinitz: S. 39u., 43, 44, 48, 61re., 84, 86f., 89f., 95f., 103, 105, 108, 115f., 120, alle Zauberstäbe
Dorothee Mahnkopf: S. 8f., 36f., 58o. li., 64f., 92
Detlev Seidensticker: S. 79
Roland Beier: S. 106
Achim Norweg: Vorsatz
Ingrid Schobel: Nachsatz

Umschlaggestaltung:
Rosendahl Berlin
Agentur für Markendesign

Bildnachweis Cover:
Vordergrund: akg-images; Mittelgrund: akg-images | Erich Lessing; Hintergrund: akg-images | Hilbich

Layoutkonzept:
Christiane Gerstung, Buch- und Projektgestaltung, München;
Grammatik-Teil: moretypes, Lisa Neuhalfen, Berlin

Layout und technische Umsetzung:
MeGA 14, Marion Röhr; Grammatik-Teil: Marina Goldberg

www.cornelsen.de

1. Auflage, 1. Druck 2020

Alle Drucke dieser Auflage sind inhaltlich unverändert
und können im Unterricht nebeneinander verwendet werden.

Druck: Firmengruppe APPL, aprinta Druck, Wemding

ISBN 978-3-637-01940-9 (Schülerbuch)
ISBN 978-3-637-02418-2 (E-Book)

PEFC
PEFC/04-32-0928

PEFC zertifiziert
Dieses Produkt stammt aus nachhaltig bewirtschafteten Wäldern und kontrollierten Quellen.

www.pefc.de

Packen wir's an – ins vierte Jahr mit *Adeamus!*

In ***Adeamus! 1*** habt ihr Cicero und seine Familie kennengelernt und mit Marcus, Quintus, Rufus und Scintilla spannende Abenteuer erlebt. Dann seid ihr in die Welt der Götter und Helden eingetaucht und habt eine Reise durch die Zeiten begonnen. Sie führte von der Erschaffung der Welt bis zu den Anfängen Roms.

In ***Adeamus! 2*** habt ihr die Zeitreise fortgesetzt: von der Gründung der römischen Republik bis zur Zerstörung Karthagos. Auch ein Ausflug nach Pompeji stand auf dem Programm. Danach seid ihr in die Welt der Mythen zurückgekehrt und habt Pluto und Proserpina, Europa, Ikarus und Orpheus kennengelernt. Ihr habt die Argo bei ihrer Fahrt ans Ende der Welt, Theseus bei seinen Abenteuern und die Helden des Trojanischen Krieges bei ihrer Heimkehr begleitet.

In ***Adeamus! 3*** habt ihr zunächst Ödipus und Antigone mit ihrem tragischen Schicksal begleitet und dann eure Zeitreise mit Alexander, Caesar und Kleopatra bis zu Augustus, dem ersten Kaiser, fortgesetzt. Dann habt ihr vier Provinzen des Römischen Reiches sowie wichtige religiöse Zentren (z. B. Olympia und Delphi) kennengelernt.

In ***Adeamus! 4*** setzt ihr die Zeitreise fort bis zum Untergang des Römischen Reiches – und darüber hinaus. Ihr begegnet Kaisern wie dem verrückten Caligula, dem Eroberer Trajan, dem Philosophen Mark Aurel, Konstantin, der die Christenverfolgungen beendete – und Karl dem Großen **(Lektionen 61–65)**. Zum Schluss beschäftigt ihr euch mit der antiken Philosophie und ihren Fragen, z. B. nach dem Ursprung der Welt, nach dem Glück und nach dem richtigen Handeln. Ein Blick auf den Renaissance-Humanismus steht am Ende **(Lektionen 66–70)**. Etwas Neues bietet die etwas anders aufgebaute Abschlusssequenz: Hier findet ihr am Beispiel der antiken Erzählung „Amor und Psyche“ Anregungen zur digitalen Erarbeitung lateinischer Texte **(Lektionen 71–75)**.

Lernen mit *Adeamus!*

In der 8. Klasse kannst du dir noch mehr selber erarbeiten und weißt noch besser, was du zu tun hast. Daher bietet dir *Adeamus!* viele Möglichkeiten zum selbstständigen Arbeiten – alleine oder mit Lernpartnern.

Adeamus! 4 hat 15 Lektionen. Die ersten 10 umfassen wie bisher vier Seiten. Die letzten fünf sind doppelseitig; Hinweise zu deren Erarbeitung findest du auf S. 66–67.
Auf der **ersten Seite** bekommst du eine Einführung in das Thema und in den Wortschatz der Lektion: Die deutsche Sachinformation und ein einfacher lateinischer Text enthalten neue Vokabeln, die du dir bereits hier einprägen und auf diese Weise leicht merken kannst.

Lernwort	Dunkelbraun sind neue Vokabeln auf den ersten beiden Seiten jeder Lektion.
Themenwort	Hellbraun sind lateinische Wörter, die zu einem Thema gehören, die du aber nicht lernen musst.

Eigennamen kannst du im Eigennamenverzeichnis (ab S. 189) nachschlagen.

Auf der **zweiten Seite** kannst du dir weitere Vokabeln und die neue Grammatik erschließen. Die Aufgaben helfen dir dabei. Nachlesen und lernen kannst du den Stoff hinten im **Grammatik-Teil**. Auf der **dritten Seite** findest du zu jedem Grammatikschritt direkt die passenden Übungen.

W kennzeichnet Wortschatzeinführung und Wortschatzübungen.

G kennzeichnet die Grammatikschritte auf der Einführungsseite, hinten im Grammatik-Teil und auf der Übungsseite.

Z kennzeichnet eine zusätzliche Übung, die auch etwas anspruchsvoller sein kann.

H kennzeichnet eine Übung, die gezielt Hilfe für eine knifflige Stelle im Lesetext bietet.

WH kennzeichnet Übungen zur gezielten Wiederholung von Stoff aus früheren Lektionen; meist brauchst du den wiederholten Stoff gleich auf den folgenden Seiten.

Abracadabra! Bei den Übungen mit dem Zauberstab kannst du dir weitere Aufgaben überlegen. Wähle z. B. eine Aufgabe aus der Liste, die du hinten im Buch auf S. 195 findest.

(2) bedeutet (in Übungen): Verwende dieses Wort zweimal.

(!) bedeutet (in Übungen): Achtung, hier gibt es mehr als eine Lösung.

→ verweist dich auf eine Stelle im Buch, an der du weitere Informationen findest.

Auf der **vierten Seite** findest du den Lesetext. Diesen zu verstehen ist das Ziel jeder Lektion. Je gründlicher du dir die ersten drei Seiten erarbeitet hast, desto besser wird dir das gelingen. In den Lesetexten findest du manchmal *kursiv gedruckte Wörter*. Diese Wörter hast du nicht gelernt, aber du kannst sie dir – auch mithilfe der Tabelle S. 99 – selbst erschließen.

Jeweils fünf Lektionen ergeben eine **Sequenz**. Jede Sequenz wird mit einer **Wiederholungslektion** abgeschlossen. Sie umfasst Grundwissen mit Anregungen zum Weiterforschen, Methoden, Übungen und einen Wiederholungstext.
Bei den Übungen kannst du dir gezielt die für dich am besten passenden auswählen:

• kennzeichnet leichte Übungen, •• kennzeichnet mittelschwere Übungen, ••• kennzeichnet knifflige Übungen.

Der Wiederholungstext sollte wie jeder zusammenhängende lateinische Text im Unterricht behandelt werden, in statarischer oder bisweilen auch in kursorischer Lektüre.

Im **Lernwortschatzteil** findest du ebenfalls eine Extraseite **„Üben und Behalten“** am Ende jeder Sequenz. Sie verrät dir Tipps und Tricks, mit denen du Wörter leichter lernen und besser behalten kannst. Mit den Übungen auf der Seite kannst du das immer gleich ausprobieren.

Wir wünschen dir nun viel Freude und Erfolg beim Lateinlernen!

Zeichen der Macht – Kaiser und ihre Bilder

e

Hier siehst du die Statuen verschiedener Kaiser (→ S. 192). Jeder von ihnen will in seiner Regierungszeit Akzente setzen und diese auch durch seine bildliche Darstellung propagieren.

1. Ordne jedem der römischen Kaiser ein Etikett zu.
2. Ordne jedem Etikett die lateinische Entsprechung zu. Wähle alle Begriffe aus, die typische römische Werte darstellen: magnitudo – sapientia – divinitas – virtus – pietas
3. In der Tradition der römischen Kaiser steht Karl der Große. Entwickle eine Vermutung, was er von ihnen übernehmen kann.

f

a **Augustus** (reg. 27 v.–14 n. Chr.).
b **Claudius** (reg. 41–54 n. Chr.).
c **Trajan** (reg. 98–117 n. Chr.).
d **Mark Aurel** (reg. 161–180 n. Chr.).
e **Konstantin** (reg. 306–337 n. Chr.).
f **Karl der Große** (reg. 768–814 n. Chr.).

Die Kaiserzeit – von Augustus bis Nero

Wer hat die Macht im Staat? Seit Augustus galt der Kaiser mit seinen Vollmachten als Erster **(prīnceps, -ipis)** im Staat, auch wenn die Republik offiziell weiterbestand. Dies nennt man Prinzipat. Die Kaiser von Augustus bis Nero waren alle miteinander verwandt; sie bilden die julisch-claudische Dynastie (→ S. 192).
Augustus' Nachfolger **Tiberius** lernte aus der katastrophalen Niederlage **(clādēs, -is)** des Varus gegen die Germanen und stellte auch deshalb die Expansion östlich des Rheins ein.
Ihm war es vor allem wichtig, im Reich und an den Grenzen für Stabilität zu sorgen.
Caligula versuchte sich an der Eroberung Germaniens, die seit der Niederlage des Varus niemandem gelungen war. Er galt als selbstherrlicher Kaiser, der Ämter willkürlich vergab, schon zu Lebzeiten als Gott verehrt werden wollte und viele Senatoren hinrichten ließ. Nach nur vier Jahren wurde er ermordet.
Mehr militärischen Erfolg als er hatte **Claudius**: Ihm gelang es, Britannien zu erobern **(expūgnāre)** und zu einer Provinz zu machen.
Claudius' Nachfolger **Nero** war und ist umstritten: Er gab sich mehr als Künstler denn als Politiker. Man beschuldigte ihn, Rom in Brand gesteckt zu haben, aber dafür gibt es keine Beweise. Bei der Nachwelt geriet er vor allem deshalb in Verruf, weil er die Christen verfolgte.

Caligula. Statue, 1. Jh. n. Chr.

„Die spinnen, die Römer!" Zwei Germanen unterhalten sich:
„Caligula, **prīnceps** ille Rōmānōrum, terram nostram **expūgnāre** cōnātur." – „Mīror Rōmanōs tam stultōs esse! Nōnne Caligula memor est **clādis** acerbissimae, quam patrēs nostrī Vārō attulērunt?" – „Caligula fortior est quam Vārus. Est etiam fortior quam deī!" – „Quam deī?" – „Nūper procul vīdī eum ad lītus aciem īnstituere. Occultus appropinquāvī: Caligula mīlitēs iūssit tēla in undās conicere. Tum imperāvit, ut conchās[1] colligerent." – „Conchāsne[1]?" – „Conchās[1]! Arbitrātus est Neptūnum ā Rōmānīs victum esse conchāsque[1] esse praedam." – „Vereor, nē multī **incolae** huius regiōnis perdantur .... rīdendō!"

1) **concha**, -ae f: die Muschel

Macht zu viel Macht krank? Die große Machtfülle führte bei einigen römischen Kaisern zu Allmachtsfantasien bis hin zum Glauben an die eigene Göttlichkeit, aber auch zu Ängsten, die bisweilen in einen regelrechten Verfolgungswahn umschlugen. Vor allem Caligula und Nero sahen sich von Verschwörern umgeben und ließen deshalb viele Bürger hinrichten. Aber was Wahn und was berechtigte Furcht war, lässt sich oft schwer beurteilen. Die römischen Schriftsteller, die darüber berichten, sind nicht immer objektiv; man kann ihnen daher nur bedingt Glauben schenken.

1. *Beschreibe die Statue und erläutere, welche Tugenden Caligulas mit dieser Darstellung propagiert werden sollten.*
2. *Über die hier genannten Kaiser wurden viele kuriose Anekdoten erzählt. Recherchiere den Begriff ‚Caesarenwahn' und stelle die verrückteste Anekdote in der Lerngruppe vor.*

W G1 Noch mehr Verben legen ab

loquī, loquor, locūtus sum	dīcere; verba facere
rērī, reor, ratus sum	exīstimāre; putāre
proficīscī, proficīscor, profectus sum	iter inīre

a. *Gib mithilfe der rechten Spalte die Bedeutung der neuen Deponentien an und erschließe ihre Konjugation.*

querī, queror, questus sum	*Querulant*	Damit verfolgt man Ziele und erreicht sie auch.
orīrī, orior, ortus sum	*Orient*	Der beklagt sich ständig.
ūtī, ūtor, ūsus sum	*Utensil*	Dort geht die Sonne auf.
cōnsequī, cōnsequor, cōnsecūtus sum	*Konsequenz*	Das kann man gut gebrauchen.

b. *Ordne jedem der von den Deponentien abgeleiteten Fremdwörtern die passende Umschreibung in der rechten Spalte zu. Erschließe so die Bedeutung der lateinischen Wörter.*

c. *Gib die Konjugation der Deponentien an.*

G2 Partizipiales Neuland?

profectūrus

proficīscēns

profectus

(1) Claudius in Britanniam **profectūrus** nāvēs parat.

(2) Claudius in Britanniam **proficīscēns** ad portum respicit.

d. *Bestimme die markierten Formen und erschließe eine passende Übersetzung. Erkläre, inwiefern diese Formen für ein Deponens unerwartet sind.*

(3) Claudius in Britanniam **profectus** diū per mare nāvigat.

e. *Bestimme die markierte Form. Erschließe eine passende Übersetzung und erkläre, inwiefern diese Übersetzung den Eigenschaften eines Deponens entspricht.*

W ***1. Langer Rede kurzer Sinn. Ordne den Umschreibungen die Vokabeln zu. Achtung: Zwei Vokabeln bleiben übrig.***

ille vir, qui primus in civitate est – gentem vincere et regionem eius occupare – in terram – quam multi – aetas iuvenum – homines certam regionem colentes

iuventus – incolae – oriri – quot – princeps – consequi – expugnare – humum

2. Wer bin ich? Erschließe, welcher Kaiser jeweils der Sprecher sein könnte.

1. „Ego cladis Vari memor copias intra fines imperii tenui.“ 2. „Cum in scaenam[1] prodii, plerique me mirati sunt ob vocem meam pulcherrimam.“ 3. „Multi homines opinabantur me Tiberium interfecisse.“ 4. „Me principe Britannia expugnata est.“

1) **scaena**, -ae f: die Bühne

W G1 ***3. Wer hat nicht abgelegt?***

a. Wähle die vier Formen aus, die nicht zu einem Deponens gehören, und übersetze sie.

profectus sum – conamur – porrigeretur – utaris – minuta erant – fateri – polliceor – oriuntur – miror – loquemini – opineris – consumi – recusatur – fassus ero

b. Bestimme die Konjugation der Deponentien und übersetze die Form.

4. Doppelpack. Übersetze die Formen und weise ihnen bedeutungsgleiche Formen aus dem Kasten zu.

loquitur – rebor – pollicereris – verebamur

promittes – dicitur – proficiscebamur – putabor – timeamus – promittitur – dicit – oritur – promitteres – timebamur – opinabor – timebamus – consequar

5. Ein Kaiser wird verrückt. Ersetze die grünen Verben durch die Deponentien in Klammern und übersetze.

1. Caligula iam a iuventute insidias timebat (vereri). 2. Nam eius matrem inimici dolo necaverant, ne plures filii ex ea parerentur (oriri). 3. Praeterea Caligulae soror morbo gravi rapta est. Cuius mortem Caligula maxime flevit (queri). 4. His rebus sollicitatus se quoque periculis cirumdatum esse putavit (reri).

G2 ***6. Ich glaub, mich tritt ein Pferd! Gib alle Partizipialausdrücke an und übersetze dann den Text.***

1. Caligula Incitatum, equum suum celerrimum, auro et argento donavit. 2. Magna pecunia usus etiam domum praeclaram Incitato aedificavit. 3. Quas aedes statuis pulcherrimis ornavit arbitratus equum his rebus delectari. 4. Malam famam non veritus Incitatum etiam consulem facere voluit. 5. Sic palam ostendit se rem publicam, magistratus, dignitatem senatus contemnere. 6. Multi senatores Caligulam mente captum[1] esse rati denique insidias ei paraverunt.

1) **mente captus** (-a, -um): verrückt

Z ***7. Letzte Worte. Recherchiere, von welchen Kaisern die Zitate stammen, und erkläre, inwiefern sie zu diesen passen.***

Qualis artifex[1] pereo[2]!

Vae me[3], puto, concacavi[4] me!

1) **artifex**, -icis m: der Künstler
2) **perīre** = obīre 3) **Vae mē!:** Weh mir!, oje!
4) **sē concacāre**: sich in die Hose machen

Ist der Kaiser wahnsinnig?

Luxusgaleere Caligulas auf dem Nemisee. Liebig-Karte, 20. Jh.

Kaiser Caligula wurde schon in der Antike gern als typisches Beispiel für „Caesarenwahn“ dargestellt. Es wurden viele bizarre Geschichten von ihm erzählt, manche blutrünstig, manche eher lustig.

a. *Caligula – der Halsabschneider! Stelle Ausdrücke zusammen, die zu dieser Charakterisierung des Kaisers passen (Z. 1–9).*

b. *Caligula – der Versager! Stelle Ausdrücke zusammen, die zu dieser Charakterisierung des Kaisers passen (Z. 10–19).*

Caligulae persuāsum erat sē deīs nōn modo parem, sed etiam superiōrem esse. Quondam praeclārās statuās deōrum ē Graeciā afferrī iūssit. Quibus caput abstulit, ut suum caput impōneret. Neque vērō statuīs modo caput abstulit, sed etiam cīvibus, immō familiāribus suīs. Cum uxōris vel amīcae cervīcem ōsculābātur[1], loquī solēbat: „Tam pulchra cervīx! Ut iūsserō, secābitur.“ Profectō multa crīmina īnsidiāsque mōlītus est. Saepe etiam palam querēbātur temporibus suīs nūllās calamitātēs pūblicās accidere. „Cūr“, inquit, „nōn oriuntur incendia, famēs, pestilentia[2]? Cūr nōn caeduntur exercitūs, ut aetāte prīncipis Augustī in clāde Vāriānā caesī sunt? Cūr nōn ruit amphitheātrum ut Tiberiī aetāte?“

Quondam Caligula cum exercitū in Germāniam profectus ūsque ad castra prope Rhēnum flūmen sita prōcessit. Ibi sē ēgregium ducem ostendere voluit: Fictīs causīs ūtēns nōnnūllōs mīlitēs cum īgnōminiā ē mīlitiā dīmīsit; aliīs aes mīlitāre minuit. Nihil autem hōc bellō cōnsecūtus est. Nē captīvōs quidem habuit nisī ūnum Britannum, quī ē Britanniā pulsus ad eum fūgerat. Tamen *triumphum* agere voluit. Itaque Rōmam nūntium mīsit sē et Germāniam et Britanniam expūgnāvisse. Ratus in *triumphō* captīvīs opus esse coēgit nōnnūllōs incolās prōvinciae Rōmānae summittere comam[3] et sermōnem Germānum discere, ut currum *triumphātōris* sequentēs partēs Germānōrum agerent[4].

Münze, die an Siege des Germanicus erinnert, 37–41 n. Chr.

1) **ōsculārī**: küssen 2) **pestilentia**, -ae f: Seuche, Epidemie
3) **summittere comam**: die Haare wachsen lassen
4) **partēs agere**: eine Rolle spielen

c. *In Z. 6–9 äußert Caligula ungewöhnliche Wünsche. Erkläre, warum er sich dies wünschte.*

d. *Entwickle Vermutungen, welche der hier geschilderten Äußerungen und Taten Caligulas bewiesen und welche nur Gerüchte sind. Prüfe deine Ergebnisse durch Recherche.*

e. *Die Inschrift auf der Münze lautet:* **signis recep(tis) – devictis Germ(anis)**. *Erschließe, wofür Caligula hier gepriesen wird (**signa** sind die durch Varus verlorenen Feldzeichen) und überprüfe, ggf. auch durch Recherche, wie berechtigt das ist (→ S. 193).*

f. *Recherchiere im Internet nach einem Video über Caligulas Luxusschiffe im Nemisee.*

Trajan – ein Kaiser vor neuen Herausforderungen

Einer, der es besser macht. Etwa 100 Jahre nach der Begründung des Prinzipats **(prīncipātus, -ūs)** durch Augustus setzte Kaiser Trajan (→ S. 192) wieder ganz auf militärische Expansion. Unter ihm erlangte das Römische Reich seine größte Ausdehnung. Innenpolitisch grenzte sich Trajan bewusst von früheren, tyrannischen Kaisern ab, vor allem von Domitian: Trajan wollte von keinem römischen Bürger fordern **(pōstulāre)**, ihn als Gott zu verehren **(venerārī)**; er wollte kritischen Schriftstellern und Philosophen **(philosophus, -ī)** keine Strafen androhen **(minārī)**; niemand sollte fürchten, sterben **(morī, -ior)** zu müssen, nur weil er die Wahrheit gesagt hatte. Jeder römische Bürger hatte jetzt wieder das Recht auf einen Prozess. Dies war ein wesentlicher Grundsatz des römischen Rechtssystems. Für viele Römer wie etwa Plinius (derselbe, der als junger Mann den Vesuvausbruch miterlebt hatte) war das eine Befreiung. Von den Nichtrömern im Reich forderte man jedoch auch weiterhin, sich zum Kaiserkult zu bekennen **(cōnfitērī)**. Diese Forderung brachte vor allem die Christen unter ihnen in eine schwierige Lage.

Die Trajanssäule in Rom, 113 n. Chr.

Plinius berichtet einem Freund von Domitians Terror:

„**Cōnfiteor**: Gaudeō Domitiānum **mortuum esse**. Nam iste prīnceps variīs causīs ūsus multōs ad supplicium **dēdūcī** iūssit: Ōrātōribus, **philosophīs**, senātōribus oppressīs libertās omnis sublāta est. Fēminās quoque nōbilēs in exilium pepulit. Neque indiciīs neque iūdicibus opus erat: **Satis** erat nōmina Domitiānō occultē nūntiārī. Sīc Domitiānus **impetrāvit**, ut ab omnibus cīvibus timērētur: Nōnnūllōs damnāvit, cunctīs vērō poenam **minābātur**. Nunc dēmum redit animus: Trāiānus **prīncipātum** quidem sibi **pōstulat**, tamen nōn sine lībertāte cīvium."

Was hatte man gegen die Christen? Den Römern erschienen die Christen fremdartig: Sie verweigerten sich dem Kaiserkult, verzehrten beim Abendmahl den Leib Christi und verehrten Jesus, der wie ein gewöhnlicher Verbrecher die Kreuzesstrafe erlitten hatte. Doch zumeist lehnte man die Christen ab, ohne deren Religion zu kennen: Kaiser Nero z. B. verfolgte die Christen nur, weil er nach dem Brand Roms einen Sündenbock suchte. Generell waren römische Magistrate darüber beunruhigt, dass eine wachsende Zahl von Menschen an den staatlichen Kulten nicht mehr teilnahm und sich damit anscheinend von Staat und Kaiser abwandte.

Graffito in Rom, 3. Jh. n. Chr.

1. Recherchiere, welche Gebiete Trajan erobert hat und für welche Eroberung ihm die Trajanssäule errichtet wurde.

2. Für Plinius ist mit dem Regierungsantritt Trajans die Welt wieder in Ordnung. Schreibe einen Brief, den ein christlicher Zeitgenosse des Plinius verfasst haben könnte.

3. Die griechische Inschrift auf dem Graffito lautet: „Alexamenos verehrt seinen Gott". Erkläre, inwiefern das Graffito christenfeindlich ist.

W Vertrauensvoll die Rückkehr wagen …

audēre, -eō
cōnfīdere, -ō
revertī, -or

zurückkehren | vertrauen | wagen

a. Ordne den drei neuen Verben mithilfe bereits bekannter Wörter die Bedeutungen zu und begründe deine Zuordnung.

G1 Ein bekennender Christ – jetzt wie zuvor

Trotz der zunehmenden Verfolgungen ändert dieser Christ seinen Standpunkt nicht:

Hodiē …
… deōs Rōmānōrum colere nōn soleō.
… mē Chrīstiānum esse gaudeō.
… id etiam palam cōnfitērī **audeō**.
Nam Deō **cōnfīdō**.

Iam anteā …
… deōs Rōmānōrum colere nōn solitus sum.
… mē Chrīstiānum esse gāvīsus sum.
… id etiam palam cōnfitērī **ausus sum**.
Nam Deō **cōnfīsus sum**.

b. Die markierten Verben heißen Semideponentien („Halb-Deponentien"). Erkläre diesen Begriff.

revertī, revertor, revertī

*c. Dies sind die Stammformen des Semideponens **revertī**. Erkläre den Unterschied zu den Semideponentien oben.*

G2 Ein gewisses Pronomen

quīdam vir – **quaedam** fēmina – **quoddam** beneficium
cuiusdam virī – **cuiusdam** fēminae – **cuiusdam** beneficiī

*d. **quīdam** („ein gewisser") besteht aus **-dam** und einem dir bekannten Pronomen. Nenne es.*
e. Gib an, inwiefern folgende Formen abweichen, und formuliere eine Regel:
***quendam** – **quandam** – **quōrundam** – **quārundam**.*
*f. Dekliniere **quīdam**.*

W

1. Schau genau! Nenne die Bedeutung und bei Verben auch den Infinitiv.

captivus, captus – nomina, ignominia – sectus, consecutus – mora, mori – vix, cervix – aestus, aes – datis, satis – ventus, veneratus – sero, vero

G1

2. Nur halb. Ergänze die fehlenden Vokale der Verben und nenne deren Bedeutungen.

cnfdr – rvrt – slr – gdr – dr

3. Nervige Formen? Zwischen Domitian und Trajan herrschte für kurze Zeit ein weiterer Kaiser. Ermittle seinen Namen, indem du jeweils die entsprechende Form im Perfektstamm auswählst.

1. **solet**: solutus est (T) – solvit (V) – solitus est (N)
2. **confident**: confisi erunt (E) – confisi sunt (O) – confessi sunt (U)
3. **audebimus**: audiverimus (T) – ausi erimus (R) – audiemus (S)
4. **revertemur**: reverterimus (VA) – revertimus (AN) – revertimur (RO)

4. Störenfriede raus?! Unter der Herrschaft Domitians macht sich ein Christ Sorgen.

a. Gib an, ob bei den grünen Verben im Text ein Deponens oder ein Semideponens vorliegt, und nenne die Stammformen.

b. Übersetze.

1. „Pax est – sed paci non confido. 2. Nam imperator Domitianus poetas, viros doctos, senatores libere loquentes expellere solet. 3. Christianis eum non ut deum venerantibus etiam supplicium minatur. 4. Si audebimus confiteri nos Christianos esse, numquam salvi domum revertemur. 5. Iram Domitiani vereor."

G2

5. Es ist nicht alles schlecht! Ein Römer weist auf die positiven Seiten von Domitians Herrschaft hin.

a. Übersetze und achte dabei auf die passende Wiedergabe von quidam. Der Kasten ist dir dabei behilflich.

ein gewisser – einige – eine Art von – geradezu

1. „Cum quidam putent Domitianum dominum crudelem esse, ego eum tamen veneror. 2. Iussu eius exercitus noster incredibili quadam audacia et Britannos et Germanos oppugnavit. 3. Spero Domitianum ultro murum vel limitem[1] quendam ibi facturum esse. 4. Praeterea Romae monumenta quaedam velut arcum[2] Titi et stadium[3] in campo Martio aedificari iussit. 5. Eiusmodi res perficere divinae cuiusdam potentiae est."

1) **līmes**, -itis m: die Grenze
2) **arcus**, -ūs m: der Bogen
3) **stadium**, -ī n: das Stadion

b. Gib zu allen Formen von quidam den jeweils anderen Numerus an.

Z

6. Recherchiert in Gruppen nach den in Ü 5 erwähnten Bauwerken Domitians und präsentiert sie in der Lerngruppe.

H

7. Alles, was Recht ist!

a. Wähle alle Wendungen aus, die zum Sachfeld „Recht, Gericht" passen, und übersetze sie.

culpam confiteri – supplicium minari – nomen scelerati deferre – auxilium postulare – facta imperatori referre – animadvertere in sceleratum – militiam ferre – causas agere – optata impetrare – virum punire

b. Wähle die Wendungen aus (a) aus, die auch zu heutigem Recht noch passen.

Soll ich die Christen hinrichten lassen?

Bei C. Plinius Secundus, mittlerweile Statthalter der Provinz Bithynien und Pontus, häufen sich die Anzeigen: Immer mehr Menschen werden als Christen denunziert. Was tun? Mit einer Anfrage an den Kaiser Trajan will Plinius das Problem klären.

a. *Gib Person, Numerus und Tempus der Hauptsatzprädikate an und erschließe so, wo im Text Plinius dem Kaiser von seinem bisherigen Vorgehen berichtet (Z. 2–10).*
b. *Stelle die Anordnungen des Kaisers zusammen und paraphrasiere sie. Achte dabei neben der Bedeutung der Prädikate auch auf deren Modus (Z. 12–22).*

C. PLĪNIUS TRĀIĀNŌ IMPERĀTŌRĪ:
Omnia, dē quibus dubitō, ad tē, domine, referre soleō: Nesciō, an rēctē adhūc animadverterim in Chrīstiānōs. Causās enim ēgī hōc modō: Interrogāvī ipsōs, quī ad mē dēlātī erant, an essent Chrīstiānī. Omnibus, quī negābant sē Chrīstiānōs esse aut fuisse, permīsī ad suōs revertī – eā quidem condiciōne, ut anteā deōs nostrōs appellārent et imāginem tuam, quae propter hoc iussū meō allāta erat, venerārentur. Omnēs autem sē Chrīstiānōs esse cōnfitentēs iterum interrogāvī supplicium minātus. Quī adhūc cōnfitērī ausī sunt, eōs dēdūcī iūssī. Hoc autem maximē mīrābar: Paucī ē Chrīstiānīs dē iūdiciō questī sunt, immō nōnnūllī beātī vidēbantur. Etiam gāvīsī sunt deō suō cōnfīsī.

Christliche Inschrift. Rom, 2. Jh.

TRĀIĀNUS PLĪNIŌ:
Incrēdibilī quādam dīligentiā, mī[1] Secunde, causās eōrum ēgistī, quī tamquam Chrīstiānī ad tē dēlātī erant. Praetereā bene fēcistī, quod Chrīstiānōs nōn ipse conquīsīvistī. Chrīstiānī nē conquīrantur, etsī quīdam pōstulant! Omnēs autem, quī dēferuntur et convincuntur, pūnīrī oportet. Iī autem, quī negāverint sē Chrīstiānōs esse idque supplicandō deīs nostrīs manifestum fēcerint, veniam impetrent! Audīvī tibi quendam libellum sine auctōre prōpositum esse multōrum Chrīstiānōrum nōmina continentem. Quem neglegās! Fuit tempus quoddam, cum satis multī cīvēs Rōmānī mortuī sunt, quia ā quibusdam sine nōmine dēlātī sunt. Tālia nōn sunt iūstitiae, nōn sunt nostrī saeculī.

1) **mī**: *Vokativ* von meus, -a, -um

c. *Erkläre, worauf Trajan am Schluss (Z. 20–22) anspielt (→ S. 14).*
d. *Beurteile das Vorgehen des Plinius; beziehe auch seine Klagen über Domitian (→ S. 14) ein.*
e. *Zu den größten Leistungen der Römer zählt ihr Rechtssystem. Zeige am Text, dass Plinius als Richter ein bestimmtes juristisches Vorgehen einhält.*
f. *Erschließe die Bedeutung folgender römischer Rechtsgrundsätze und gib die Textstellen an, zu denen sie passen:* ***Iūs est ars bonī et aequī. – Summum iūs summa iniūria.***
g. *Recherchiere, warum gerade ein Fisch zum geheimen Zeichen der frühen Christen wurde.*

Ein Philosoph auf dem Kaiserthron

Kaiser Mark Aurel. Reiterstatue, 161–181 n. Chr., Kopie auf dem Kapitol in Rom.

Mark Aurel – der etwas andere Kaiser. Mehr als vierzig Jahre nach Trajan kam Mark Aurel an die Macht (→ S. 192). Er beschäftigte sich zeitlebens mit Philosophie **(philosophia)** und strebte danach, dass sein Denken und sein Handeln übereinstimmten. Gerade einen Kaiser, meinte er, sollte die Philosophie dazu ermuntern **(hortārī)**, mehr Gerechtigkeit zu bewirken **(efficere, -iō)**. Tatsächlich kümmerte sich Mark Aurel um die Gesetzgebung und stärkte u. a. die Rechte von Sklaven und Frauen. In seinem Werk „Selbstbetrachtungen" legt er seine Gedanken dar. Doch war seine Regierungszeit von Unglück geprägt: von Pest, Überschwemmung und zahlreichen **(crēber, -bra, -brum)** Barbareneinfällen. Vor allem die Markomannen im Norden stellten eine so große Gefahr dar, dass Mark Aurel seinen Armeen persönlich zu Hilfe eilen **(succurrere, -ō)** und die letzten Jahre seines Lebens vorwiegend in Militärlagern verbringen musste. Aus Angst vor dem Verderben **(perniciēs, -ēī)** suchten die Menschen damals wieder verstärkt Schutz **(praesidium)** bei den Göttern, und manche gaben den Christen die Schuld an allem, weshalb die Verfolgungen damals zunahmen.

Mark Aurel – der junge Philosoph

Mārcus Aurēlius iam puer in **philosophiā** versātus est. Tantum studium rēctē vīvendī eī fuit, ut tamquam pauper vītam agere vellet. Vītam commodam sprēvit, ut vidētur: Saepe famem et **sitim** sponte suā pertulit, ut animum exercēret. Nōn in lectō, sed humī dormīre solitus est. Māter frūstrā eum **hortāta est**, ut saltem[1] pelle prō lectō ūterētur. Cum prīnceps factus esset, incrēdibilī quādam dīligentiā studuit, ut et rem pūblicam et sē ipsum meliōrem faceret. Librō suō hominibus **suādet**, ut rēctē vivant.

1) **saltem**: wenigstens

Die Nordgrenze. Die Römer sicherten ab dem 1. Jh. n. Chr. die Grenzen ihrer Provinzen durch ein Befestigungssystem, den Limes **(līmes, -itis)**, von dem ein Teil durch das heutige Deutschland verläuft. Z. B. entstand die Stadt Regensburg aus einem Limeskastell, das Mark Aurel 179 n. Chr. gegründet hatte (Castra Régina). Der Limes schottete das Reich aber nicht völlig ab, sondern sicherte auch Handel und Austausch mit den Germanen (→ S. 193).

1. Im Text ist von der Stärkung der Rechte von Sklaven und Frauen die Rede. Recherchiere Beispiele, die zeigen, wie das römische Rechtssystem diese Gruppen benachteiligte.
2. Recherchiere den Verlauf des Limes in Deutschland und gib an, welche weiteren Städte ursprünglich von den Römern als Militärkastelle gegründet wurden.
3. Limes – Barriere oder Brücke? Recherchiere die Auswirkungen des Limes auf den Handel.

W1 *anima* – Alles, was weht …

a. *Die Grundbedeutung von **anima** ist „Lufthauch“. Erkläre, wie es zu den anderen drei Bedeutungen „der Atem“ – „die Seele“ – „das Leben“ kommt.*

W2 Durch Versuchen erfahren

Experte

experīrī, -ior, expertus sum

b. *Erkläre das Fremdwort „Experte“ mithilfe der drei Bedeutungen von **experīrī**: „versuchen; erfahren, kennenlernen“.*

WH Zwei Kasus – viele Funktionen

Sapientēs Graecōrum apud Rōmānōs māgnae auctōritātis/māgnā auctōritāte fuērunt:
Rōmānōrum amor **philosophiae** māgnus fuit. Verbīs sapientium gāvīsī sunt.
Etiam Mārcus Aurēlius **philosophiam** māgnī aestimāvit.
Mārcus Aurēlius: „Bonī prīncipis est cupīdinibus carēre et ratiōne rem pūblicam regere.“

c. *Übersetze und gib jeweils die Funktion des Genitivs bzw. des Ablativs an.*

G Ein Teil des Ganzen

Mārcus Aurēlius castra Régina condidit:
Mūrī māgnā cōpiā saxōrum factī sunt.

Aliquid mūrōrum adhūc vidēre possumus.

d. *Bestimme den Kasus der markierten Formen; übersetze und erkläre die Funktion des Kasus.*

W

1. Schau genau! Ordne die Bedeutung jeweils einem der beiden Wörter zu. Nenne die Bedeutung der übrigen Wörter.

1. celer – creber 2. hortari – hospiti
3. anima – animus 4. sitis – satis
5. experiri – explicare

Mut – erklären – zahlreich – Gast – genug

2. Wer findet am meisten? Führe die Wörter auf möglichst viele bekannte Bestandteile zurück ***(→ S. 99).***

proponere – deducere – conquirere – confidere – succurrere – tamquam – etsi – efficere – persuadere

WH

3. Wähle alle Genitive und Ablative aus. Nenne jeweils die Grundform und die deutsche Bedeutung.

perniciei – legioni – libellis – navium – auxilium – militum – magnitudine – dearum – diligentiae – tempestatis – honoris – ignis – pretium – praesidio

4. Lebensregeln des Mark Aurel.

a. Übersetze und nenne die Kasusfunktion.

1. M. Aurelius: „**Boni viri** est bene agere – non de bene agendo loqui. 2. Eum, qui ea, quae ceteros docet, ipse facere non potest, **parvi** aestimes! 3. Gaudeas **virtutibus** hominum, **vitiis** eorum ne laboraveris! 4. Vitia aut emendare[1] aut tolerare debemus; nam odium **hominum** nihil prodest. 5. Immo **ira** carere et **iustitia** res agere nos oportet."

1) **ēmendāre**: verbessern

b. Bewerte die Regeln: Stimmst du ihnen zu? Begründe deine Meinung.

5. Wilde Kaiser? a. Übersetze und ergänze die Namen. Achte auf eine treffende Wiedergabe der grünen Wendungen.

1. Primus ▬, imperator summae auctoritatis, multos annos rem publicam rexit. 2. Quidam dicunt: ▬ mente insana[1] fuisse videtur; nam se deis superiorem putavit et equum suum consulem fecit.
3. ▬ fuit magna virtute militari. Iussu eius Plinius Christianos imperatori supplicantes in carcerem[2] non deduxit.
4. ▬, imperator morum bonorum, librum quendam de philosophia scripsit.

M. Aurelius – Augustus – Traianus – Caligula

1) **īnsānus**, -a, -um: krank 2) **carcer**, -eris m: Kerker

b. Begründe deine Zuordnung.

G

6. Stimmengewirr im Feldlager.

a. Übersetze, was im Lager gesagt wird.

1. „Nihil novi audivistis?" 2. „Quid consilii imperator cepit?" 3. „Quem hostium vidistis?" 4. „Num multitudinem equitum nostrorum conspexistis?" 5. „Nonne Marcomanni atrocissimi omnium Germanorum sunt?" 6. „Nemo hostium nos superare potest."

b. Ordne die Aussagen nach Stimmungen: Wer ist zuversichtlich, wer eher skeptisch?

7. Herrscher der Superlative. Setze die Ausdrücke im Kasten in den Genitiv. Ordne sinnvoll zu und übersetze.

1. Imperator potentissimus ▬ erat.
2. Domus principis amplissima ▬ erat.
3. Eratne M. Aurelius sapientissimus ▬?
4. Imperatoris uxor nobilissima ▬ erat.

omnes feminae – omnes sapientes – omnes Romani – omnes villae

Z

8. Menschen mit Eigenschaften.

a. Bilde sinnvolle Sätze.

▬ mulier / vir ▬ est.

Cleopatra –	ingenii crudelis –
Augustus –	forma pulchra –
Tiberius –	magnae audaciae –
Caligula	incredibili quadam auctoritate –
	maxima nobilitate

b. Ergänze aktuelle Beispiele.

Rettung von oben

An der Grenze zu Germanien gerät das römische Heer unter Kaiser Mark Aurel in größte Not: Eingeschlossen von den Feinden, leidet es unter sengender Hitze. Alle Wasservorräte sind aufgebraucht. Die Lage scheint aussichtslos – doch der Offizier Donatus hat eine Idee.

a. *Stelle die Ausdrücke zusammen, mit denen Donatus seine Soldaten charakterisiert, und paraphrasiere sie (Z. 1–12).*
b. *Die wundersame Rettung ist im rechten oberen Teil der Abbildung dargestellt. Erläutere die Darstellung mithilfe des Textes (Z. 13–22).*

Die wundersame Rettung.
Darstellung auf der Mark-Aurel-Säule in Rom, 2. Jh. n. Chr

Dōnātus, vir māgnī animī, quī legiōnī XII praeerat, ad imperātōrem accessit et haec suāsit: „Bonō animō sīs, Caesar! Haud īgnōrās meam legiōnem ēgregiā virtūte esse. Etiam in eius modī perīculō mīlitēs meī fortissimōs sē praestābunt, nōn quidem pūgnandō, sed precandō. Chrīstiānī enim sunt. Iūppiter, ut vidētur, morātur nōbīs praesidiō venīre. Sine mīlitēs meōs auxilium petere ā deō suō! Fortāsse ille nōbīs contrā Germānōs succurret!“ Imperātor, ubī haec audīvit, Dōnātum hortātus est: „Age, experiāmur! Iube mīlitēs tuōs precārī, dum anima eīs est!“

Paulō post saevissimā tempestāte ortā ingēns cōpia aquārum ē caelō ruit. Rōmānī summā laetitiā prīmō ipsīs ōribus aquam captābant, deinde scūtīs[1] ac cassidibus[2] excipiēbant. Cum ipsī sitim exstīnxissent, equīs suīs cassidēs[2] aquae plēnās praebuērunt. Germānī autem crēbrīs fulminibus atque tonitrū[3] perterritī in fugam sē vertērunt. Posteā inter mīlitēs Rōmānōs contrōversia dē auctōre salūtis orta est: Chrīstiānī autem nōn dubitābant, quīn Chrīstus Rōmānōs ā perniciē servāvisset. Plūrimī autem mīlitum Iovem dēnique salūtem effēcisse dīxērunt. Imperātor autem contrōversiam aequō animō ferēns dīxit certē nēminem umquam cōgnitūrum esse, quis deōrum tempestātem mīsisset. Dōnātō autem grātiās ēgit et legiōnem XII honōris causā „Fulminātam“ nōmināvit.

1) **scūtum**, -ī n: der Schild 2) **cassis**, -idis f: der Helm 3) **tonitrus**, -ūs m: der Donner

c. *Charakterisiere Mark Aurel im Text; vergleiche dies mit dem, was du bereits über ihn weißt.*
d. *Recherchiere, wie sich Mark Aurel zu den Christenverfolgungen verhielt. Entwickle vor diesem Hintergrund eine Vermutung, in welcher Absicht die obige Geschichte so erzählt worden ist.*
e. *Einfallende Germanen brachten die Nordgrenze im Laufe der Kaiserzeit in immer größere Bedrängnis. Zeige, inwiefern dieser Text ein typisches Dokument für die Umstände jener Zeit ist.*

Konstantin – eine neue Religion wird anerkannt

Schlacht an der Milvischen Brücke.
Fresko von Raffael, 15. Jh.

Ein Heerführer auf dem Kaiserthron. Am Anfang des 4. Jh. war die Macht über das Römische Reich unter vier Regenten aufgeteilt, zwei im Osten und zwei im Westen. So konnten die Kaiser schneller handeln, wenn sie z. B. Barbaren von Angriffen abhalten **(arcēre)** mussten. Die Herrscher im Westen waren Maxentius in Rom und Konstantin in Trier. Doch es kam zum Bruch und Konstantin marschierte in Italien ein und besiegte Maxentius vor Rom an der Milvischen Brücke (312). Ein Jahr später erließ Konstantin das Toleranzedikt von Mailand: Ab jetzt sollte der Staat die Religion nicht mehr vorschreiben **(praecipere, -iō)**. Weil damit auch das Christentum erlaubt war, schmücken christliche Quellen den Sieg an der Milvischen Brücke stark aus und stilisieren Konstantin zu einem christlichen Herrscher; tatsächlich ist aber nicht einmal sicher, ob er sich taufen ließ. Sicher ist nur, dass er sich viel Mühe **(opera)** gab, das Reich zu einen. Der religiösen Einigung ließ er die politische folgen **(sequī, -or)**, indem er auch die östliche Reichshälfte unter seine Herrschaft brachte. Dort gründete er Konstantinopel, das er mit prachtvollen Gebäuden unterschiedlichster Art **(genus, -eris)**, darunter auch mancher Kirche **(ecclēsia)**, zur neuen Hauptstadt ausbauen ließ.

Die Legende von Konstantins Mutter Helena und dem Heiligen Kreuz

Ōlim Helena Hierosolymīs versāta est. Ibi **operam** dedit, ut sānctam crucem Iēsū Chrīstī invenīret. At nōn ūna crux, sed trēs crucēs inventae sunt. Nēmō eōrum, quī Helenam **secūtī erant**, scīvit, quae eārum vēra crux esset. Inde contrōversia orta est. Helena autem morāta nōn est. „Nōn dubitō“, inquit, „quīn sāncta crux omnia mala **arceat** et mortuīs vītam reddere possit.“ Itaque corpus mortuī crucibus tangī iūssit. Et profectō mortuus, cum prīmum vērā cruce tāctus est, statim in vītam rediit.

Das Ende des Reiches. In den Jahren nach Konstantin zerfiel das Reich wieder in zwei Teile. Im Westteil wurde Ravenna Hauptstadt, im Ostteil Konstantinopel. Das Westreich wurde zunehmend von aus dem Norden einfallenden Stämmen wie den Vandalen und den Hunnen bedrängt und hielt auf die Dauer nicht stand. Der letzte weströmische Kaiser, Romulus Augustulus (→ S. 192), wurde von dem Germanen Odoaker abgesetzt (476). Das oströmische Reich bestand bis zur Eroberung durch die Türken (1453). Infolgedessen heißt Konstantinopel heute Istanbul.

1. *Später unter Theodosius wurde das Christentum zur Staatsreligion. Erschließe den Unterschied zwischen dem Edikt von Mailand und dem des Theodosius.*
2. *Beschreibe das Bild; zeige Konstantin und Maxentius und erläutere, wie Konstantin hervorgehoben ist.*

Kaiser Konstantin baut ein zweites Rom

Nachdem sich Konstantin in schweren, zerstörerischen Kämpfen als Alleinherrscher durchgesetzt hat, plant er, im östlichen Teil des Imperiums eine neue Residenzstadt zu gründen.

Konstantin gründet Konstantinopel.
Gemälde von Peter Paul Rubens, 17. Jh

a. *Erstelle eine graphische Analyse des Satzgefüges Z. 4–8 mithilfe einer passenden Methode.*
b. *Stelle alle Gerundivkonstruktionen zusammen, erschließe deren Inhalt und entwickle Vermutungen über Konstantins Ziele bei der Stadtgründung (Z. 13–21).*

Cōnstantīnus sciēbat imperātōrēs māiōrem laudem merēre posse urbēs condendō quam dēlendō. Quamobrem urbem Rōmae parem condere voluit. Cum multum temporis cōnsūmpsisset in dēlīberandō, quī locus idōneus esset ad illud perficiendum, dēnique profectus est ad lītus Trōiae, ut urbem conderet eō locō, unde Aenēās, auctor generis Rōmānī, in Latium fūgerat. Statim initium fēcit firmōs mūrōs exstruendī, sed spatium incepta perficiendī nōn erat: Noctū enim Deus eī appāruit eumque in somniō ostendit Bȳzantium, oppidum ad Bosporum situm, quod Graecī ōlim condiderant. Ibi Deus Cōnstantīnō praecēpit: „Hoc oppidum alteram Rōmam faciēs et eī impōnes nōmen tuum!“

Posterō diē Cōnstantīnus cōnsilium Trōiae relinquendae cēpit, ut Bȳzantium alteram Rōmam faceret. Cum eō vēnisset, statim intellēxit locum valdē opportūnum esse et ad commercium faciendum et ad hostēs arcendōs. Cum fōrmam[1] urbis novae cōnstitueret, Deī celebrandī causā omnem cūram atque operam posuit in ecclēsiīs Chrīstiānīs aedificandīs. Antīquīs autem templīs cōnservandīs studēbat conciliāre animōs eōrum, quī nōndum Chrīstum sequēbantur. Praetereā iūssit mediō in forō columnam ingentem exstruī et in eā collocārī statuam Sōlis, quī dextrā globum tenēbat; circum caput eius radiī sōlis erant. In statuā scrīptum erat: „Cōnstantīnō Sōlis mōre splendentī.“

1) **fōrma**, -ae f *hier*: Bauplan, Entwurf

c. *„Konstantin wollte aus politischem Kalkül die religiösen Strömungen seiner Zeit in Einklang bringen.“ Erläutere diese Aussage anhand des Textes. Beziehe dabei auch folgende Bibelstelle mit ein, in der über Jesus gesagt wird:* ***et [re]splenduit faciēs eius [sīc]ut sōl*** *(Mt. 17,1).*
d. *Erörtere, ob Rubens in seinem Gemälde eher die christlichen oder eher die heidnischen Aspekte Konstantins in den Vordergrund stellt.*
e. *Konstantin hat in mehreren Städten bedeutende Bauwerke hinterlassen, die heute noch erhalten sind. Recherchiere nach seinen Bauwerken in Rom.*

Karl der Große und die „Translatio imperii“

Karl der Große beim Papst. Miniatur, 15. Jh.

Die Neugründung des Reiches. Nach dem Untergang des weströmischen Reiches erlangte erstmals der Frankenkönig Karl der Große wieder eine Stellung, die der eines römischen Kaisers ähnlich **(similis, -e)** war. Karl wollte sein Reich nach innen einen und nach außen schützen **(tuērī)** und vergrößern. Gegen die benachbarten heidnischen Sachsen führte er als christlicher Herrscher nicht nur Krieg, sondern ließ ihre heilige Säule, die Irminsul, zerstören **(ēvertere, -ō)**. Das machte jeden Vertrag **(foedus, -eris)** oder gar Freundschaft **(amīcitia)** zwischen ihnen unmöglich und war der Beginn langer blutiger Kriege. Doch schließlich erfolgte die Unterwerfung **(dēditiō, -ōnis)** der Sachsen. Karl führte auch Kriege in Italien, Spanien und auf dem Balkan. Schließlich zog er nach Rom und ließ sich vom Papst zum Kaiser krönen (800 n. Chr.). Karl wurde damit der erste Kaiser seit 476. Im Mittelalter sah man darin die Übertragung **(trānslātiō, -ōnis)** des Römischen Reiches an die Franken.

Karl und die Bildung

Karolus imperium suum **tuērī** studuit nōn solum hostibus arcendīs vel **foederibus** cum gentibus **exterīs** faciendīs, sed etiam litterīs augendīs: Cum plērīque nōbilēs illīus aetātis nē legendī quidem perītī essent, Karolus etiam litterīs scrībendīs operam dedit. Ratus noctem ad discendum valdē opportūnam esse libellōs in lectō pōnere solēbat. Maximam autem laudem meruit, cum librōs antīquōs colligī iubēret.

Karolingische Renaissance. Um sein Reich zu einer Einheit zu schmieden, setzte Karl der Große auch sehr auf Kultur und Wissenschaft. An seinem Hof in Aachen versammelte er Gelehrte und Wissenschaftler aus ganz Europa und er förderte Latein als Wissenschafts- und Handelssprache. Um an das Wissen der Antike anzuknüpfen, ließ Karl antike Schriften – christliche und heidnische – sammeln und abschreiben. Eine Schriftreform machte zudem die Literatur leichter zugänglich: Die neuen karolingischen Minuskeln waren leichter lesbar als die bis dahin üblichen Großbuchstaben. Wie wichtig Karl die Verbreitung von Bildung und Wissen im ganzen Land war, zeigt sich darin, dass er auch die Einrichtung von Klosterschulen förderte, die nicht nur Mönchen, sondern allen offenstehen sollten.

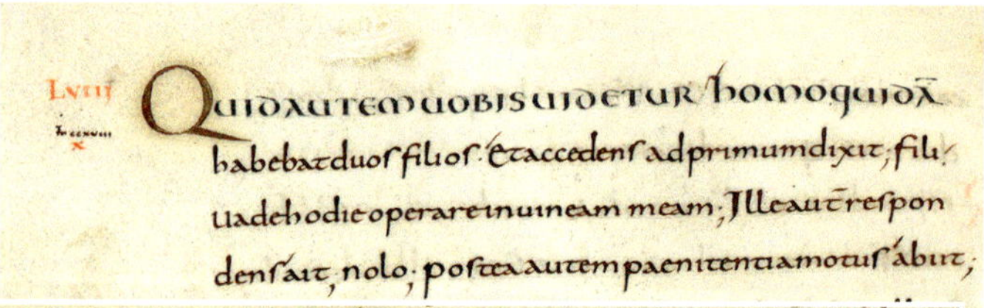

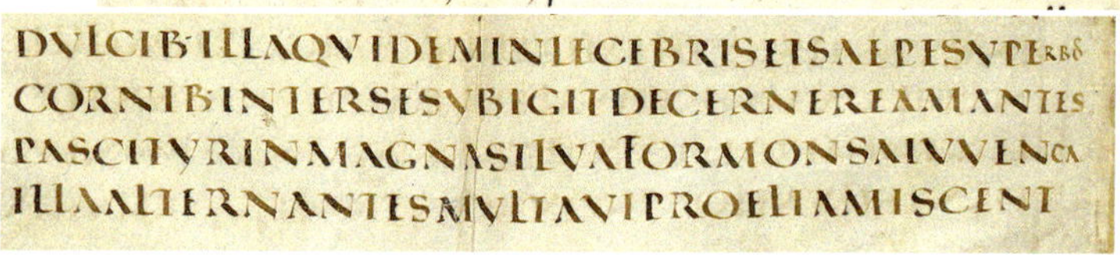

1. Beschreibe die Abbildung oben und erläutere die dargestellte Szene.

2. Gib an, welches Schriftbeispiel antik und welches mittelalterlich ist, und begründe deine Wahl.

W Fortleben der Antike ...

praesēns, -entis	*Präsens*	– die Zeitstufe des gegenwärtigen Geschehens
patī, patior, passus sum	*Patient*	– ein Beschluss, der öffentlich bekannt gemacht wird
ēdīcere, -ō	*Edikt*	– Person, die einen Arzt aufsucht, weil sie leidet

a. Ordne jedem Fremdwort die passende Umschreibung zu und erschließe so die Bedeutung der lateinischen Wörter.
b. Erschließe die Stammformen von **ēdīcere**.

G1 Bildung – ein Muss für Karl den Großen

Was ist zu tun?
(1) Lingua Latīna discenda est.

c. Erschließe, wie das Gerundivum mit **esse** *zu übersetzen ist.*

Was ist von uns zu tun?
(2) Lingua Latīna nōbīs discenda est.

d. Erschließe die Übersetzung und beschreibe, welche Funktion der Dativ beim Gerundivum mit **esse** *hat.*
e. Formuliere für (1) und (2) weitere Übersetzungen.

(3) Lingua Latīna nōbīs neglegenda nōn est.

f. Erschließe, wie das verneinte Gerundivum mit **esse** *zu übersetzen ist.*

G2 Unterricht hat seinen Zweck

(1) Magister puerōs docendōs accipit.
(2) Eīs librōs legendōs dat.

g. Das prädikative Gerundivum kann nach einigen Verben einen Zweck ausdrücken. Erschließe eine passende Übersetzung.

W

1. Schau genau! Nenne jeweils die Grundform und deren Bedeutung.

somnium, omnium – nolim, olim – universus, eversus – exter, dexter – liberas, deliberas – passus, fassus

2. Mit den Augen eines Mönchs: Übertrage die Großbuchstaben in moderne Schrift mit Worttrennung. Nenne die Bedeutung der lateinischen Wörter.

COMMERCIUMFELIXNOCTUCHRISTIA
NUSOPPORTUNUSMARESPLENDEREV
ALDEQUAMOBREMFIRMUSVIRFOEDU
SAMICITIAVILLAMEREREPUERSIMILIS

G1

3. Stoppt den Bildungsverfall! Karl ergreift Maßnahmen.

a. Die Frage nach dem Was. Übersetze zuerst ohne die grünen Wörter.

1. Karolus: „Magistris liberi docendi sunt. 2. Litterae Latinae monachis[1] clare scribendae sunt. 3. Libri antiqui viris doctis undique colligendi sunt. 4. Hoc inceptum eis diligenter perficiendum est."

1) **monachus**, -ī m: der Mönch

b. Die Frage nach dem Wer. Übersetze die obigen Sätze nun komplett.

4. Wandle Karls größtes Anliegen in einen Satz mit prädikativem Gerundivum um. Wähle dazu die richtigen Satzbausteine aus.

„Omnes litteras discere debent." → „Litterae ...

☐ omnes ☐ omnibus	☐ discendae sint." ☐ discendi sunt." ☐ discendae sunt."

5. Nicht mit uns, Karl! a. Der Heerführer der Sachsen ermuntert seine Krieger zum Angriff. Übersetze und gib an, ob eine persönliche oder unpersönliche Gerundivkonstruktion vorliegt.

1. „Audite, Saxones! Karolus edixit nos vincendos esse. 2. Sed id nobis patiendum non est! Franci oppugnandi sunt. 3. Proinde sequimini me, Saxones! Verbis meis parendum est!"

b. Nach der Ansprache ihres Heerführers sind die Sachsen kaum noch zu halten. Übersetze.

1. „Hostes superandi sunt!" 2. „Armis utendum est." 3. „Domus Francorum evertendae sunt!" 4. „Hostibus parcendum non est!" 5. „Gloriae studendum est!"

G2

6. Karl für Kenner. Übersetze und überprüfe die Richtigkeit der Aussagen durch Recherche.

1. Karolus Einhardo abbati[1] libros describendos[2] dedit. 2. Non solum filios, sed etiam filias suas magistris educandas[3] tradidit. 3. Tassilonem, ducem Baioariorum, servandum suscepit. 4. Karolus etiam ecclesiam claram aedificandam curavit.

1) **abbās**, -ātis m: der Abt
2) **dēscrībere**, -ō, -scrīpsī, -scrīptum: abschreiben
3) **ēducāre**: erziehen

7. Diese Inschrift steht auf einer Goldmünze Karls. Zeige, inwiefern Karl damit an die Antike anknüpft.

DOMINUS NOSTER KARLUS IMPERATOR AUGUSTUS REX FRANCORUM ET LANGOBARDUM

Z

8. Das ist Karls Signatur; davon schrieb er freilich nur den „Y"-ähnlichen Strich in der Mitte selbst. Entschlüssele sie: Sie enthält alle Buchstaben seines lateinischen Namens.

Lässt Karl der Große den Himmel einstürzen?

Der wilde germanische Stamm der Sachsen will sich weder den Franken unterwerfen noch sich zum christlichen Glauben bekehren lassen. Immer wieder unternehmen die Sachsen Raubzüge auf fränkisches Gebiet. Karl beschließt gegen die Sachsen in den Krieg zu ziehen.

a. *Karl nimmt bei seinem Feldzug die ‚Irminsul' ins Visier. Begründe sein Vorgehen, indem du Informationen zur Irminsul aus dem Text zusammenstellst und paraphrasierst (Z. 1–16).*
b. *‚Wahrer Glaube' – ‚heidnischer Aberglaube': Ordne diesen beiden Sachfeldern Begriffe aus dem Text zu (Z. 17–25).*

Karl lässt die Irminsul umstürzen. Von H. Wislicenus, 19. Jh.

Karolus mīlitēs hortātus est: „Saxonēs vī atque armīs ad hūmānitātem dūcendī et ad religiōnem Chrīstiānam convertendī sunt. Priusquam autem ipsōs superēmus, daemonēs[1] eōrum nōbīs superandī sunt!" Itaque cum exercitū Irminsul petīvit. Quae fuit columna līgnea[2], arborī similis, in altum ērēcta, quam Saxonēs quasi dīvam venerābantur. Karolus, ubī eō pervēnit, Saxonum sacerdōtēs et prīncipēs, quī aderant, ā mīlitibus armātīs cingī iūssit. Tum columnam caedendam esse ēdīxit. Statim ūnus ē sacerdōtibus eum monuit: „Sī tū arbitrāris tibi adversus nōs pūgnandum esse, pūgnēs! Sī arbitrāris tibi vāstandōs esse agrōs nostrōs, vāstēs! Sed haec columna nūllō pactō est ēvertenda: Sustinet caelum!"

Karolus respondit: „Ista columna certō nihil aliud nisī caelum fictōrum daemonum[1] sustinet! Ego suscēpī glōriam Deī tuendam augendamque. Iam paene omnēs barbarās ac ferās gentēs Germānōrum in dēditiōnem accēpī; rēgēs exterī, quī ultimīs terrīs imperant, mihi per amīcitiam et foedera coniūnctī sunt. Vōs tantum adhūc nōn solum mihi, sed etiam Deō resistitis. Nōn patiar. Tandem vōbīs cultus daemonum[1] omittendus est; aliter trādam mīlitibus meīs tōtam gentem vestram dēlendam! Posthāc vōbīs Chrīstiāna religiō cum pietāte colenda erit. Daemonēs[1] autem vestrōs nihil valēre brevī cōgnōscētis!" Quae cum dīxisset, Saxonibus praesentibus columnam illam caedendam cūrāvit.

1) **daemōn**, -onis m: der Dämon 2) **līgneus**, -a, -um: hölzern

c. *Nach der Fällung der Irminsul: Formuliert in Gruppen mögliche Reaktionen der Soldaten Karls einerseits und der Sachsen andererseits.*
d. *Erläutere ausgehend vom Text, inwiefern Religion für politische Zwecke instrumentalisiert werden kann. Stellt weitere Beispiele aus der (jüngeren) Geschichte zusammen.*

Die römische Kaiserzeit

Frühe Kaiserzeit: Die Julier-Claudier

Die Regierungsform des Prinzipats blieb auch unter den Nachfolgern des Augustus erhalten. Manchem Kaiser stiegen Macht und göttergleiche Verehrung zu Kopf, sodass die Nachwelt ihm „Caesarenwahn“ nachsagte. Außenpolitisch ging die Expansionspolitik weiter. Im Norden wurde Britannien erobert, in Germanien aber kein dauerhafter Erfolg erzielt.

1. *Gestalte eine bebilderte Übersicht zum julisch-claudischen Kaiserhaus; gib dabei zu jedem Kaiser eine charakteristische Begebenheit an.*

Mittlere Kaiserzeit: Trajan; Christen

Reichsweit breitete sich nun das Christentum aus. Die Christen wurden von ihren Mitmenschen oft angefeindet und unter einigen Kaisern rigoros verfolgt. Nach außen erreichte das Römische Reich unter Kaiser Trajan seine größte Ausdehnung.

2. *„Interpretatio Romana“ beschreibt das typische Verhältnis der Römer zu fremden Göttern. Belege anhand von Recherche, inwiefern ihr Verhältnis zu den Christen untypisch ist.*

Mittlere Kaiserzeit: Mark Aurel

Mit Mark Aurel gelangte ein Philosoph auf den Thron, der auch als Kaiser seine Grundsätze zu verwirklichen suchte, etwa in einer humanen Gesetzgebung und Rechtsprechung. Er verfasste auch ein bis heute berühmtes Werk, die „Selbstbetrachtungen“. Doch er musste auch zahlreiche Kriege führen, vor allem im Norden. Zur Stabilisierung der Grenzen wurde seit damals der Limes stark ausgebaut und mit Kastellen gesichert, darunter das heutige Regensburg.

3. *„Die Kunst des Lebens besteht mehr im Ringen als im Tanzen“ sagt Mark Aurel in den „Selbstbetrachtungen“.* ***a.*** *Zeige den Bezug zu seinem Leben auf.* ***b.*** *Diskutiert, ob die Aussage auch auf das Leben heute zutrifft.*

Späte Kaiserzeit: Konstantin

Nach seinem Sieg an der Milvischen Brücke (312) erließ Konstantin das Toleranzedikt von Mailand, das den Christenverfolgungen ein Ende setzte (313); Staatsreligion wurde das Christentum erst unter Theodosius (380). – Konstantin gründete Konstantinopel und verlagerte seine Residenz dorthin. Mit Konstantinopel als Hauptstadt bestand die östliche Reichshälfte bis 1453, während das weströmische Reich schon im 5. Jh. unterging.

4. *Erkläre, ggf. anhand von Recherche, warum unter Kaiser Theodosius 393 n. Chr. die olympischen Spiele abgeschafft wurden.*

Fortleben der Antike – die Karolingische Renaissance

Karl der Große stellte sich bewusst in die Tradition der römischen Kaiser. Er übertrug die Idee des umfassenden Imperium Romanum auf sein Reich. Einheitsstiftend sollte auch die lateinische Sprache wirken, die Karl bewusst förderte. So ließ er Gelehrte aus ganz Europa an seinen Hof kommen, wo er eine große Bibliothek einrichtete. Klassische Literatur wurde eifrig gesammelt und kopiert, aber auch eine gesicherte Textfassung der Bibel erarbeitet. Zudem machte eine neue Buchschrift, die karolingische Minuskel, Literatur leichter lesbar.

5. *Recherchiere nach dem Aachener Dom und dem Teil, der auf Karl zurückgeht. Erkläre die Besonderheiten dieser Architektur.*

Alle Wege führen nach Rom – kein Weg führt an Rom vorbei! (1)

Das lange Bestehen des Römischen Reichs führte dazu, dass auch unsere heutige Welt in Europa in vielen Bereichen von Rom und den Errungenschaften der Römer geprägt ist.

Rom blieb auch nach dem Untergang des Römischen Reichs Sitz des Papstes und damit Zentrum der katholischen Kirche. Latein war über Jahrhunderte hinweg die Sprache der Kirche. Bis heute werden alle amtlichen Texte von öffentlicher Bedeutung vom Vatikan auch auf Lateinisch herausgegeben.

§

Die Römer hatten in ihrem Reich durch ihre Rechtsprechung und Provinzverwaltung auch immer ihre Rechtssatzungen weitergegeben. Unter Kaiser Justinian (6. Jh.) wurde das römische Recht im Codex Iuris Civilis gesammelt und kodifiziert (schriftlich festgehalten). Darauf basiert bis heute das Bürgerliche Gesetzbuch. Mit seiner umfassenden Systematik wurde das römische Recht weltweit führend. Noch immer werden wichtige Rechtsgrundsätze auf Lateinisch zitiert.

Latein war über Jahrhunderte hinweg die einigende Sprache in Europa. Neben der vom Lateinischen ausgehenden Entwicklung der romanischen Sprachen blieb Latein als Sprache der Wissenschaften, der Kirche und der Politik lange Zeit bestehen. Bis heute werden in der Biologie und Medizin lateinische Fachbegriffe verwendet, die internationale Geltung haben.

1. *Ordne den Titeln der päpstlichen Rundschreiben (Enzykliken) den passenden Inhalt zu:* ***Laborem exercens*** *(Johannes Paul II.) –* ***Spe salvi*** *(Benedikt XVI.) –* ***Lumen fidei*** *(Franziskus); die Arbeit als besonderes Kennzeichen des Menschen – der Glaube als Maßstab für menschliches Handeln – die Hoffnung als Kennzeichen des Christen.*
2. *Rechtsgrundsätze, die gerne auf Latein zitiert werden, sind z. B.:* ***Audiatur et altera pars.*** *–* ***nulla poena sine lege*** *–* ***ne bis in idem****. Erschließt mithilfe eines Wörterbuchs die Bedeutung der Grundsätze. Erklärt, in welchen Zusammenhängen sie Verwendung finden können.*
3. *In einem römischen Gesetz heißt es: „Wenn jemand einen fremden Sklaven oder eine fremde Sklavin oder ein [fremdes] vierfüßiges Herdentier widerrechtlich tötet, soll er verpflichtet sein, dem Eigentümer so viel Geld zu geben, wie die Sache in diesem Jahr maximal wert gewesen ist." Vergleiche die Rechtsauffassung, die sich darin ausdrückt, mit der heutigen.*

Methoden der Satzanalyse: die Einrückmethode

Lange, verwirrende Sätze bekommst du in den Griff, wenn du sie vor der Übersetzung schrittweise analysierst. Wie das geht, siehst du an folgendem Beispielsatz:

> Cōnstantīnus profectus est ad lītus Trōiae, ut urbem conderet eō locō,
> unde Aenēās, quī auctor generis Rōmānī est, in Latium fūgerat.

Stufe 1: Haupt- und Nebensätze unterscheiden

Prüfe, ob ein Satzgefüge vorliegt. Ist dies der Fall, bestimmst du Haupt- und Nebensätze:

- Der **Hauptsatz (HS)** hat kein einleitendes Signal.
- **Nebensätze (NS)** erkennst du an ihrer Einleitung: Subjunktionen, Relativpronomen oder Fragewörter können NS einleiten.
  → **Im Beispiel:** *Ut, unde, qui* sind einleitende Signale. → Also enthält der Satz drei NS.
- Jeder **Teilsatz** (HS oder NS) enthält mindestens ein Prädikat. Ist keines vorhanden, muss eine Fortsetzung folgen.
  → **Im Beispiel:** Der zweite NS beginnt mit *unde* und wird dann durch den *qui*-Satz unterbrochen, ohne dass ein Prädikat vorhanden war. → Also muss der *unde*-Satz nach dem *qui*-Satz fortgeführt werden.

Stufe 2: Abhängigkeiten erkennen

NS können verschiedene Abhängigkeiten haben. Von einem **NS 1. Ordnung (NS 1)** spricht man, wenn der NS vom HS abhängt. Ein **NS 2. Ordnung (NS 2)** hängt hingegen von einem NS 1 ab.

→ **Im Beispiel:** Der *ut*-Satz ist als Finalsatz (Zu welchem Zweck brach Konstantin zur Küste Trojas auf?) vom HS abhängig. → Also ist er ein NS 1.
Der *unde*-Satz dagegen hat seinen Bezugspunkt im *ut*-Satz (*eo loco*) und hängt folglich von diesem ab. → Also ist er ein NS 2.

Stufe 3: Teilsätze graphisch darstellen

Der HS beginnt ganz links; der NS 1. Ordnung (NS 1) wird nach rechts eingerückt.
Weitere NS werden entsprechend weiter nach rechts eingerückt.

(HS)	Cōnstantīnus profectus est ad lītus Trōiae,			
(NS 1)		ut urbem conderet eō locō,		
(NS 2)			unde Aenēās,	
(NS 3)				quī auctor generis Rōmānī est,
(NS 2)			in Latium fūgerat.	

Tipp:
Die Kommata im Satz bieten dir eine Hilfestellung.

1. *Nenne zehn lateinische NS-Einleitungen und deren deutsche Entsprechungen.*
2. a. *Analysiere den Satz Z. 15–17 auf S. 35 nach der Einrückmethode.*
   b. *Übersetze den Satz anschließend ins Deutsche.*
   c. *Vergleiche den Satzbau deiner Übersetzung mit deiner graphischen Darstellung.*

Lektionen 61–62

1. Schau genau. Unterscheide und übersetze.

1. gavisis – gravis 2. solus – solitus
3. quodam – quondam – quoniam
4. confisus – confessus 5. impetro – impero

2. Wähle die (Semi-)Deponentien aus; übersetze sie und gib die Stammformen an.

deducebatur – utuntur – minabitur – consequamur – profecta sum – expugnari – propositum est – confitemini – rati erant – queror – gavisus es – oriebatur – videreris – mortuus sum

3. Ein Stiefel schafft's selten allein.

a. Bestimme die markierten Formen und übersetze dann.

1. Iam puer Caligula saepe apud milites **versabatur**. 2. Nam cum Germanicus pater in Germaniam ad legiones **proficisceretur**, uxor Agrippina cum liberis eum comitata est[1]. 3. Quondam seditio **orta est**, cum Germanicus forte abesset. 4. Barbari ponti[2] in Rheno facto appropinquaverunt et Romanis mortem **minati sunt**.
5. Romani statim fugerunt.

b. Nenne die Semideponentien und übersetze weiter.

6. Agrippina autem deis confisa medio in ponte[2] constitit Caligulam parvum bracchiis[3] ferens. 7. Tum puerum tollens et militibus ostendens clamavit: „Nonne vos pudet inde fugere, ubi femina ac puer manent?“ 8. Tum pudore commoti milites reverterunt pontemque[2] defenderunt.
9. Inde imperatori Caligulae persuasum erat sibi vim quandam divinam esse, quoniam iam puer hostes feros in fugam vertisset.

1) **comitārī**: begleiten 2) **pōns**, pontis m: Brücke
3) **bracchium**, -ī n: Arm

c. Caligula ist eigentlich ein Spitzname. Recherchiere, was dieser mit Caligulas Kindheit im Militärlager zu tun hat.

Lektionen 63–64

4. Genitiv oder Ablativ? a. Bestimme.

fulminis – perniciei – commercio – generis – inceptis – somniis – arboribus – deditione – foederum – columna – operarum – globi

b. Setze in den jeweils anderen Kasus.

5. Was man für einen Feldzug braucht. Bilde zu jeder Genitivfunktion einen sinnvollen Ausdruck.

Genitiv der Eigenschaft – Subjektsgenitiv – Objektsgenitiv – Genitiv der Zugehörigkeit – Genitiv des geteilten Ganzen

turba	deorum
amor	omnium Romanorum
imperator	armorum
fortissimi	acris mentis
copia	imperatoris
fides	patriae
gladius	militum

6. Bildung – ein Muss. Karl der Große hatte in diesem Bereich viele wichtige Anliegen.

a. Nenne alle Gerund- und Gerundivformen im Text.

b. Gib an, welche **nd*****-Form jeweils vorliegt, und übersetze.***

1. Litteris studendum est: 2. Pueris atque puellis litterae discendae sunt.
3. Litteris simplicibus utendum est.
4. Ad homines docendos magistri boni quaerendi sunt. 5. Omnes hortandi sunt ad scribendum et ad legendum. 6. Etiam Saxones instituendi sunt, etsi religio pagana[1] eorum toleranda non est.

1) **pāgānus**, -a, -um: heidnisch

7. Wähle aus den römischen Werten diejenigen aus, die zu Mark Aurel passen, und belege dies an Texten aus der Lektion 63.

fides – labor – iustitia – virtus – pietas

Lektionen 61–65

8. ***Das gewisse Etwas. Wähle die Formen von quidam aus.***

quendam – quod – quoque – quidem – quibusdam – quondam – quis – quam – quomodo – quando – quaedam – quin

9. ***Ein Christenverfolger spricht. Übersetze und achte dabei auf die passende Wiedergabe von quidam.***

1. „Quidam Romani postulant, ut Christiani conquirantur. 2. Christiani incredibili quadam contumacia[1] sunt. 3. Tamen reor nos quibusdam poenis impetraturos esse, ut Christiani deis nostris supplicent."

1) **contumācia**, -ae f: Halsstarrigkeit

10. ***Ein Lob um die Ecke. Erkläre, worin in diesem Gedicht Martials die Huldigung an Domitian besteht.***

„Die Götter und auch du, mein Caesar, mögen dir geben, was du verdienst.
Die Götter und auch du mögen mir geben, was ich will – wenn ich's verdiene."

11. ***Karl der Große – ein Mann mit großen Qualitäten. Übersetze die Ausdrücke und wähle passende aus. Begründe deine Wahl.***

Karolus Magnus vir ■ erat.

magni honoris – virtute ingenti – mentis acris – morum bonorum – magna auctoritate – summi ingenii – magnae diligentiae – corde crudeli – superbiae ingentis

12. ***ND oder*** 

?

Setze passend ein und bestimme. Manchmal gibt es mehrere Möglichkeiten.

erigen■o – ad meren■um – hortan■o – deliberan■is – excipien■ibus – succurren■i – suaden■es – cingen■um

13. ***Erstelle ein Sachfeld zum Thema ‚Religion' und ‚Glaube'.***

14. ***Wie wurde Karl zum Kaiser? Davon sind zwei Versionen überliefert, (P) und (C). In (P) erscheint Karl bescheiden, in (C) berechnend. Übersetze und gib an, welche Sätze zu (P), welche zu (C) gehören.***

1. (a) Karolus Romam venerat papae[1] ab inimicis eius defendendi causa. (b) Karolus praemio proposito Romam venerat papae[1] ab inimicis eius defendendi causa.
2. (a) Die natali Domini[2] Karolus ecclesiam Sancti Petri intravit ad coronam[3] promissam e manibus papae[1] accipiendam. (b) Die natali Domini[2] Karolo, dum in ecclesia Sancti Petri orat, corona[3] a papa[1] imposita est.

1) **pāpa**, -ae **m**: Papst 2) **diēs nātālis Dominī**: Weihnachtstag 3) **corōna**, -ae f: Krone

15. ***Mit Gottes Hilfe. Entscheide selbst, ob du mit a, b oder gleich mit c beginnst.***

a. ***Nenne alle Verben im Text, die zum Wortfeld ‚Krieg' gehören.***

b. ***Übersetze die Ausdrücke im Kasten.***

Maxentio vincendo – ad eum arcendum – scuta[2] signo Dei ornanda sunt – cupidus Romae expugnandae

c. ***Übersetze.***

1. Constantinus Maxentio vincendo imperium capere voluit. 2. Maxentius autem cum militibus ad pontem Mulvium[1] processerat ad eum arcendum. 3. Noctu in somnio Constantinus monitus est: „Scuta[2] omnium militum signo Dei ornanda sunt." 4. Cum Constantinus cupidus esset Romae oppugnandae, cruces in scutis[2] scribendas curavit. 5. Quo signo armati milites ferrum ceperunt. 6. Deo confisus Constantinus vicit.

1) **pōns** (pontis m) **Mulvius**: die Milvische Brücke
2) **scūtum**, -ī n: der Schild

Justinian, Theodora und das römische Recht

Kaiser Justinian (→ S. 192), der im 6. Jh. in Konstantinopel regierte, war für das römische Erbe besonders wichtig: Er kodifizierte das römische Recht und schuf aus zahllosen Einzelbestimmungen das Corpus Iuris Civilis. Allerdings wäre es dazu vielleicht nie gekommen, wäre nicht Kaiserin Theodora gewesen ...

***a.** Stelle Begriffe zum Sachfeld Recht zusammen (Z. 1–8).*
***b.** Theodora rät zum Durchhalten. Stelle aus ihrer Rede Begriffe zusammen, die zu dieser Absicht passen. (Z. 9–24).*

Imperator Iustinianus ius Romanum libro posteris tradendum curavit. In eo libro leges et edicta et iudicia composuit. Etiam, quae genera iuris sint et quid sit ius et quid sit iustitia, explicavit. Haec est prima sententia libri: „Iustitia est constans[1] et perpetua voluntas ius suum cuique[2] tribuens." Sed, cum quondam seditio in urbe orta esset, Iustiniano occasio huius incepti perficiendi erepta esset, nisi consilio Theodorae uxoris paruisset.

Cum enim turba hominum armatorum domui regiae appropinquaret, quidam e ministris questus est: „Quid consilii restat, domine? Iam aedes, iam ecclesiae ardent; hae flammae etiam nobis perniciem afferent!" Tum alius: „Sequere me, domine, ad portum! Iam navis adest ad nos excipiendos. Ne cessaveritis! Morandum non est!" Cum imperator dubitaret, utrum maneret an proficisceretur, Theodora, mulier magnae audaciae, eum his fere verbis ad pericula patienda hortata est: „Confiteor me mirari, quod dubitas. Sperne omnia illa tuae vitae servandae consilia! Manere aude! Imperatori nullo pacto fugiendum est. Non navis te periculis eripiet, sed purpura[3]. Ego dignitati et purpurae[3] confisa hic manebo. Quid nos tuebitur nisi ipsa purpura[3]? Si non, erit vestis feralis[4] pulcherrima." Ergo manebant. Paulo post exercitus seditionem coercuit. Tum Iustinianus inceptum perfecit.

1) **cōnstāns**, -antis: beständig 2) **cuique** *(Dat.)*: jedem
3) **purpura**, -ae f: der (kaiserliche) Purpur 4) **vestis** (-is f) **fērālis**: das Leichentuch

Justinian. Mosaik in Ravenna, um 547.

Theodora. Mosaik in Ravenna, um 547.

***c.** Recherchiere das Leben Theodoras und erkläre, warum sie sich auf keinen Fall vom Purpur trennen will (Z. 20–22).*
***d.** Erläutere, ggf. anhand von Recherche, welche Bedeutung Justinians Kodifizierung des Rechts bis heute hat.*

Die Welt und sich selbst entdecken

a **Thales.** Griechischer Naturphilosoph, um 600 v. Chr.
b **Sokrates.** Griechischer Philosoph, 470–399 v. Chr.
c **Epikur.** Griechischer Philosoph, um 341–270 v. Chr.
d **Seneca.** Römischer Philosoph, ca. 1–65 n. Chr.
e **Giovanni Pico della Mirandola.** Philosoph der Renaissance, 1463–1494.
f **Der Mensch lässt das mittelalterliche Weltbild hinter sich.** Holzschnitt, Paris 1888.

Die antiken Philosophen begannen damit, Fragen zu stellen, die uns heute noch bewegen: Woraus ist die Welt gemacht? Was ist der Mensch? Was ist das Gute? Was soll man lernen? Wie wird man erfolgreich? Was muss man tun, um glücklich zu sein? Diese Fragen bilden die Ausgangsbasis für spätere Entdeckungen und Forschungen, auch in den Naturwissenschaften.

1. Recherchiere die Bedeutung der Begriffe „Ethik" und „Physik" und ordne sie dann den Philosophen zu.
2. Notiere während der Lektüre der folgenden Lektionen die wichtigsten philosophischen Begriffe; erstelle damit anschließend eine Mindmap zu jedem Philosophen.

d

Das Glück liegt in der Gelassenheit.

Die Philosophie ist dein Kompass in den Stürmen des Lebens.

f

e

Gott hat den Menschen in die Mitte der Welt gestellt, damit er selbst entscheiden kann, in welche Richtung er weitergeht.

Was ist der Ursprung von allem?

Fragen über Fragen. Was war am Anfang? Wie ist die Welt beschaffen? Und woraus besteht sie? Diese Fragen prägten das Denken der ersten griechischen Philosophen im 6. Jh. v. Chr. Die Philosophen erhofften sich Antworten nicht mehr aus dem Mythos, sondern aus Beobachtung und Nachdenken: Es galt, über den Anfang allen Seins zu philosophieren **(philosophārī)**, um die Wahrheit über die Welt zu erkennen. Der erste Philosoph **(philosophus)** soll Thales gewesen sein. Er betrachtete z. B. die Bewegung **(mōtus, -ūs)** der Himmelskörper und die Wirkung von Magnetsteinen. Auch seine Nachfolger dachten darüber nach, was die Himmelskörper in Bewegung hält und welche Position die Erde im Weltall hat. Auch mit dem Lebewesen **(animal, -is)** an sich befassten sie sich. Da sich die frühen Philosophen vor allem für die Natur interessierten, nennt man sie Naturphilosophen.

Heraklit – ein Menschenfeind?

Hērāclītus **philosophus** plūrimum temporis in studiīs cōnsūmēbat. Diēs noctēsque **philosophābātur**; **requīrēbat** enim, quae causa omnium rērum esset. Perspicere voluit, utrum mundus ā nūminibus an ā nātūrā factus esset. Hominēs autem neglēxit; nūllō pactō cum eīs loquī voluit. Imprīmīs cēterōs sapientēs dēspexit. Quondam virī sapientēs, cum in oppidō ambulārent, Hērāclītum cum līberīs loquī et rīdēre vīdērunt. Mīrantēs eum interrogāvērunt, cūr līberīs praesentibus tam laetus esset. Hērāclītus respondit: „Certō magis mihi placet cum līberīs versārī in lūdō quam vōbīscum in forō."

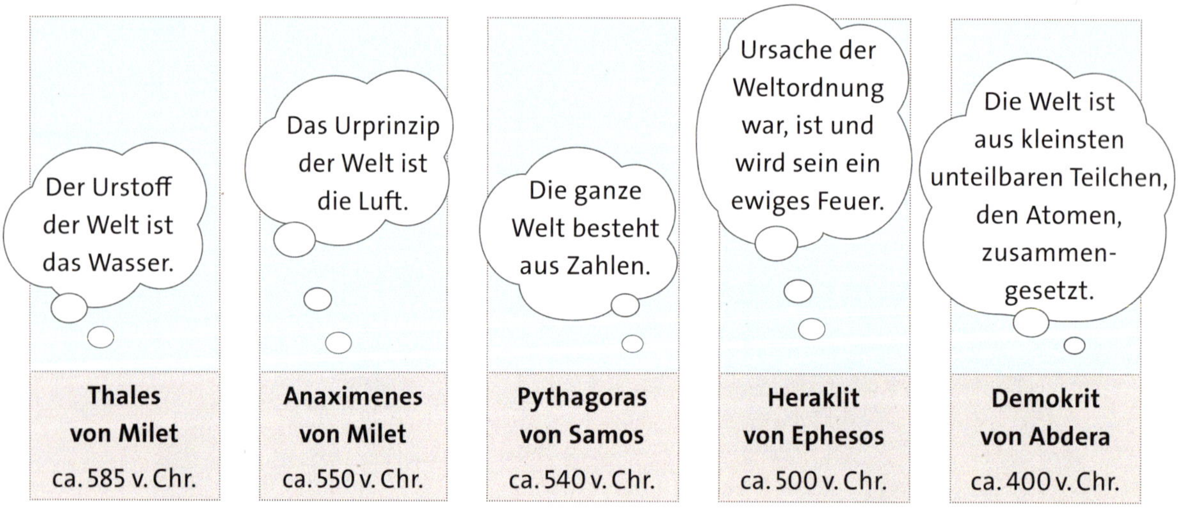

1. Beurteile, inwiefern die oben genannten Behauptungen der Naturphilosophen aus heutiger Perspektive haltbar sind.

2. In Jostein Gaarders Roman „Sofies Welt" behauptet der Philosoph: „Das Interessanteste für uns ist nicht, welche Antworten die ersten Philosophen fanden. Das Interessanteste ist, welche Fragen sie stellten."

a. Nimm zu dieser Aussage Stellung.

b. Formuliere Fragen, die Philosophen in heutiger Zeit stellen könnten.

W Himmelserscheinungen

a. *Erschließe mithilfe der Bilder die Bedeutungen der neuen Wörter* ***lūna*** *und* ***sīdus****.*

b. *Nenne Genitiv und Genus von* ***sīdus****.*

G1 Woher kommt alles?

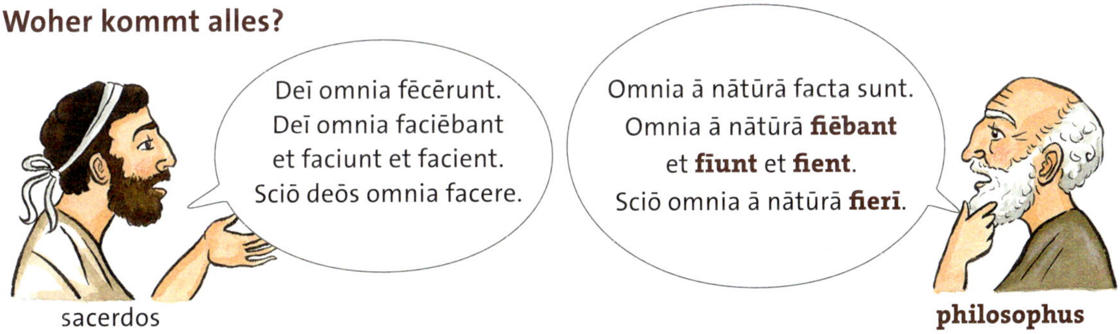

c. *Erschließe die Bedeutung der neuen Formen und übersetze die Sätze; gib an, welche Verbformen durch das neue Verb* ***fierī*** *ersetzt werden.*

d. *Die Konjugation von* ***fierī*** *entspricht im Präsensstamm den Formen der i-Konjugation. Bilde in Anlehnung an die Formen von* ***audīre*** *die entsprechenden Formen von* ***fierī****:*
audīmus *–* ***audīs*** *–* ***audiēbant*** *–* ***audiet*** *–* ***audiō*** *–* ***audiēbātis*** *–* ***audiam*** *–* ***audiunt****.*

G2 Eine Welt voller Zusammenhänge

Saepe **fit**, ut **philosophī** dē vērō disputent.

e. *Erschließe aus diesem Satz weitere Bedeutungen von* ***fierī****.*

tam, tot, **totiēns**, tālis, tantus	**quālis**, quot, quam, quotiēns, quantus

f. *Ordne die Begriffe der linken und rechten Spalte zu Paaren und erschließe dabei die Bedeutung der dir unbekannten Wörter.*

Quotiēns **philosophandum** est?

Totiēns philosophandum est, quotiēns tibi occāsiō est.

g. *Erschließe, wie die mit* ***q*** *beginnenden Wörter zu übersetzen sind, wenn sie in Verbindung mit ihrem* ***t****-Partner auftreten.*

W

***1.** Beobachte Himmel und Erde – was siehst du? **a.** Gib die lateinischen Vokabeln an.*

***b.** Erweitere das entstandene Wortfeld.*

***2.** Nomen und Verb – ein Ursprung. Ergänze jeweils den fehlenden Partner.*

philosophus ♥ ___ – ___ ♥ movere – deditio ♥ ___ – ratio ♥ ___

***3.** Synonyme gesucht! Nenne jeweils ein bedeutungsähnliches Wort aus dem Wortschatz 65.*

exstruere – circumdare – alio modo – postea – certe – contra – tamquam

G1

***4.** Alles nur ein Element? Wähle die Formen von **fieri** aus und übersetze sie.*

fiunt – fuit – fecit – fies – fines – finies – fit – fiat – fiet – fieret – feret – fis – vis

***5.** Philosophen betrachten die Welt.*
***a.** Übersetze und achte dabei auf die Wiedergabe von **fieri**.*

1. „Atomis[1] se coniungentibus res naturae fiunt.“ 2. „Omnia ex aqua facta sunt.“
3. „Saepe fit, ut homines e me quaerant, e qua re omnia facta sint. Ego dico: Principium[2] rerum est numerus.“
4. „Omnia mutantur. Nihil manet. Fieri non potest, ut iterum in idem flumen descendamus.“

1) **atomus**, -ī **f**: Atom 2) **prīncipium**, -ī n: Prinzip

***b.** Gib an, welche Aussage von Heraklit stammt, indem du die übrigen Demokrit, Pythagoras und Thales zuordnest.*

***6.** Heraklits Mist-Idee – tödliche Naturheilkunde. Übersetze.*

1. Heraclitus numquam inter homines laetus fuit. 2. Aliquando factum est, ut morbo gravi afficeretur. 3. Heraclitus hominibus nullo pacto confisus auxilium petivit non a medicis, sed a natura: Itaque in sterquilinum[1] se imposuit. 4. Aestu sterquilini[1] putavit fieri, ut morbus sanaretur. 5. Sed in sterquilino[1] iacens somno captus est. 6. Tum factum est, ut Heraclitus aestu sterquilini[1] non satis aeris ad spirandum[2] haberet. 6. Sic solus, ut vixerat, mortuus est.

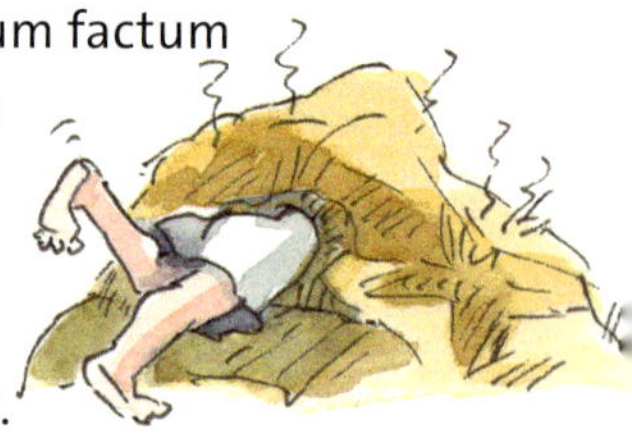

1) **sterquilīnum**, -ī n: Misthaufen
2) **spīrāre**: atmen

G2

***7.** Pythagoras und seine Anhänger.*
***a.** Pythagoras als Lehrer. Ordne zu und übersetze.*

1. Nemo philosophorum antiquorum tali auctoritate fuit, ___ Pythagoras. 2. Nemo tot discipulos[1] habuit, ___ Pythagoras.
3. Nemo in docendo tanta severitate[2] fuit, ___ ille.

quanta – quali – quot

***b.** Pythagoras' Lehre. Übersetze weiter.*

4. Dixit discipulis[1]: „Si vultis naturam rerum cognoscere, audiendum vobis est, quae doceam: 5. Animae humanae post mortem in corpora aliorum animalium transeunt. 6. Itaque animalia hominibus non sunt cenanda. 7. Quotiens enim cenas animal, totiens potest fieri, ut cenes amicum.“

1) **discipulus**, -ī m: Schüler
2) **sevēritās**, -ātis f: Strenge

Z

***8.** Weisheiten für die Ewigkeit? Diskutiere mit einem Lernpartner.*

1. Ex nihilo nihil fit.
2. Facilis fit fortuna ferendo.

Thales und der Beginn des Denkens

Thales aus Milet gilt als der erste der griechischen Naturphilosophen und außerdem als einer der Sieben Weisen.

Himmelsbeobachtung heute. Die Langzeitbelichtung zeigt, wie sich die Fixsterne scheinbar um den Himmelspol drehen.

a. *In Z. 1–11 häufen sich Begriffe, die zu einem bestimmten Sachfeld gehören. Nenne die Begriffe, gib das Sachfeld an und erkläre, inwiefern es zu Thales passt.*
b. *Erstelle eine graphische Analyse des Satzgefüges in Z. 13 f.*

Hominēs cēterīs animālibus praestant mīrandō: mīrantur enim sōlem et lūnam occidere et redīre; requīrunt, quamobrem mōtūs terrae fīant; scīre volunt, ā quō et quā ratiōne omnia, quae vidēmus, facta sint. Quondam hominēs omnia nūmine deōrum fierī putābant: Cum mediō diē sōl repente dēficiēbat, Sōlem deum īrāscī dīcēbant. Ita plūrimae fābulae dē deīs inventae sunt. Thalēs autem prīmus cōgnōvīt nōn aliquem deum, sed nātūram ipsam, quae cōgitandō perspicī potest, rērum causam esse. Ille omnia cōgnōscendī cupidus multum temporis in cōgitandō cōnsūmpsit. Ita auctor philosophandī factus est. Graecī enim eōs, quī nōn commodī causā cōgitant, sed sciendī causā, philosophōs nōminant.

Thalēs, quotiēns facultās eī erat, totiēns ambulābat, ut sīdera nocturna spectāret. Quādam nocte, dum mīrātur tot sīdera in caelō esse, quot conchae[1] in lītore, factum est, ut praeceps in puteum[2] caderet. Serva eius autem, quae id vīderat, rīsit: „Hahahahae! Tibi tālis mēns est quālis puerīs levibus: Ea spectās, quae procul sunt, sed nōn vidēs, quae sunt ante pedēs!“ Thalēs autem respondit: „Nōnnumquam fit, ut nōn videāmus ea, quae prope sunt. Quō propius rēs est, eō difficilius cernitur. Quid tam difficile est quam sē ipsum nōscere?“

1) **concha**, -ae f: die Muschel 2) **puteus**, -ī m: der Brunnen(schacht)

c. *In der Antike waren Philosophie und Naturwissenschaft nicht getrennt. Belege das aus dem Text.*
d. *Recherchiere, welche Antworten die modernen Wissenschaften auf die Fragen in Z. 4–5 geben.*
e. *„Erkenne dich selbst!“ – Dieser Spruch im Tempel von Delphi wird Thales zugeschrieben. Sammelt ausgehend vom Text Situationen, in denen dieser Spruch hilfreich sein kann.*
f. *Thales' Aussage in Z. 18–21 passt auch zu den beiden Menschen in der Karikatur. Entwickle Vermutungen, wie Naturphilosophen das dargestellte Verhalten beurteilen würden.*

Sokrates revolutioniert die Philosophie

Der Tod des Sokrates. Von Jacques-Louis David, 18. Jh.

Sophisten in Athen. Mit der Entwicklung der Demokratie im Athen des 5. Jh. v. Chr. entstand auch eine neue Epoche in der Philosophie. Die Sophisten (**sophista, -ae**: Weisheitslehrer) versprachen ihren Schülern gegen viel Geld anwendbares Wissen; z. B. konnte man sich von ihnen in der Redekunst unterweisen **(īnstruere, -ō)** lassen. Verstand zu haben **(sapere, -iō)** galt ihnen vor allem als Voraussetzung, um Macht und Gewinn **(frūctus, -ūs)** zu erwerben. Von der Suche nach Wahrheit hielten sie dagegen nichts: Es gebe gar keine Wahrheit, sondern nur Meinungen. Dies fasste der Sophist Protagoras mit seinem berühmten Satz „Der Mensch ist das Maß aller Dinge" zusammen. Ein anderes Ziel verfolgte Sokrates: Ihm war es wichtiger, nach der Wahrheit zu suchen als feste Lehrsätze zu verkünden. Durch geschicktes Fragen führte er seine Gesprächspartner dazu, ihr eigenes Wissen immer wieder in Frage zu stellen. Doch viele selbsternannte Experten wollten sich an sein hartnäckiges Fragen nicht gewöhnen **(cōnsuēscere, -ō)** und fanden sie allmählich lästig **(molestus, -a, -um)**. Im Jahre 399 v. Chr. wurde Sokrates wegen des Vorwurfs, er glaube nicht an die Götter und verderbe die Jugend, zum Tode verurteilt. Obwohl seine Freunde eine Fluchtmöglichkeit für ihn organisierten, blieb Sokrates den Gesetzen und seinen Überzeugungen treu und trank den tödlichen Schierlingsbecher.

Sokrates im Gespräch: Welcher Mensch lebt richtig?

„Putāsne Archelāum illum dīvitem esse beātum, Sōcratēs?" – „Haud sciō, quia numquam cum eō locūtus sum." – „Aliter id cōgnōscere nōn potes?" – „Nullō modō. Sōlum loquendō cum hominibus cōgnōscō, num beātī sint." – „Tū igitur dē rēge illō potentī nōn potes dīcere, num beātus sit?" – „Hoc scīre nōn possum, quia nesciō, utrum homō bonus an malus sit." – „Quid? Tū igitur opīnāris hominēs bonōs beātōs esse, hominēs malōs miserōs esse?" – „Ita est." – „Miser ergō est Archelāus dīvitissimus?" – „**Scīlicet**, sī malus est."

Die „sokratische Wende". Im Unterschied zu den Naturphilosophen interessiert sich Sokrates als erster Philosoph für ethische Fragen wie „Was ist gut? Was ist böse?" Damit stellt er erstmals die Frage nach dem richtigen Handeln des Menschen ins Zentrum der Philosophie. Die Antworten sucht er mit seinen Mitmenschen im „sokratischen Dialog". Darin ist er stets Fragender, der sich unwissend stellt, um so seine Gesprächspartner aus der Reserve zu locken.

1. Beschreibe Haltung und Mimik der Personen auf dem Bild. Erläutere davon ausgehend, wie der Ausspruch des Sokrates „Unrecht erleiden ist besser als Unrecht zu tun" dazu passt.
2. Von Sokrates stammt der Satz: „Ich weiß, dass ich nichts weiß." Erläutere, inwiefern diese Haltung die Bereitschaft zur Erkenntnis fördert.

W Zwei Wörter – vier Bedeutungen

a. Ordne den neuen Wörtern in jeder Sprechblase die passende Bedeutung zu:
***differre**: aufschieben, verschieben – sich unterscheiden; **praeferre**: vorziehen – zur Schau stellen.*
Übersetze die Sätze.
*b. Erschließe die Grundbedeutung von **prae-ferre**.*

G1 Perfekte Gegenwart

cōgnōvī = sciō	**meminī** = memor sum
cōnsuēvī = soleō	**ōdī** ↔ amō

c. Erschließe die Bedeutung der fett gedruckten Wörter. Erkläre dann, warum die blau markierten Wörter auch als „Perfektopräsentien“ bezeichnet werden.

meminisse, meminī
ōdisse, ōdī

*d. Dies sind die Lernformen zu **meminī** und **ōdī**. Erkläre sie.*

G2 Überlieferungssache

(1) Hominēs trādunt Sōcratem saepe cum **sophistīs** disputāvisse.	Trāditur Sōcratēs saepe cum **sophistīs** disputāvisse.
(2) Dīcunt Sōcratem mortem nōn timuisse.	Dīcitur Sōcratēs mortem nōn timuisse.

e. Übersetze zunächst die Sätze in der linken Spalte.
f. Erschließe eine geeignete Übersetzung für die Sätze in der rechten Spalte.
g. Beschreibe, inwiefern sich die markierten Formen in der rechten Spalte von denen in der linken unterscheiden.
h. Erkläre, warum man die Konstruktion in der rechten Spalte NcI nennt.

W

1. ***Stammverwandte. Ordne den Wörtern verwandte Vokabeln …***

a. … aus der aktuellen Lektion zu.

sapiens – ferre (2) – exstruere – licet

b. … aus der vorigen Lektion zu.

facilis – nox – prope – ira – quaerere

c. Erkläre die Verwandtschaft der Wörter an ihren Bedeutungen.

2. ***Philosophische Weisheiten. Ordne den Sentenzen eine sinngemäße Wiedergabe zu und übersetze dann selbst.***

1. „Homo totiens moritur, quotiens amittit suos.“
2. „Qualis rex, talis grex[1].“
3. „Quo maior gloria, eo propior invidiae[2].“

a. *„Kaum hat mal einer ein bissel was, gleich gibt es welche, die ärgert das.“*
b. *„Wie der Herr, so's G'scherr.“*
c. *„Mitleid ist das größte Leid.“*

1) **grex**, gregis m: die Schar, das Volk
2) **invidia**, -ae f: der Neid

G1

3. ***Trügerische Zeiten. Wähle die richtige Übersetzung aus und bestimme die Form.***

1. *wir sind gewohnt*

a. consuescimus	b. consuevimus

2. *sie erinnerten sich*

a. meminerant	b. meminerunt

3. *er würde hassen*

a. oderit	b. odisset

4. *sie wissen*

a. cognoverunt	b. cognoscebant

5. *ihr würdet euch gewöhnen*

a. consuevissetis	b. consuesceretis

4. ***Es geht auch perfekter. Bilde die entsprechenden Formen der Perfektopräsentien und übersetze sie.***

solemus – non amat – memor es – scit – solebam – non amabat – sciebas

G2

5. ***Was man so sagt. Übersetze die Gerüchte der Athener.***

Iudices eum damnavisse dicuntur.

Socrates impius esse dicitur.

Nonnulli Socratem odisse videntur.

Socrates adulescentes non docere, sed perdere videtur.

Socrates e carcere[1] fugere nolle dicitur.

1) **carcer**, -eris m: Gefängnis

Z

6. ***Die Gerüchteküche brodelt weiter.***

a. Wähle aus und übersetze.

1. „Sophistae discipulos[1] artes, quae fructum et commodum ferunt, docere dic(itur/untur).“ 2. „Sophistae leves esse et artes inanes docere fer(tur/untur).“
3. „Socrates inania, nonnumquam etiam impia suadere vide(tur/ntur).“
4. „Socrates Atheniensibus molestus esse vide(tur/ntur), quia non desinit eos interrogare.“ 5. „Socrates et discipuli[1] eius non sapere dic(itur/untur)!“
6. „Protagoras multum pecuniae a discipulis[1] poscere consuevisse fer(tur/untur).“

1) **discipulus**, -ī m: der Schüler

b. Beurteile, welche Behauptungen zutreffen.

H

7. ***Cicero über Sokrates. Erschließe die kursiv gedruckten Wörter und erkläre den Begriff „Sokratische Wende“, indem du auf Ciceros Aussage Bezug nimmst.***

Socrates primus *philosophiam devocavit* e caelo et in urbibus collocavit.

Sokrates und der Sophist: Kann man das Gute lernen?

Ein junger Freund des Sokrates will unbedingt bei dem berühmten Sophisten Protagoras studieren. Tatsächlich ist Protagoras bereit, den jungen Mann zu einem ersten Gespräch empfangen. Sokrates, der Protagoras bereits kennt, begleitet ihn.

__a.__ Protagoras meint, dass Bildung eine lohnende Investition ist. Gib die Stellen an, an denen er sich entsprechend äußert, und paraphrasiere sie (Z. 1–11).
__b.__ Jeder Sophist hat sein Spezialgebiet. Erschließe das Spezialgebiet des Protagoras und gib die Belegstellen aus dem Text an (Z. 12–19).

Philosophen. Römisches Mosaik, 2./1. Jh. v. Chr.

P.: „Libenter potestātem vōbīs dō mēcum loquendī. Tē bene meminī, Sōcratēs! Dīcite mihi, quid appetātis!“

S.: „Gaudeō, quod mē meministī, Prōtagorā! Amīcus meus hūc mē trāxit. Spērat enim mē tibi persuāsūrum esse, ut eum virtūtem doceās.

P.: „Bene fēcistis, quod ad mē vēnistis! Nam adulēscentēs apud nōs sophistās multa discunt, tālia scīlicet, quae cuique maximum frūctum ferunt.

S.: „Tamen nōnnūllī sophistās ōdērunt.“

P.: „Invidia est causa odiī. Nam cōnsuēvimus multum pecūniae prō docendīs adulēscentibus ā parentibus exigere.“

S.: „Num adulēscentēs ā vōbīs artēs tantī pretiī discunt?“

P.: „Ita est! Cum amīcus tuus mihi sē adiūnxerit, artēs maximī pretiī discet!“

S.: „Quibus artibus amīcum meum īnstruēs? Sophistae enim multās artēs docēre dīcuntur. An artem versūs recitandī? An artem figūrās *geōmetricās* scrībendī?“

P.: „Multī magistrī tālibus artibus puerōs vexāre feruntur. Ego ab istīs malīs magistrīs differō: Ego amīcum tuum nūllō modō inānia et molesta docēbō, ego ūtilia praeferō: Apud mē multa discet dē ōrātiōnibus bene habendīs et negōtiīs bene agendīs. Ita, ut opīnor, brevī virtūtem habēbit!“

S.: „Optimē, ō dīvīne, ēvēnit, quod tē adiimus. Tū vērē sapere mihi vidēris, sī hominēs virtūtem docēre potes. Sed hoc ūnum, sī libet, mihi explicā: Quid est illa ‚virtūs‘?“

__c.__ Der junge Mann sagt gar nichts. Formuliere seine Gedanken während des Gesprächs.
__d.__ Eine sophistische Ausbildung wäre z. B. auch für Werbefachleute geeignet. Begründe dies.
__e.__ Erläutere, was Sokrates, was Protagoras unter **virtūs** *versteht. Diskutiert dann beide Auffassungen in der Lerngruppe.*
__f.__ Sokrates nahm die Todesstrafe auf sich, weil sie rechtmäßig beschlossen worden war. Erläutere dieses Rechtsverständnis und nimm Stellung dazu.

Philosophen suchen das Glück: Die Stoiker

Die Stoiker sind nach ihrem Treffpunkt benannt, der *stoa poikile* („bunte Säulenhalle“) in Athen.

Stoische Gelassenheit. In der Zeit nach Sokrates' Tod entstanden in Athen mehrere Philosophenschulen, die unterschiedliche Antworten auf die Frage nach dem glücklichen Leben gaben. Die Stoiker suchten das Glück, indem sie sich von äußeren Gegebenheiten und Schicksalsschlägen wie Krankheiten, Leidenschaften, Armut **(inopia)** unabhängig machten. Ihr Ziel war die sogenannte stoische Ruhe. Auch positive Dinge wie Reichtum oder Gesundheit waren für sie allenfalls angenehm **(iūcundus, -a, -um)**, aber nicht nötig, um zufrieden **(contentus, -a, -um)** zu sein. Nach der Meinung **(sententia)** der Stoiker hat göttliche Vernunft alles geschaffen und ist in allem vorhanden. Vor allem der Mensch hat Anteil an ihr. Das Streben nach Weisheit **(sapientia)** führt ihn zu der Erkenntnis, dass es nicht auf das äußere Schicksal ankommt, sondern auf den Umgang damit: Wer sich um *virtūs* bemüht, kann durch ständige Selbstvervollkommnung das darin liegende Glück erreichen. Die stoische Philosophie war auch in Rom weit verbreitet: Einer ihrer Vertreter ist der Kaiser Mark Aurel (→ L 63). Der wohl berühmteste aber ist Seneca, der zur Zeit Neros (→ S. 192) lebte; er schrieb u. a. philosophische Briefe an seinen Freund Lucilius.

Doppelherme mit Sokrates und Seneca. Marmorskulptur, 3. Jh. n. Chr.

Die Fabel von den hungrigen Hunden

Phaedrus poēta hanc fābulam composuit: Nēmō vērē beātus fierī potest, sī rēbus suīs **contentus** nōn est et cupīdine adductus cōnsilium stultum capit. Canēs trāduntur quondam corpus bovis sub aquā flūminis vīdisse. Quod ex undīs trahere studuērunt, sed nōn potuērunt, quia aqua altior erat. Itaque cōnsilium cēpērunt aquam *ē-bibere*. At factum est, ut cōpiā aquae rumperentur[1], priusquam cibum appetītum contingerent.

1) **rumpī**, -or, ruptus sum: platzen

Tipps zur Alltagsbewältigung. Nicht nur die Philosophie hilft bei der Frage, wie man leben soll. Auch literarische Texte wie die Fabel vermitteln Lebensweisheiten. Die Fabel will den Leser erfreuen und belehren, indem sie durch Geschichten, in denen häufig Tiere mit menschlichen Charaktereigenschaften auftreten, Weisheiten anschaulich vor Augen stellt. Typische Elemente einer Fabel sind Einleitung, Handlung, Ergebnis und eine Lehre *(fābula docet)* zu Beginn oder am Ende. Viele dieser Lehrsätze sind heute noch bedenkenswert. Die bekanntesten antiken Fabeldichter sind im Griechischen Aesop, im Lateinischen Phaedrus (1. Jh. n. Chr.).

1. *Weise anhand von Inhalt und Struktur des lateinischen Textes nach, dass es sich dabei um eine Fabel handelt. Erläutere, inwiefern ihre Lehre den Lehren der Stoiker entspricht.*
2. *Zwei Seiten einer Medaille? Begründe, warum dieser Bildhauer den Stoiker Seneca und Sokrates gemeinsam dargestellt hat.*
3. *Erkläre, inwiefern dieses Zitat Mark Aurels zur Stoa passt: „Wir müssen (...) alles, was uns trifft, willkommen heißen, wir dürfen auch innerlich nicht murren, ja uns nicht einmal wundern.“*

W Die Philosophie – Lenkerin des Lebensschiffes

a. *Erschließe die Bedeutung der neuen Wörter* ***saevīre***, ***iactāre***, ***gubernāre*** *und* ***philosophia***.

G1 Es geht um alles und jeden

Omnia, quae accidunt, perferō. **Quidquid** accidit, perferō.

b. quisquis, ***quidquid*** *ist ein verallgemeinerndes Relativpronomen und wird meist substantivisch gebraucht. Belege diese Aussage und erschließe die Bedeutung des Pronomens.*

Omne malum, quod accidit, perferō. **Quodcumque** malum accidit, perferō.

c. quīcumque, ***quaecumque***, ***quodcumque*** *ist ein verallgemeinerndes Relativpronomen und wird meist adjektivisch gebraucht. Belege diese Aussage und erschließe die Bedeutung des Pronomens.*

G2 Da steckt mehr Sinn drin

(1) Seneca epistulās, quibus amīcus īnstruerētur, scrīpsit.
(2) Seneca, quī amīcum īnstruere vellet, epistulās scrīpsit.

d. *Der Konjunktiv kann einem Relativsatz eine Sinnrichtung geben. Ordne die folgenden Sinnrichtungen zu und erschließe jeweils eine geeignete Übersetzung: kausal – final.*

Epistulae idōneae fuērunt, quae amīcum īnstruerent.

e. *Beim konjunktivischen Relativsatz gibt es einige feststehende Wendungen (z. B.* ***idōneus***, ***quī****). Erschließe eine passende Übersetzung.*

W

1. Nenne das Gegenteil auf Latein.

Dummheit – unangenehm – Reichtum – unzufrieden – es missfällt – Ohnmacht

2. Latein international. Gib das lateinische Ursprungswort und seine Bedeutungen an.

sentence – figure – to recite – verse – to govern – vexation – envy

G1

3. Pronomina – relativ, unbestimmt und fragwürdig!

***a.** Bestimme die Pronomina, führe sie wenn möglich auf ihre Grundform zurück und gib ihre Bedeutung an.*

***b.** Nenne die beiden Wörter, die keine Pronomina sind.*

quid – cuiusque – quidem – cuius – quamcumque – quodam – quondam – quibuscumque – quidquid – quos – aliquas – cuicumque – quibusdam

4. Kaiser Mark Aurel richtete sein Leben nach den Grundsätzen der Stoa aus und schrieb seine Gedanken dazu nieder.

***a.** Übersetze.*

1. Aequo animo ferre debes, quaecumque fient. 2. Odi iniuriam: Iniuria quoquo modo impedienda est. 3. Noli desiderare, quascumque res perdideris. 4. Utere via brevissima! Quaecumque via enim est brevissima, ea secundum[1] naturam est. 5. Quibuscumque rebus studes, salus communis respicienda est.

1) **secundum** *(Präp. m. Akk.)*: gemäß; nach

***b.** Ordne den obigen Sätzen jeweils die passende stoische Aussage zu.*

A. *Strebe nach Gerechtigkeit!*
B. *Sei unabhängig von materiellen Gütern!*
C. *Sei selbstbeherrscht!*
D. *Engagiere dich für das Wohl des Staates!*
E. *Lebe gemäß den Gesetzen der Natur!*

G2

5. Macht Geld glücklich? Übersetze und achte dabei auf den Nebensinn in den Relativsätzen.

1. Seneca Lucilio salutem dicit. 2. Te philosophiam doceo, qua optimum cursum vitae invenias. 3. Nam non est, qui sine sapientiae studio beate vivere possit. 4. Beatus non is est, qui auro et argento delectetur. 5. Nihil enim prodest aurum, quod homines neque morbis neque pernicie liberet. 6. An beati sunt ii, qui semper timore, ne bona sua amittant, vexentur? 7. Itaque pecunia digna non est, quae a quoque petatur.

H

***6. Bleib auf Kurs! a.** Wähle Wendungen aus, die zum Sachfeld ‚Seefahrt' gehören, und begründe deine Wahl.*

tempestatem aequo animo ferre – diem iucunde consumere – ventis iactari – navem gubernare – sententiam repetere – se ipsum cognoscere – tueri ab undis – casus fortunae pati – vitam beate exigere – vitam convertere – cursum mutare

***b.** Solche Wendungen haben oft eine übertragene Bedeutung, z. B. ‚auf Kurs bleiben', ‚Gegenwind bekommen'. Nenne Wendungen aus (a), auf die das zutrifft.*

***c.** Sammelt in Gruppen weitere bildliche Ausdrücke zum Thema Seefahrt (auf Deutsch) und erklärt sie.*

Z

7. Ansichtssache. Lege dar, welches Seneca-zitat dich mehr anspricht, und begründe deine Entscheidung.

Non qui parum[1] habet, sed qui plus cupit, pauper est.

Non quia difficilia sunt, non audemus, sed quia non audemus, difficilia sunt.

1) **parum**: zu wenig

Man muss philosophieren!

Das meint zumindest der römische Philosoph Seneca. In einem Brief an seinen Freund Lucilius begründet er, warum.

a. *Seneca gestaltet den ersten Abschnitt des Briefes fast wie einen Dialog. Belege dies am Text (Z. 1–14).*
b. *Stelle aus dem zweiten Teil Ausdrücke zusammen, die zu einer stoischen Lebensführung passen (Z. 15–25).*

Rad der Fortuna – das Leben als ewiges Auf und Ab, gelenkt von einer blinden Macht. Miniatur von Bonifacio Bembo, um 1450.

Scīs, Lūcīlī: Quisquis beātē vīvere vult, sine sapientiae studiō certē nōn potest. Philosophia autem nōn in eō est, ut diem iūcundē cōnsūmāmus. Immō illa animum fōrmat, vītam dispōnit, āctiōnēs regit. Nōs gubernat per vītae tempestātēs, quaecumque nōs iactant. Dīcēs: „Quid philosophia mihi prōdest, sī vītae cursum mūtāre nōn possum, quia omnia fātō tenentur? Quid illa prōdest, sī mundus ā deō regitur? Quid prōdest, sī cāsus imperat? Nam quaecumque aut fātum aut deus aut casus dēcrēverit, ego convertere nōn poterō, quamvīs diū philosophiae studuerim!“ Quidquid id est, Lūcīlī, quod mundum obtinet, sīve fātum, sīve deus, sīve casus: Philosophandum est!

Illa sententia dīgna est, quae cottīdiē repetātur. Nōnne nātūra hominī dedit ratiōnem, quā philosophēmur? Philosophandō nōn quidem convertēs mundum, convertēs tē ipsum! Seu nōs fātum vinculīs tenet seu deus regit seu casus rēs hūmānās iactat: philosophia, quippe quae animum nostrum fōrmet, nōs tuētur. Quae hortātur nōs, ut fātum aequō animō ferāmus, ut deō libenter pāreāmus, ut fortūnae casūs – sīve inopiam, sīve morbum – sine irā et odiō patiāmur: Quōquō modō fortūna saeviet, philosophiam sequentēs agēmus vītam beātam et contentam. Sunt, quī haec nōndum videant. Tū es fēlīx, quī haec iam diū cōgnōveris! Valē!“

c. *Beschreibe die mittelalterliche Illustration und erkläre, welche Vorstellung vom Leben des Menschen darin zum Ausdruck kommt. Überprüfe, inwiefern sie mit der im Text übereinstimmt.*
d. *Sowohl die Darstellung als auch der Text arbeiten mit dem Stilmittel der „Personifikation“, um die Aussagen eindrucksvoller zu gestalten. Belege dies am Bild und am Text.*
e. *Diskutiert, wie der Mensch in der Abbildung gestaltet sein müsste, wenn es sich dabei um einen stoischen Weisen handeln würde.*

Das Glück im Garten: Die Epikureer

Die Jagd nach dem Glück. Von Rudolf Henneberg, 1868

Epikureisches Glück. Wie die Stoiker, so suchten auch die Epikureer nach einem Weg zum glücklichen Leben. Für Epikur und seine Anhänger war die Lust **(voluptās, -ātis)** das höchste Gut, das man erlangen **(adipīscī, -or)** kann. Doch sie empfehlen nicht, einfach möglichst viel zu genießen **(fruī, -or)**: Epikur definiert die „Lust" vielmehr als das Freisein von Schmerz. Das Ziel ist, dass einen weder Sorgen noch Ängste bedrängen **(premere, -ō)** können. Daher wägt der Epikureer vor jedem Vergnügen mit Besonnenheit **(temperantia)** ab, ob er ihm wirklich ohne Reue folgen **(īnsequī, -or)** kann oder ob später vielleicht Schmerz daraus entstehen könnte. Freiheit von Sorgen suchten die Epikureer im zurückgezogenen Leben fern von politischer Betätigung und im Zusammensein mit Freunden in Epikurs Garten **(hortus)**. Anders als in der Stoa wird die Welt laut Epikur nicht durch göttliche Vernunft regiert, sondern durch Zufall, der alles willkürlich aus Atomen entstehen lässt. Götter gibt es zwar, aber sie kümmern sich nicht um die Welt. Daher muss der Epikureer auch keine Angst vor den Göttern und ihren Strafen haben.

mūs urbānus

mūs rūsticus

Die Fabel von der Stadtmaus und der Landmaus

Mūs rūsticus mūrem urbānum ad cēnam vocāverat. Mūs urbānus cibō nōn contentus: „Ego", inquit, „cibōs urbānōs, quippe quī dulcissimī sint, cibīs rūsticīs praeferō. Vītam urbānam tibi **mōnstrābō**: Venī mēcum in urbem!" In urbe mūrēs in domō dīvite cēnant. Domus autem ā canibus custōdītur. Quī subitō mūrēs **īnsecūtī sunt.** Rūsticus mūs perterritus: „**Fruere** tū vītā urbānā! Ego vītā rūsticā **fruar**: Ē **temperantiā** **voluptātem** capiō. Nam ea vīta beāta est, quae tūta ā perīculīs sit."

Griechische Philosophie in Rom. Der bedeutendste Vermittler griechischer Philosophie in Rom ist Cicero, indem er in zahlreichen Schriften die Lehren verschiedener Philosophen in lateinischer Sprache behandelt. Die Lehre Epikurs beurteilt er dabei eher kritisch: Vor allem der Rückzug ins Privatleben und das Vermeiden von Schmerz scheint ihm kaum vereinbar mit dem römischen Ideal eines aktiven Lebens, in dem man sich für den Staat engagiert und auch Opfer bringt.

1. *Gliedere die obige Fabel und ergänze auf Deutsch das* ***fābula docet****. Erläutere, inwiefern diese Fabel die Lehre der Epikureer widerspiegelt.*
2. *Du bist am Tag vor der Schulaufgabe zu einer Party eingeladen. Argumentiere aus der Sicht eines Epikureers, warum es besser sein könnte, diese Party nicht zu besuchen.*
3. *Beschreibe das Bild und erläutere, welche Glücksvorstellung hier kritisiert wird.*

W Wörter mit Familienanschluss

offerre

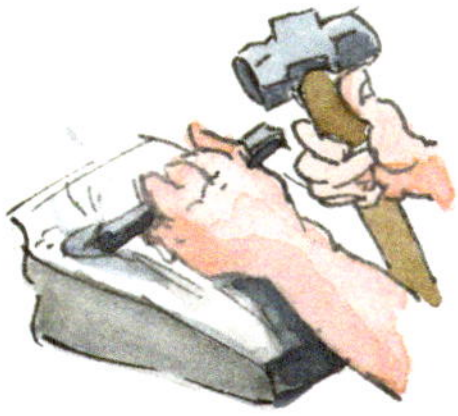

īnscrībere

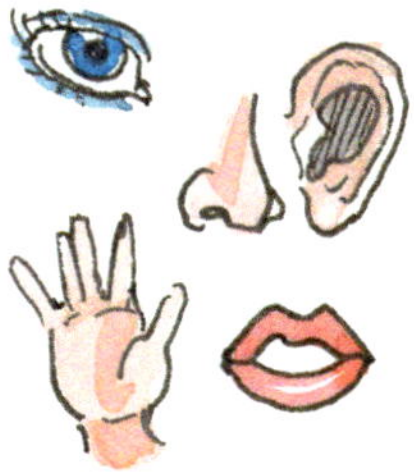

sēnsus, -ūs

a. Erschließe jeweils die Bedeutung und erkläre, wie die Wörter zusammengesetzt sind (→ S. 99).
b. Nenne jeweils die Wortart und erschließe bei den Verben auch die Stammformen.

G1 Potentiell richtig

(1) Nēmō libenter doleat/doluerit. — *Niemand wird wohl gern Schmerzen empfinden./ Niemand dürfte gern Schmerzen empfinden.*

(2) Aliquis dīcat/dīxerit voluptātem haud magnī aestimandam esse. — *Irgendjemand könnte sagen, dass die Lust nicht überschätzt werden darf.*

c. Konjunktiv Präsens oder Konjunktiv Perfekt im Hauptsatz können – ohne Bedeutungsunterschied – die Funktion des sogenannten Potentialis haben. Beschreibe, was der Potentialis ausdrückt.

G2 Was nun?

Der Epikureer Petros steht vor einer schweren Entscheidung ...

d. Bestimme das Tempus der markierten Konjunktivform.
e. Diese Funktion des Konjunktivs im Hauptsatz wird als Deliberativ der Gegenwart bezeichnet. Erkläre den Begriff und erschließe eine geeignete Übersetzung.

Am nächsten Tag überlegt Petros, ob seine Entscheidung wirklich richtig war ...

f. Bestimme das Tempus der markierten Konjunktivform und erschließe eine geeignete Übersetzung für den Deliberativ der Vergangenheit.

W

1. Wer tanzt aus der Wortart-Reihe? Begründe und übersetze dann alle Ausdrücke.

a. formo – monstro – horto – offero
b. disposui – sensui – obtinui
c. quamvis – quisquis – quisque
d. aut – sive – sine – seu – vel

2. Eindeutig mehrdeutig. Übersetze jeweils passend.

1. **Actiones** nostrae ratione regendae sunt. – Athenienses **actionem** adversus Socratem constituerunt. 2. Navis ventis **iactatur**. – Sapiens sapientiam non **iactat**. 3. Veneno a Socrate sumpto mors **insecuta est**. – Inimici Socratem acerrimis verbis **insecuti sunt**.

G1

3. Das gehört sich doch nicht für einen Römer! Der junge Cicero diskutiert mit dem epikureischen Studenten Petros. Übersetze und ordne den Argumenten des Petros die jeweils passende Erwiderung zu.

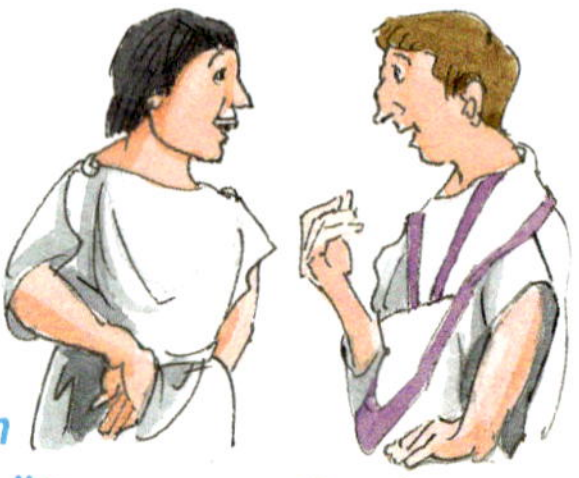

Petrus:	Cicero:
1. Nemo neget honestum esse vitam in otio agere.	A. Omnes res divina quadam ratione fiunt!
2. Plerique homines sentiant naturam casu regi.	B. Cupidines libidinesque fugiendae sunt; virtus sequenda est!
3. Omnes dixerint voluptatem summum bonum esse.	C. Omnibus viris vere Romanis ad rem publicam accedendum est!

b. Bilde jeweils die entsprechende Konjunktiv Präsens- bzw. Perfektform zu den grün gedruckten Verben.

G2

4. Philosophisches Abwägen.
a. Ciceros Äußerungen bringen Petros ins Grübeln: Soll er seine Meinung ändern? Ergänze passend und übersetze.

maneam – agam – respondeam – sequar

1. Quid ___? 2. Quid Ciceroni ___?
3. Utrum in sententia ___ an sententiam Ciceronis ___?

b. Auch Cicero grübelt – noch lange nach dem Gespräch: Hat er sich richtig verhalten? Übersetze.

1. „Quid facerem? 2. Quid Petro dicerem? 3. An Petro parerem?“

H

5. Petros bereitet einen epikureischen Vortrag vor. Hilf ihm dabei, indem du passende Ausdrücke auswählst. Begründe deine Entscheidung.

hortum intrare – canes fame adducti – vita frui – temperantiam gaudiis praeferre – curis premi – summum bonum adipisci – se coniungere – mors metuenda non est – sensus non habere – dei procul sunt – in varias partes discedere – ratione uti – curis et timore vexari – verba in lapide inscribere

Z

6. Wer sagt was?
a. Ordne die folgenden Aussagen entweder den Stoikern oder den Epikureern zu.

1. Putamus voluptatem summum bonum esse. 2. Omnibus viris bonis officia publica praestanda sunt. 3. Credimus omnes res divina voluntate regi. 4. Amicitia nobis valde cordi est. 5. Putamus omnibus hominibus animam immortalem esse. 6. Nobis persuasum est deos nobis non providere.

b. Gib an, welcher Philosophenschule du eher angehören würdest, und begründe deine Entscheidung.

Glück im Garten Epikurs

Während seines Studienaufenthalts in Athen besucht der junge Cicero auch den berühmten Garten der epikureischen Schule. Er unterhält sich dort mit Petros, einem der dortigen Studenten.

a. *Stelle alle abstrakten Substantive (z. B. Gefühle, Geisteshaltungen) zusammen. Entwickle Vermutungen, in welchem Verhältnis sie zueinander stehen (Z. 1–12).*
b. *In Z. 13–22 wird die Grundangst des Menschen thematisiert. Erschließe, worum es sich dabei handelt, indem du den Text daraufhin untersuchst, welches Sachfeld am häufigsten vorkommt.*

Die Tugenden Temperantia und Prudentia (Klugheit): Besiegt zu ihren Füßen liegen Epikur und ein reicher Perserkönig. Mittelalterliche Buchmalerei.

C.: „Velim scīre, Petre: Quid ea verba sīgnificant, quae hortum intrāns suprā portam īnscrīpta lēgī?:

> Intrā, hospes! Hīc tibi praebēbuntur et pānis et aqua, quantumcumque[1] volēs.

Pānis et aqua? Vix quisquam crēdat Epicūrēōs hospitibus nihil aliud nisī pānem et aquam offerre. Neque enim negāveris Epicūrum ipsum dīxisse voluptātem summum bonum esse."

P.: „Hoc libenter cōnfitear! Quis nōn īnsequātur voluptātem? Sapiēns quoque voluptātem īnsequitur, sed ratiōne ūtēns: Interdum voluptātem ipsam fugit et temperantiam vel labōrem vel etiam dolōrem voluptātī praefert, quō māiōrem voluptātem adipīscātur! Quod facile ex hōc intellēxeris: Nōnne iuvenēs corpora exercentēs ultrō labōrem et dolōrem suscipiunt, ut aliquam voluptātem cōnsequantur?"

C.: „Quid dīcam? Rēctē dīxeris. Sed nōnne vidēs nōs saepe voluptātibus fruī nōn posse, cum cūrīs vel timōre premāmur?"

P.: „Epicūrus nōs timōre maximō līberat. Docet enim mortem nihil ad nōs pertinēre: Dum spīrāmus et sentīmus, mors nōn adest. Cum autem mors adest, nōn iam spīrāmus neque sēnsūs habēmus."

C.: „Sed quōmodo nōs metū mortis līberēmus, sī est timendum, nē anima etiam post mortem sentiat?"

P.: „Epicūrus librīs suīs mōnstrat corpus et animam nihil aliud esse nisī *atomōs*: Quī sē coniungunt, cum nāscimur, inter sē haerent, dum vīvimus, in dīversās partēs discēdunt, cum morimur."

1) **quantumcumque**: wieviel auch immer, soviel

c. *Erläutere, inwiefern der mittelalterliche Buchmaler die Lehre Epikurs missversteht.*
d. *Zeige, dass Stoiker und Epikureer dasselbe Ziel verfolgen, die einen jedoch auf „Ertragen", die andern auf „Vermeiden" setzen. Vergleiche dazu diesen Text mit dem Lesetext 68. Stelle aus beiden Lektionen noch weitere Hinweise darauf zusammen.*

Renaissance – mit der Antike in die Neuzeit

Zurück zu den Quellen! Etwa 1000 Jahre nach dem Fall Westroms (→ L 64) kommt es ausgehend von Italien in ganz Europa zu einer Wiedergeburt („Renaissance") der Antike. Man beginnt Kunst und Denken des antiken Griechenlands und Roms neu zu betrachten **(contemplārī)** und zu bewundern **(admīrārī)**. Die jüngst vergangenen Jahrhunderte dagegen tut man als „finsteres Mittelalter" ab: In ihnen war das Menschenbild auf Gott und auf das Jenseits ausgerichtet, das irdische Leben wurde als Elend **(miseria)**, der Mensch als sündhaft, unvollkommen und erlösungsbedürftig angesehen. In der Renaissance dagegen will man dem Menschen im Rückgriff auf antike Ideale seine ihm eigene **(proprius, -a, -um)** Würde zurückgeben. Man sieht ihn nun als ein großes Wunder **(mīrāculum)** mit einem einzigartigen **(singulāris, -e)** Reichtum an Begabungen, die jeder Einzelne entfalten und ausschöpfen sollte. Zur Programmschrift dieses neuen Zeitalters wird die von Giovanni Pico della Mirandola vor Kirchenvertretern gehaltene und anschließend publizierte Rede *Ōrātiō dē dīgnitāte hominis* (1486).

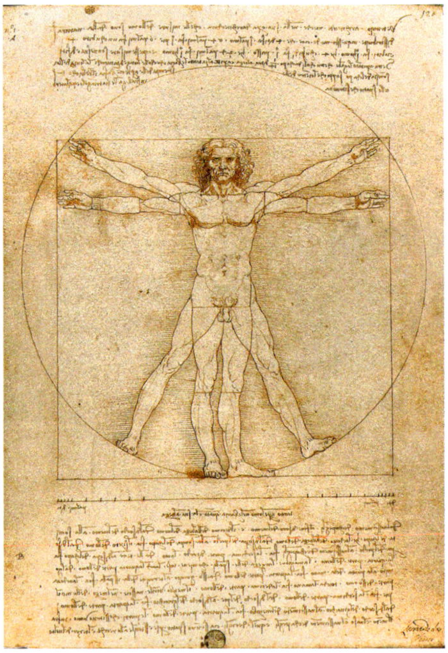

Der Vitruvianische Mensch.
Zeichnung von Leonardo da Vinci, 1492.

Was ist der Mensch? Ein alter Mönch (M) und ein junger Student (S) unterhalten sich.
M: „Nēmō dubitāverit, quīn sit rēs miserior quam homō: Ā Deō factus est ē terrā; **creātus** est ad culpam et poenam; nātus est ad labōrem, ad dolōrem, ad mortem. Dum spīrāmus, haerēmus in inopiā, **angustiīs**, sceleribus. Post mortem nōbīs timendus est īgnis, quī semper ardet. Quid faciāmus? Damnātī sumus ad **miseriam**!" S: „Errās. Deus hominī **singulārem** dīgnitātem dōnāvit: Dedit nōbīs animam, quā sentiāmus et amēmus, dedit nōbīs ratiōnem, quā nātūram rērum **contemplēmur** et intellegāmus, dedit nōbīs hūmānitātem!"

Humanismus – eine unsterbliche Idee? Weil man in der Renaissance den Menschen in seiner Würde in den Vordergrund stellte, nennt man die Epoche auch Humanismus. Wichtige Vertreter sind der italienische Dichter Petrarca, von dem der Begriff des „finsteren Mittelalters" stammt, der Gelehrte Erasmus von Rotterdam, der das Studium antiker Texte im Original – lateinisch, griechisch und hebräisch – fordert, und der Künstler und Erfinder Leonardo da Vinci. Seine Zeichnung des „Vitruvianischen Menschen" gilt als Inbegriff der Ästhetik dieser Epoche. Auf dem Humanismus fußt das neuzeitliche Denken bis heute: die Idee der Menschenwürde ebenso wie ein Bildungsideal, das die Entfaltung der Persönlichkeit zum Ziel hat.

1. *Recherchiere, was es mit dem Vitruvianischen Menschen auf sich hat, und erkläre dann die Abbildung. Erläutere, inwiefern es sich dabei um eine zutiefst humanistische Schöpfung handelt.*
2. *Im 21. Jahrhundert ist das traditionelle humanistische Bildungsideal immer wieder als unzeitgemäß kritisiert worden. Diskutiert in der Lerngruppe, ob das stimmt.*

W Wörter mit Familienanschluss

circumspicere, -iō

pulchritūdō, -inis

alloquī, -or

terrēnus, -a, -um

caelestis, -e

a. *Bestimme jeweils die Wortart und gib die Deklination bzw. Konjugation an.*

b. *Erschließe jeweils die Bedeutung und erkläre, wie die Wörter zusammengesetzt sind (→ S. 99).*

G1 Relativ bekannt

(1) Doctus est, quī librōs antīquōs legit.

(2) Magnī aestimō, quae philosophī antīquī scrīpsērunt.

c. *Diese Relativsätze haben kein Bezugswort im Hauptsatz. Erschließe passende Übersetzungen.*

(3) Quī librōs antīquōs legit, doctus est.

d. *Dieser Satz ist gleichbedeutend mit (1), aber anders aufgebaut. Beschreibe den Unterschied im Aufbau.*

G2 Relativ verschränkt

(1) Legite philosophōs antīquōs! Eōs dē nātūrā hūmānā bene cōgitāvisse scīmus.

(2) Legite philosophōs antīquōs, quōs dē nātūrā hūmānā bene cōgitāvisse scīmus!

e. *Übersetze die beiden Sätze in Zeile (1).*

f. *In Zeile (2) sind beide Sätze durch ein Relativpronomen zu einem zusammengefügt: So ist ein sogenannter ‚mit AcI verschränkter' Relativsatz entstanden. Erkläre die Bezeichnung. Erschließe eine passende Übersetzung.*

(3) Vōbīs dō librōs philosophōrum. Eīs lēctīs melius cōgitābitis dē nātūrā hūmānā.

(4) Vōbīs dō librōs philosophōrum, quibus lēctīs melius cōgitābitis dē nātūrā hūmānā.

g. *In (4) liegt nun ein ‚mit Abl. abs. verschränkter' Relativsatz vor. Erkläre die Bezeichnung und übersetze (3) und (4).*

(5) Legite philosophōs antīquōs! Eīs nēmō melius dē nātūrā hūmānā cōgitāvit.

(6) Legite philosophōs antīquōs, quibus nēmō melius dē nātūrā hūmānā cōgitāvit!

h. *Beschreibe die Besonderheit des Relativsatzes in (6) und übersetze (5) und (6).*

W

1. a. *Kombiniere sinnvoll.*

be | chri | ci | con | do | e | hu | in | ma
nas | ne | num | per | pla | pul | re | re | re
res | ri | scri | tem | ti | ti | tu | tu

b. *Wähle die Wörter aus, die man in Beziehung zum Humanismus bzw. der Renaissance bringen kann.*

2. *Latein aktuell! Nicht nur die Humanisten sprachen Latein: Bis heute wird der Latein-Wortschatz regelmäßig aktualisiert. Erschließe die Bedeutungen.*

Aedes Albae – apparatus digitalis – Vicipaedia – certamen pedilusorium

G1

3. *Viele humanistische Gelehrte sammelten antike Sprichworte, die unterhalten und belehren sollten.*

a. *Übersetze und achte dabei auf die Stellung der Relativsätze.*

1. Quod licet Iovi, non licet bovi. 2. Qui dicit, quae vult, audiet, quae non vult. 3. Bis[1] dat, qui cito dat.

1) **bis**: zweimal

b. *Umschreibe jedes Sprichwort in deinen eigenen Worten.*

4. *Ein Humanist wirbt für seine Ideen und Ideale. Übersetze.*

1. Non est, qui neget nos, quamquam e variis diversisque nationibus nati simus, familiarissimos esse. 2. Nos enim omnes, qua veteres Romani usi sunt, eadem lingua hodie utimur: 3. Et loquimur et scribimus Latine, quo plures homines ad nos se adiungere possint. 4. Commercium ipsum inter nos delectat: Nam, qui eisdem in rebus versemur, amici sumus. 5. Quae clarissimi auctores Latini Graecique scripserunt, posteris legenda conservamus. 6. Quod est partum antiquis temporibus, nobis cordi, nobis exemplo sit!

G2

5. *Die Klage des Friedens. In seinem Werk* ***Querela Pacis*** *lässt der Humanist Erasmus von Rotterdam den Frieden sprechen. Übersetze; verwende dabei unterschiedliche Übersetzungsmöglichkeiten.*

1. Pax: „O homines, alios adiuvate, quos etiam vobis adesse scitis: Alius alii prosit! 2. Urbes et civitates condidistis, quas vitam vestram protegere constat: 3. Moenibus, regibus, legibus conservatur pax, qua turbata instat mors et calamitas. 4. Proinde nolite parere illis, qui suis commodis providentes omnem occasionem belli capiunt! 5. Illi enim movent bellum, quo confecto ipsi filios occisos flebunt: Ii ipsi tum bellum oderint. 6. Ergo servate me, pacem, qua nihil pulchrius est!"

H

6. *Die Humanisten beschäftigten sich intensiv mit der lateinischen Sprache. Sie verfassten auch viele Lexika, die lateinische Begriffe auf Latein erklären, wie z. B. das* ***Dictionarium*** *des Italieners Ambrosius Calepinus (Ambrogio Calpino):*

> ĂNĬMŬS: animus et anima in hoc differunt: Anima pars corporum omnium animalium et hominum est, qua illi vivunt et sentiunt. Animus vero est, quo homines sumus, quo sapimus et intellegimus.

Übersetze und erläutere den Unterschied zwischen ***anima*** *und* ***animus****.*

Z

7. *Viele Humanisten latinisierten ihren Namen: Man übersetzte ihn (****Bauer → Agricola****), kombinierte Vornamen und Geburtsort (****Beat aus Rheinau → Beatus Rhenanus****) oder hängte einfach eine Endung an (****More → Morus****). Latinisiere deinen Namen entsprechend.*

Ein großes Wunder: Der Mensch

Pico della Mirandola erzählt die aus dem Alten Testament bekannte Schöpfungsgeschichte – aus der Sicht eines Humanisten der Renaissance.

a. In diesem Text besteht die Welt aus einem oberen und einem unteren Teil. Erschließe, womit die Teile schon vor Erschaffung des Menschen bevölkert sind (Z. 1–8).
b. Erschließe aus dem Text, was Gott dem Menschen alles nicht gegeben hat und welchen Platz er ihm in der Welt einräumt (Z. 9–17).

Die Erschaffung Adams. Fresko von Michelangelo (Sixtinische Kapelle), 1510.

Iam pater summus hunc, quem vidēmus, mundum creāverat. Iam superiōrēs partēs mundī animīs immortālibus, īnferiōrēs partēs turbā mortālium animālium complēverat. Quō opere cōnfectō Deus dīxit: „Bonum est, quod creāvī. Nunc faciendus est, quī tantī operis ratiōnem perspiciat, pulchritūdinem amet, māgnitūdinem admīrētur." Hinc dē prōdūcendō homine postrēmō cōgitāvit. Vērum nec supererat in mundō sēdēs, quae nōndum tribūta esset, nec dōs, quae nōndum aliī animālī data esset, nec speciēs, quae hominī propria esset. Tamen Deus statuit animal facere, quod mundum contemplārētur et Deī līberālitātem laudāret.

Ita factus est homō, quem māgnum mīrāculum esse omnēs sapientēs cōnsentiunt. Deus enim hominem, cum fēcisset, sīc allocūtus est: „Nec certam sēdem, nec propriam speciem, nec dōtem ūllam singulārem tibi dedī, ō Adam. Quam sēdem, quās dōtēs, quam speciem tū ipse optāveris, habeās et possideās! Quā rē tū differs ā cēterīs animālibus, quae intrā fīnēs ā mē statūtōs coercērī vidēs. Tū nūllīs angustiīs coercitus tibi prō[1] tuō vōtō, prō tuā sententiā, nātūram tuam ipse cōnstituere poteris. Mediō tē in mundō posuī, ut inde commodius circumspicerēs, quicquid est in mundō. Nec tē caelestem neque terrēnum fēcī, ut tuī ipsīus fictor sīs, ut tē in quam mālueris fōrmam fingās!"

1) **prō** *(m. Abl.) hier*: entsprechend

c. Vergleiche die griechische Version der Erschaffung des Menschen (→ B 1, L 16), die der Bibel (Genesis 1, 20–31) und die Picos miteinander.
d. Vergleiche die beiden Abbildungen miteinander und begründe, welche besser zum Text passt.
e. Dieser Text gilt als Wegbereiter der Erklärung der Menschenrechte, die so beginnt: „Alle Menschen sind frei und gleich an Würde und Rechten geboren." Zeige, dass sich dieses Menschenbild aus Mirandolas Text ableiten lässt.

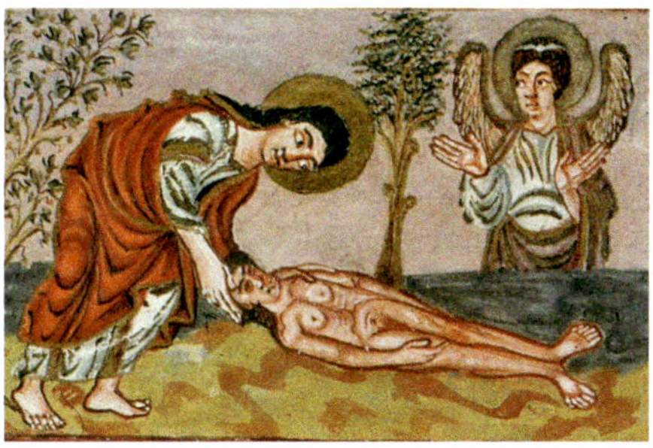

Karolingische Buchmalerei, um 840.

Die Anfänge des Denkens

Was ist der Ursprung von allem?

Die griechischen Naturphilosophen befassten sich mit Frage nach dem Ursprung und der Entstehung der Welt. Die Frage, aus welchem Urstoff alles entstanden ist, beantwortete jeder von ihnen auf eine andere Art. Wasser, Luft und Zahlen, Atome und die vier Elemente wurden als Urprinzipien angenommen.

***1.** Nach dem griechischen Philosophen Aristoteles entstand die Philosophie aus dem „Sich-Wundern“. Erläutere das am Beispiel der Naturphilosophen.*

Sokrates revolutioniert die Philosophie

Sokrates stellte den Menschen und die Frage nach dem Guten in das Zentrum der Philosophie. Mit seiner Fragetechnik versuchte er, seine Mitbürger zum Nachdenken zu bewegen. Doch viele empfanden das als unangenehm, weil Sokrates ihr vermeintliches Wissen in Frage stellte. So wurde Sokrates vor Gericht gestellt und zum Tode verurteilt. Dieses Urteil nahm er, obwohl es ungerechtfertigt war, an und trank den Giftbecher.

***2.** Das Orakel in Delphi bezeichnete Sokrates als den weisesten Menschen, obwohl er von sich sagte, dass er nichts wisse. Erkläre diesen scheinbaren Widerspruch.*

Die Suche nach Glück: Die Stoa

Der Stoiker sucht das Glück darin, sich von äußeren Bedingungen des Lebens frei zu machen. Da ein festgelegtes Schicksal den Lauf der Welt bestimmt, auf das der Mensch keinen direkten Einfluss hat, kann er sich nur damit abfinden und willig das Schicksal für sich annehmen.

***3.** Diskutiere mit einem Lernpartner, in welchen Situationen stoische Gelassenheit heute sinnvoll sein könnte. Stellt Beispiele aus dem Alltag zusammen.*

Die Suche nach Glück: Epikur

Für Epikur ist das höchste Ziel im Leben die Lust. Diese definierte er als Freisein von Schmerz. Die Götter gibt es zwar, aber sie haben keinen Einfluss auf das Leben der Menschen. Nach dem Tod löst sich der Mensch einfach in Atome auf. Daher muss man vor dem Tod keine Angst haben.

***4.** Die römische Religion ist maßgeblich geprägt von dem Prinzip des „**do, ut des**“. Erkläre, inwiefern diese Vorstellung mit epikureischer Lehre nicht vereinbar ist.*

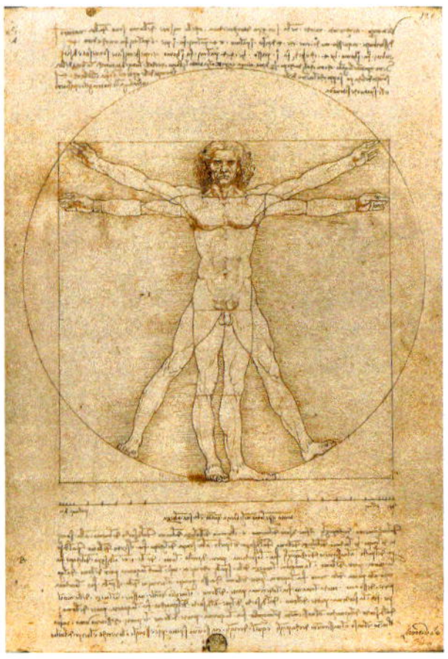

Humanismus und Renaissance

Im 15. Jahrhundert erlebte die Antike eine „Wiedergeburt“ (Renaissance): Die Gelehrten in Europa begannen sich wieder für die Antike und ihre Kunst, Literatur und Wissenschaft zu interessieren. Dadurch wurden viele antike Errungenschaften in die Neuzeit getragen und weiterentwickelt. Insbesondere das humanistische Weltbild wurde zur Grundlage unserer heutigen Auffassung von der Unantastbarkeit der Würde des Menschen.

***5.** Der Humanist Thomas Morus sagte: „Nichts wird gut und vollkommen sein, bevor die Menschen gut und vollkommen sind.“ Diskutiert darüber, was damit gemeint sein könnte und bezieht auch den modernen Menschen in eure Betrachtung mit ein.*

Alle Wege führen nach Rom – kein Weg führt an Rom vorbei! (2)

Das lange Bestehen des Römischen Reichs führte dazu, dass auch unsere heutige Welt in Europa in vielen Bereichen von Rom und den Errungenschaften der Römer geprägt ist.

Kunst

In der bildenden Kunst und der Architektur waren über Jahrhunderte hinweg antike Vorbilder maßgebend. Vor allem Renaissance, Barock und Klassik nahmen direkt Bezug auf die klassische Antike.

Philosophie

Was ist Glück? Wie soll man leben? Wie sieht der beste Staat aus? Die Philosophie prägt vor allem im Bereich der Ethik, also der Frage nach der richtigen Lebensführung, das europäische Denken bis heute.

Literatur

Die antike Literatur wurde zum Vorbild der lateinischen und auch der muttersprachlichen Literatur in Mittelalter und Neuzeit. Die in der Antike entstandenen Gattungen (z. B. Lyrik, Drama, Fabel) wurden gepflegt und weitergeführt.

Wissenschaft

Die Naturwissenschaften beruhen auf den von den griechischen Philosophen erarbeiteten Prinzipien des wissenschaftlichen Fragens und Denkens. Auch unsere Medizin fußt auf Grundlagen der antiken Medizin.

1. Maler, Bildhauer und Architekten suchten immer wieder in der Antike ihre Vorbilder. Sammle in deiner Umgebung Abbildungen, Kirchen, Gebäude, Statuen, die in dieser Tradition stehen.

2. Die Frage danach, worin das Glück im Leben besteht, stellten schon antike Philosophen. Stellt in Gruppenarbeit in einem Lernplakat zusammen, was ihr darüber bisher gelernt habt. Recherchiert nach modernen Antworten der Philosophie.

3. Die Fabel „Der Wolf und das Lamm“ wurde zu allen Zeiten von Dichtern bearbeitet. Recherchiere nach den Bearbeitungen von Aesop, Luther, Gotthold Ephraim Lessing und Helmut Arntzen und vergleiche die antike Version mit den drei neuzeitlichen.

4. a. In unserem Grundgesetz ist die Würde des Menschen als unantastbar festgeschrieben. Erkläre, wie dieser Grundsatz in der antiken Philosophie verwurzelt ist und über die Vermittlung der Renaissance in die Moderne gelangt ist. Kapitel 68 und 70 können dir dabei helfen.

b. Gerade die Auffassung von den Menschenrechten hat sich von der Antike bis heute allerdings deutlich weiterentwickelt. Belege dies anhand des auf S. 31 zitierten Gesetzes.

5. Diskutiert, inwiefern die römische Antike über Sprachen, Kulturen und Religionen hinweg die Grundlage für eine europäische Identität bilden kann.

Was kann ich? Wie du dich selbst richtig einschätzt

In den vergangenen Jahren hast du gelernt, zunehmend selbstständig zu arbeiten. Dazu gehört es auch, die eigenen Kenntnisse und Fähigkeiten richtig einzuschätzen. Die folgende Seite hilft dir dabei.

Sieben Schritte zur Selbsterkenntnis

1. **Sichten:** Gehe die Grammatik der zu wiederholenden Kapitel durch.
2. **Ordnen:** Stelle Themen zusammen, die noch vertieft werden müssen, und bringe sie in eine Reihenfolge nach Wichtigkeit.
3. **Lernen:** Lies das Top-Thema in der Grammatik sorgfältig nach und lerne es.
4. **Üben:** Wähle dir eine dazu passende Übung im Plateau, in der jeweiligen Lektion oder im Arbeitsheft aus. Bearbeite sie dann, ggf. digital mit einem Schreibprogramm.
5. **Wortschatz wiederholen:** Notiere dabei alle Vokabeln, die du nachschlagen musst.
6. **Prüfen:** Überprüfe **sofort** nach Erledigung der Aufgabe das Ergebnis sorgfältig anhand einer Lösung oder lasse es überprüfen (ggf. auch von einem Lernpartner).
7. **Bewerten:** Schätze dich nun ein:
   - Beherrsche ich dieses Thema gut und kann mich dem nächsten zuwenden?
     Dann gehe zu Schritt 3 und verfahre mit dem zweiten Thema ebenso.
   - Muss ich das Thema nochmals vertiefen und noch einmal üben?
     Dann gehe zu Schritt 3 und wiederhole das Thema. Überprüfe dich mit entweder mit derselben Übung oder mit einer anderen zum selben Thema.

Den Überblick behalten mit einem Evaluationsbogen

Den Überblick behältst du, indem du dir – am besten digital – Tabellen wie diese anfertigst:

Meine Wiederholungsthemen (zu Schritt 1–3)

	Diese Themen sollte ich noch wiederholen	Lektion/ Grammatik-Teil Seite
1.		
2.		
3.		
4.		

Meine Übungen (zu Schritt 4–7)

	Übungen, die zum Thema passen	Korrigiert	Weiter!	Nochmal wiederholen!
1.				
2.				
3.				
4.				

Erstelle dir Tabellen wie zu sehen und beginne gleich mit den Lektionen 66–70.

Lektionen 66–67

1. ***Erinnerst du dich noch? Finde möglichst viele Begriffe zum Sachfeld „Erinnerung".***

2. ***Latein international. Führe die Fremdwörter auf ihren lateinischen Ursprung zurück. Erkläre sie.***

Aktion – Motor – Quantität – Qualität – Differenz – Instruktion – rezitieren – kommod – Quotient

3. ***Bilde jeweils die entsprechende Form von fieri und übersetze sie.***

veniebam – eveniet – sentis – audiatis – dormiunt – comperies – saeviebant – custodit – impeditis – nescimus – sepeliam

4. ***Alles korrelativ? Nachdenken über Gott und die Welt. Übersetze.***

1. Philosophi cogitando rerum causam requisivisse traduntur. 2. Nonnulli motus siderum et lunae totiens spectabant, quotiens eis tempus erat. 3. Nam cognoverant in natura ipsa omnium rerum causam inveniri. 4. Socrates autem eo laetior fuit, quo saepius cum hominibus philosophabatur.

5. ***Die Römer in Amerika? Die USA und viele ihrer Bundesstaaten gaben sich bei ihrer Gründung einen lateinischen Wahlspruch. Übersetze und erkläre.***

1. *USA:* E pluribus unum. 2. *Alabama:* Audemus iura nostra defendere. 3. *Colorado:* Nihil sine numine. 4. *Kansas:* Ad astra[1] per aspera! 5. *Mississippi:* Virtute et armis! 6. *West Virginia:* Montani[2] semper liberi. 7. *New Mexico:* Crescit eundo.

1) **astrum,** -ī n: *sidus* 2) **montānī,** -ōrum m Pl.: *homines, qui in montibus habitant*

Lektionen 68–69

6. ***Verwandte gesucht! Nenne stammverwandte Wörter in Lektion 68.***

agere – saevus – sapiens – ops – velle

7. ***Wörter mit*** 

. Wähle alle Relativpronomina aus und bestimme sie.

quoniam – cuiusquam – quidnam – quin – quippe – quoddam – quia – quam – quievi – quae – quemcumque – quasi – quamquam – quamvis

8. ***Stoisch gedacht. Übersetze.***

1. Sunt, qui casus fortunae effugere studeant. 2. Casus autem non fugiendi, sed patiendi sunt. 3. Philosophia sola idonea est, quae nos doceat aequo animo esse. 4. Sapiens, quippe qui philosophiam sequatur, contentus erit. 5. Philosophia nobis viam monstrat, qua vitam beatam adipiscamur.

9. ***Herkules am Scheideweg: Er muss zwischen zwei Frauen,*** **Voluptas** ***und*** **Virtus**, ***wählen. Welcher soll er folgen?***

a. ***Übersetze die Aussagen.*** **b.** ***Ordne sie Herkules, Virtus oder Voluptas zu.***

1. „Utrum voluptatem an virtutem sequar?" 2. „Vix quisquam tibi vitam iucundiorem obtulerit quam ego." 3. „Sorores meae sunt Temperantia, Iustitia, Fortitudo. Sequaris nos, si laudem petas!" 4. „Quo me vertam?" 5. „Me duce omnibus gaudiis fruaris." 6. „Suam quisque viam inveniat! Sed hoc scias: Via facilior non est via melior." 7. „Quis dubitaverit mihi virtutem esse sequendam?"

c. ***Welche Wahl würde wohl ein Stoiker, welche ein Epikureer treffen? Begründe deine Entscheidung.***

Lektionen 66–70

10. *„Schaut hin!" a. Übersetze.*
b. Ordne die Aufforderungen je einem der Naturphilosophen zu.

1. Contemplamini animalia, quae sine aqua vivere non posse constat! 2. Contemplamini mundum, quem e numeris factum esse scimus! 3. Contemplamini sidera, quae tuentes consentietis: Omnia ex igne aeterno facta sunt! 4. Contemplamini mundum, quem e parvis *atomis* factum esse scimus, quas animadvertere non possumus! 5. Contemplamini aera, e quo omnia animalia orta esse facile intellegatis, quia sine aere non est vita!

Demokrit – Thales – Anaximenes – Heraklit – Pythagoras

11. *Doppeldeutig. a. Wegen der Doppeldeutigkeit von* probare *sind zu diesem Spruch zwei Übersetzungen möglich. Formuliere beide, wähle die richtige und begründe deine Wahl.*

Quodcumque donum dat aliquis, proba!

b. Prüfe deine Lösung, indem du angibst, ob sie mit dieser Aussage übereinstimmt:

Quodcumque donum ab amico accipies, accipe gratus!

12. *Gedanken aus drei Jahrtausenden.*
a. Übersetze.

1. Deus sexto die fecit hominem, quo facto quievit. 2. Quis non admiretur hominem, quo Deus in mundo nihil fecit *perfectius*? 3. Quae sunt in caelo et in terra, contemplanda sunt ei, qui causas rerum cognoscere vult. 4. Sapientes consentiunt mundum regi ratione divina, quam etiam hominibus *inesse* constat.

b. Ordne die Sätze den Denktraditionen zu.

Naturphilosophie – antike Ethik – biblische Vorstellung – Humanismus

13. *Seneca verabscheute ganz besonders diese Auffassung Caligulas gegenüber den Bürgern. Übersetze und erkläre.*

Oderint, dum[1] metuant!

1) **dum** *m. Konj.*: solange nur

14. *Übersetze und erkläre den Sinnspruch.*

Quot homines, tot sententiae.

15. *Erasmus von Rotterdam – ein Verfechter der Antike. Entscheide, ob du mit a, b oder gleich mit c beginnen willst.*
a. Bestimme die Verbformen und übersetze sie.

putent – admiremur – fruamur – faciamus – properandum est – videntur – legantur – disputentur – comprehendemus

b. Ordne den in (c) grün gefärbten Passagen die folgenden Übersetzungen zu.

– man muss Quellenstudien betreiben
– manche Leute
– für alle lesenswert
– sind ein geeigneter Diskussionsgegenstand

c. Füge die Wendungen aus b an den passenden Stellen ein und übersetze.

1. „Admiremur hominem et fruamur temporibus novis! 2. His temporibus enim inveniuntur, qui hominem *miraculum* putent. 3. Homo res *imperfecta* est, sed ei tamen dignitas est. 4. Sed quid legamus? 5. Imprimis ad fontes[1] antiquos ipsos properandum est. 6. Philosophi Graeci videntur digni, qui ab omnibus legantur. Scripturae[2] eorum sunt idoneae, de quibus disputetur. 7. Ita mundum multo magis comprehendemus!"

1) **fōns**, fontis m: Quelle 2) **scrīptūra**, -ae f: Schrift

16. *Übersetze und erkläre.*

Quidquid agis, prudenter[1] agas,
et respice finem!

1) **prūdēns**, -entis: klug

Die drei Königreiche des Carl Linné

Der schwedische Naturforscher Carl von Linné (1707–1778) schuf das System der wissenschaftlichen Benennungen von Tieren und Pflanzen, das heute noch in Gebrauch ist. Aber was steckt dahinter? In seinem Werk ***Systema naturae*** *erläutert er seine Erkenntnisse – und zieht eine aus heutiger Sicht überraschende Schlussfolgerung.*

a. *Erschließe die Bedeutung der kursiv gedruckten Wörter aus dem Kontext. Nutze dazu deine Kenntnis der lateinischen Wortbildung (→ S. 99) sowie von Fremdwörtern und Fremdsprachen.*

Quamcumque partem mundi intueris, ingentem et *infinitam* multitudinem rerum *naturalium* invenies. Nonnulli viri docti operam dedisse feruntur, ut hanc multitudinem perspicerent. Ii bene fecerunt, quod eam *varietatem* in ordinem adducere conati sunt. Tamen veram rationem *ordinandi* non invenerunt.

Quae autem vera ratio est? Mundus totus est divisus[1] in regna tria, quorum unum est *lapideum*, alterum *vegetabile*, tertium *animale*. Quomodo ea regna inter se differunt? *Lapides* crescunt. *Vegetabilia* crescunt et vivunt. Animalia crescunt et vivunt et sentiunt.

Unde autem haec amplissima multitudo rerum *naturalium* orta est? Quidquid vivit, *sexum* habet: Non solum animalia, sed etiam *plantae* sunt *sexus masculini* vel *feminini* vel utriusque. Omnibus autem, quaecumque vivunt, liberi sunt, qui parentibus simillimi sunt: Similia ex similibus fiunt, ut canes e canibus, leones e leonibus, equi ex equis. Constat sic semper fuisse et esse et fore. Omnia igitur in initio temporum eadem fuerunt, quae nunc sunt. Nec negandum est nihil ex nihilo fieri. Ergo putandum est omnia viventia eodem tempore et ab uno auctore facta esse: Credendum enim est ea non quoquo modo sponte facta, sed a *Creatore* quodam divino ficta et formata esse.

Amor erweckt die Pflanzen mit Liebe. Gemälde von Philip Reinagle, um 1797

1) **dīvidere**, -ō, dīvīsī, dīvīsum: teilen

b. *Nenne die Textstelle, die durch die Abbildung veranschaulicht wird.*

c. *Linné wurde in einem wichtigen Aspekt später von Darwin korrigiert. Nenne die Stelle im Text und erläutere, inwiefern Linné irrt.*

Amor und Psyche

Psyche *Es fühlt sich voll gut an mit dir* 😍 ❤️ ❤️ ❤️

Amor 😉 🤘

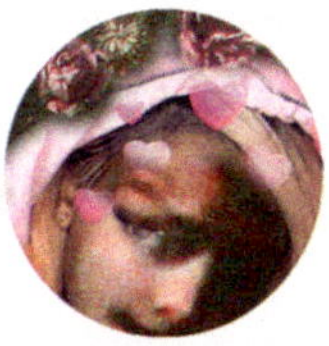

Soror1 *Wow Schwesterchen, ich freu mich ja sooo für dich!* 🤩

Sister2 *Pass bloß auf, dass du dir nicht die Finger verbrennst ...* 😏

Venus *Hey Psyche-Schätzchen! Ich geb dir'n Tipp:*
Lass die Finger von ihm!!!!

Psyche 😳

Amor *Lass sie in Ruhe, Mama ... ich lass mir von dir*
mein Glück nicht kaputt machen!

Venus verlässt die Gruppe

Eine lateinische Geschichte lesen – digital und kreativ

Die folgenden Lektionen sind zweigeteilt: links der Aufgabenteil mit vorbereitenden und nachbereitenden Aufgaben zum Text, rechts der Lesetext. Zudem gibt es in jeder Lektion einen Bereich mit Anregungen und Informationen zu einem bestimmten digitalen Thema.

V Vorbereitende Aufgaben

Die **V-Aufgaben** helfen euch dabei, den Lesetext möglichst gut vorzubereiten; meist sind sie in Textteil ❶ und ❷ untergliedert.

Zu jedem Lesetext werden vier Arten von Aufgaben angeboten, die zur Vorbereitung dienen. Zu jedem der vier Aufgabentypen findet ihr im Anschluss an die Lektionen eine **Methodenseite** mit Hinweisen vor allem zur digitalen Aufbereitung (→ S. 78–81):

		Methoden
Wortschatz:	Vorschläge zur Erschließung etwa der Hälfte des Lernwortschatzes	→ S. 78
Grammatik:	Vorschläge zur Vertiefung der Wiederholungsgrammatik	→ S. 79
Text:	Vorschläge zur Vorerschließung des Inhalts oder der Struktur des Lesetextes	→ S. 80
Realien:	Vorschläge zur Vorklärung von Personen, Ausdrücken oder Begriffen, die man kennen muss, um den Text zu verstehen	→ S. 81

In den V-Aufgaben stecken **viele Möglichkeiten**: Ihr könnt sie analog bearbeiten, ihr könnt sie aber auch mithilfe der **Methodenseiten** in **Gruppen** mit Lösungen versehen und vor der Lektüre des jeweiligen Lesetextes **digital** so aufbereiten, dass eure Mitschülerinnen und Mitschüler sie als Vorbereitung für die Arbeit am Lesetext verwenden können. Eine Übersicht mit passenden **digitalen Tools** sowie **digital editierbare Versionen** der **Lesetexte** findet ihr unter:

cornelsen.de/webcodes
Code: kipemo

Folgende **Produkte** könnten dabei z. B. entstehen:

- Arbeitsblätter mit Lösungen, die ihr an eure Lerngruppe austeilen, mittels Beamer präsentieren oder digital zur Verfügung stellen könnt
- ein Kurs mit digitalen Aufgaben auf einer Internetplattform

Gerade die **digitale Aufbereitung** der Aufgaben hat den Vorteil, dass eure Mitschülerinnen und Mitschüler immer leichten Zugriff darauf haben, sofort Lösungen erhalten und die Aufgaben immer wieder und nach eigenem Tempo zur Vorbereitung erledigen können.

Je nach Größe eurer Lerngruppe und der Zeit, die ihr zur Verfügung habt, könnt ihr entweder alle Texte bzw. Aufgaben so vorbereiten oder nur eine Auswahl. Ob ihr also eine Lektion oder mehrere aufbereitet, ob ihr dabei einen Kurs auf einer digitalen Plattform erstellt oder andere Produkte wählt, ist euch und eurer Lehrkraft überlassen.

N Aufgaben zur Nachbereitung und Vertiefung

Die **N-Aufgaben** geben euch Anregungen, den Text vertieft zu verstehen und euch kreativ damit auseinanderzusetzen.

MK Hierbei kennzeichnet das Medien-Symbol nachbereitende Aufgaben, die zur Auseinandersetzung mit einem bestimmten **digitalen Thema** auffordern: Sie geben euch Anregungen, den antiken Text aus dem Blickwinkel der digitalen Welt zu betrachten und kreativ umzusetzen. Dies kann auch im Rahmen einer **Projektarbeit** stattfinden. Informationen zu dem jeweiligen **„Digi-Thema“** bietet ein **Infokasten** in jeder Lektion; in Lektion 71 und 73 findet ihr zudem konkrete Anleitungen unter: **cornelsen.de/webcodes**
Code: kipemo

Zwei wichtige Tipps zum Arbeiten mit dem Internet vorweg:

Tipp 1: Informationen suchen

Ihr könnt zu einem Stichwort im Internet mit einer Suchmaschine oder Enzyklopädie oder in Büchern recherchieren. Mit der folgenden Checkliste findet ihr heraus, ob die Informationen brauchbar sind:

- ✓ Gilt die Informationsquelle als zuverlässig? Veröffentlichungen, hinter denen eine Redaktion steht (Bücher, Zeitungsbeiträge, wissenschaftliche Artikel oder Enzyklopädien) gelten als zuverlässiger als private Internetseiten, Blogs und Forenbeiträge.
- ✓ Ist bei der Veröffentlichung eine Quelle angegeben? Seriöse Autoren geben in der Regel ihre Quellen an. Bei Internetenzyklopädien sind die Quellen oft mit Fußnoten angegeben.
- ✓ Decken sich die Rechercheergebnisse auch mit anderen Quellen? Es reicht nicht, sich nur auf eine Informationsquelle zu stützen. Bei Internetrecherchen sollte man immer prüfen, ob die Informationen auch durch weitere Informationsquellen gestützt werden.

Tipp 2: Achtung Urheberrechte!

Auch wenn Inhalte wie Bilder, Videos und Texte im Internet frei verfügbar sind, dürfen sie nicht ohne weiteres kopiert oder verwendet werden. Achtet also darauf, dass eure Inhalte nicht urheberrechtlich geschützt sind, und beherzigt folgende Tipps:

- In allen Suchmaschinen kann man unter den erweiterten Suchoptionen gezielt nach Medien mit bestimmten Nutzungsrechten suchen.
- Bei Grafiken von Wikipedia/Wikimedia sind stets Lizenzinformationen angegeben, die es zu berücksichtigen gilt.
- Inhalte, die als „gemeinfrei“ oder „public domain“ gekennzeichnet sind, dürfen problemlos verwendet oder vervielfältigt werden.
- Bei Inhalten, die mit der sogenannten „Creative Commons“-Lizenz geschützt sind, ist genau angegeben, was erlaubt ist. In jedem Fall muss jedoch der Name des Urhebers genannt werden. Genauere Informationen hierzu findet ihr, indem ihr nach „Creative Commons“ recherchiert.

Gesehen werden

V

1. Wortschatz *→ Methoden S. 78*: *Weise folgenden neuen Wörtern mit Hilfe der verwandten englischen bzw. lateinischen Wörter in Klammern die passenden Bedeutungen zu.*

❶ **cōnspicuus, -a, -um** (conspicere, -io) – **dēscrībere, -ō** *(to describe)* – **cūriōsus, -a, -um** *(curious)*

❷ **mātrimōnium** *(matrimony)* – **sistere, -ō** (consistere, -o) – **mōnstrum** *(monster)* – **horribilis, -e** *(horrible)* – **miseria** (miser, -a, -um) – **praeceptum** (praecipere, -io)

2. Grammatik *→ Methoden S. 79*: *Konjugation. Bestimme folgende Formen aus dem Lesetext nach Modus, Tempus und Genus Verbi und übersetze sie.*

❶ habuerunt – celebrari – **dēscrībī** – **diffūsa erat** – conveniebant – spectarent – nominabatur – vocat – effice – ardeat

❷ oderat – mirabantur – spectabatur – adeptae erant – respondit – exspectet – questus es

3. Text *→ Methoden S. 80*: *Stelle Wörter zu folgendem Sachfeld zusammen.*

❶ ‚Schönheit und Bewunderung‘

❷ ‚Bedrohung, Furcht und Unglück‘

4. Realien *→ Methoden S. 81*: ❶ *Zeige Paphos, Knidos und Kythera auf einer Karte und recherchiere ihren Zusammenhang mit der Göttin Venus/Aphrodite.*

N

5. Vergleiche Text und Abbildung im Hinblick auf Psyches Verhalten gegenüber dem ‚Publikum‘.

6. Psyches Bild geht um die Welt. Arbeite aus dem Text heraus, inwiefern für Psyche durch ihre weltbekannte Schönheit ein zweifaches Problem entsteht.

7. Diskutiert auf der Grundlage des Textes, inwiefern Psyche selbst das Problem hätte vermeiden können.

MK

8. Psyche im Netz! Ähnlich wie Psyche geht es heutzutage vielen, die im Internet die Kontrolle über ihr eigenes Bild verlieren. Stellt, ausgehend vom Text, Psyches Auftritt für eine Social-Media-Plattform nach nach. Anleitung unter:

cornelsen.de/webcodes
Code: kipemo

a. Erstellt in zwei Gruppen (I) ein Profil, das für Psyche problematisch oder gefährlich werden könnte und (II) ein Profil, das unbedenklich ist.

b. Vergleicht dann die Profile und untersucht, was sie problematisch oder unproblematisch macht.

Digi-Thema: Ich im Netz

Hast du dich schon einmal gefragt, was man anhand deines Social-Media-Accounts über dich herausfinden kann? Mit den folgenden Tipps behältst du die Kontrolle über deine Informationen:

- Vorsicht bei privaten Inhalten und Bildern: Was einmal im Netz landet, bleibt dort und verbreitet sich weiter (sog. Streisand-Effekt).
- Selfies verraten mehr als dir lieb ist: An Bildern lassen sich oft auch dein Wohnort, deine Vorlieben und deine sozialen Kontakte erkennen. Respektiere außerdem die Persönlichkeitsrechte der übrigen Personen auf dem Bild!
- Weißt du, wer mitliest? Auch wenn nur deine engen Freunde deine Posts liken und kommentieren – öffentliche Profile kann jeder sehen. Achte also darauf, was du von dir und anderen preisgibst, und überprüfe deine Privatsphäre-Einstellungen!

Schönheit – ein Fluch?

Erant in quadam civitate rex et regina. Hi tres filias forma conspicuas habuerunt. Maiores natu erant gratissima specie, sed laudibus humanis celebrari poterant; at vero puellae iunioris[1] praeclara pulchritudo sermone humano describi non poterat. Iam per totum orbem terrarum haec fama diffusa erat: „Tellus alteram Venerem eximia pulchritudine praeditam genuit!“ Iam multi mortales curiosi longis itineribus conveniebant, ut puellam spectarent. Paphon nemo, Cnidon nemo ac ne ipsa quidem Cythera navigabat: Quare Venus ira incensa Amorem, puerum suum pinnatum[2], vocat et ei Psychen – hoc enim nomine puella nominabatur – ostendit. „Effice,“ inquit, „ut ista virgo amore hominis omnium miserrimi ardeat.“

Amor erblickt die Schönheit Psyches. Von M. Denis, 1908

Interea Psyche pulchritudinem suam oderat: Omnes quidem mirabantur divinam speciem eius, sed ut simulacrum mirabantur. Spectabatur ab omnibus, laudabatur ab omnibus – nec quisquam eam in matrimonium ducere cupiebat. Duae autem maiores sorores beatas nuptias iam adeptae erant. Itaque pater infelicissimae filiae oraculum percontatus est. Quod haec respondit: „Siste puellam in summo monte! Ibi exspectet maritum! Sed non est homo: Est monstrum horribile, quod pinnis volans cuncta flamma ferroque perdit – monstrum, quod timet ipse Iuppiter.“ Oraculo accepto rex maeruit miseriamque filiae questus est. Sed praeceptis caelestibus parendum erat: Ergo Psyche misera tremens in monte sedebat et maritum exspectabat.

1) **iūnior**, -ōris: jünger 2) **pinnātus**, -a, -um: geflügelt

Schein oder Sein

V

1. *Wortschatz* → S. 78: ❶ ❷ *Psyche kommt an einen anderen Ort. Wie könnte er aussehen? Erstelle eine Skizze, die zu folgenden Vokabeln passt, und beschrifte sie mit diesen.*
vallis, -is – domus regia – **splendor, -ōris** – **fulgēre** – **dīvitiae, -ārum** – **dracō, -ōnis**
❷ *Fertige zu folgenden Vokabeln Skizzen an und beschrifte sie jeweils mit dem lateinischen Wort.*
flētus, -ūs – **nūbere, -ō** – **culter, -tri** – **oleum** – **operīre, -iō**

2. *Grammatik* → S. 79: *Deklination* ❶ *Gib zu folgenden Adjektiven bzw. Partizipien aus dem Lesetext das Bezugswort an und übersetze den Ausdruck mit dem deutschen Nominativ.*
Beispiel: oratoris boni → der gute Redner
trementem – **trānquillō** – florenti – magno – **fulgentem** – aureo – media – lenem – ignotus – multas – aeterno
❷ *Bestimme die Formen nach Deklination, Kasus, Numerus und Genus (ggf. mithilfe einer Tabelle).*
montem – **flētum** – sororum – **cūriōsitāte** – lacrimis – lumine – **cultrō** – **dracōnis**

3. *Text* → S. 80: ❶ *Gliedere den Text (außerhalb der wörtlichen Rede), indem du die Prädikate auf ihre Tempora untersuchst.*
❷ *Stelle die Ausdrücke zusammen, welche die Gefühle von Psyches Schwestern ausdrücken. Zeige, dass sich die Gefühle ändern.*

4. *Realien* → S. 81: ❶ *Erkläre, wer bzw. was Zephyrus ist. Recherchiere ggf. nach einer geeigneten Darstellung.*
❷ *Zeige anhand geeigneter Darstellungen, wie eine antike Öllampe* **(lucerna, -ae)** *funktioniert.*

N

5. a. *Psyches Schwestern sind zerfressen vor Neid. Erkläre, wie der Neid entsteht.*
b. *Blickt hinter die Kulissen: Erörtert ausgehend vom Text, wie es Psyche wirklich gehen könnte.*

6. a. *Beschreibe das Bild: Zeige Psyche und die Schwestern und gib an, woran du sie erkennst.*
b. *Es sind viele Figuren zu sehen, die im Text gar nicht vorkommen. Erkläre, welche Wirkung damit erzielt wird.*

MK

7. a. *Analysiert die Profile bekannter Influencer nach folgenden Gesichtspunkten:*
– Sind die Personen gute Vorbilder? Warum oder warum nicht?
– Finden sich Produktplatzierungen auf den Auftritten? Woran kann man diese erkennen?
– Mit welchen Mitteln erzeugen die Influencer den Eindruck von Authentizität?
b. *Psyche und der Neid der Schwestern: Gestaltet ein Vlog, in dem Psyche im Stile einer Influencerin ihren Followern einen Einblick in ihr neues Leben im goldenen Palast gibt.*

Digi-Thema: Andere Menschen im Netz
Was sehen wir von den anderen? Bekannte Social-Media-Nutzer (sog. Influencer) wollen ihren Followern auf ihren Profilen einen authentischen Einblick in ihr aufregendes Alltagsleben geben – doch entspricht dies der Wahrheit? Die Bilder, die angeblich spontane Situationen zeigen, sind oft nachgestellt und stark bearbeitet oder mit Produktplatzierung versehen. Zudem bleiben die weniger glücklichen Momente des Lebens in den Profilen ausgeblendet. Psychologische Studien haben gezeigt, dass bei Social-Media-Nutzern durch den ständigen Vergleich der eigenen Person mit scheinbar perfekten Idolen das Glücksempfinden und die Zufriedenheit mit dem eigenen Körper sinkt.

Ein mysteriöser Ehemann – und ein tückischer Plan

Psyche sitzt auf dem Berg und wartet auf das Monster, das ihr Ehemann werden soll.

Psychen autem trementem Zephyrus sustulit suoque tranquillo spiritu ferens in florenti[1] valle leniter deposuit. Ibi puella vidit domum regiam splendore tam magno fulgentem, quam sol. Domum intravit fessaque in lecto aureo obdormivit[2]. Media nocte lenem quendam sonum audivit: Iamque aderat ignotus maritus et uxorem sibi Psychen fecerat et ante lucem diei celeriter discesserat.
Haec per multas noctes sic agebantur. Quadam nocte maritus uxori dixit: „Si vis amore aeterno frui, noli percontari formam meam! Cum me conspexeris, amplexus mei tibi non iam contingent." Tum Psyche spopondit se nihil facturam esse, quod maritus vetaret.

At sorores ad montem venerunt ibique de Psycha amissa fleverunt. Quae, ubi fletum sororum audivit, Zephyrum iussit eas ad se portare. Sorores, cum viderent divitias divinas, curiositate et invidia motae de marito Psyches requirebant. Illa autem respondit se nihil de marito dicere posse, quia eum ipsa ignoraret. Domum reversae sorores valde indignabantur: „Verisimile[3] est Psychen deo nupsisse. Psyche mentitur! Punienda est!" Postridie rursus ad sororem *devolaverunt* eamque falsis cum lacrimis appellaverunt: „Comperimus draconem tecum noctibus latenter[4] quiescere! Audi ergo: Abde iuxta lectum cultrum et lucernam olei plenam claroque lumine fulgentem! Quam operi aliquo tegmine[5]! Ubi maritus dormiverit, profer lucernam secaque cultro caput draconis!" Talibus verbis factis sororem deseruerunt.

Psyche und ihre Schwestern. Von J.-H. Fragonard, 1753

1) **flōrēns**, -entis: blühend
2) **obdormīscere**, -ō, obdormīvī: einschlafen
3) **vērīsimilis**, -e: wahrscheinlich
4) **latenter** *(Adv.)*: heimlich
5) **tēgmen**, -inis n: Decke

Psychoterror

V

1. Wortschatz → S. 78: ❶ *Ordne anhand der Sätze den Verben die Bedeutung zu.*
Telo **vulnerātus sum.** Itaque dolore **gemō.** – Te verbis acribus **increpō,** quia me **offendistī.** – Hominis miseri **miserērī** debemus.

vulnerāre – gemere, -ō – increpāre – offendere, -ō – miserērī (+ Gen.)	stöhnen – Mitleid haben mit – verwunden – schimpfen – anstoßen; beleidigen

❷ *Erschließe die Bedeutungen folgender Vokabeln anhand der Synonyme in Klammern.*
domicilium (domus) – **mē praeterit** (me fugit) –
mūnus, -eris (magistratus/officium/donum) – **ancilla** (serva)

2. Grammatik → S. 79: *Relativsätze.*
❶ ❷ *Konjunktivisch: Übersetze; zeige dann die konjunktivischen Relativsätze im Lesetext.*
Homo, qui scelera fecerit, puniendus est. Sceleratus dignus est, qui puniatur. Statuenda est poena, qua sceleratum afficiamus.
❷ *Verschränkt: Übersetze; zeige dann die verschränkten Relativsätze im Lesetext.*
Mercurius, quem nuntium deorum esse constat, multa et in caelo et in terra videt. –
Venus, qua nulla dea pulchrior est, uxor Vulcani est.

3. Text → S. 80: ❶ *Stelle alle Begriffe zusammen, die zum Wortfeld „Waffen" und zum Sachfeld „körperliche oder seelische Verwundung" gehören.*
❷ *Venus – Mercurius – Psyche: Wähle die Sätze aus, in denen diese Personen jeweils Subjekt sind, und erschließe aufgrund der Prädikate und der Partizipien im Nominativ, was die Personen tun.*

4. Realien → S. 81: ❷ *Erläutere die Aufgaben des Gottes Merkur, ggf. anhand einer Darstellung.*

N

5. *Arbeite – auch auf der Grundlage früherer Lektionen – heraus, welches Problem Venus mit Psyche hat.*

6. *Beschreibe die Abbildung. Erläutere, inwiefern die beiden Figuren hier ähnlich charakterisiert sind wie im Text.*

MK

7. a. *Die im Text dargestellte Situation beinhaltet typische Elemente eines Mobbing-Falles. Weist dies mithilfe des Infokastens nach.*
b. *Formuliert – ausgehend von den Worten und Handlungen der Venus – eine Nachricht, wie sie Venus auf Psyches Profil in einem sozialen Netzwerk posten könnte. Stellt Vermutungen an, wie Psyche wohl darauf reagieren würde. Diskutiert, wie sie am besten reagieren sollte, um eine Eskalation zu vermeiden.*
Anleitung unter:
cornelsen.de/webcodes
Code: kipemo

Digi-Thema: Cybermobbing
Von „Mobbing" spricht man, wenn eine Person sich von anderen schikaniert oder gedemütigt fühlt und gegenüber den Mobbern ein dauerhaftes Machtungleichgewicht entsteht.
In Mobbing-Situationen kann man häufig folgende Rollen erkennen: Opfer, Täter, Verteidiger des Opfers, interessierte Zuschauer und Unbeteiligte, zu denen z. B. auch Lehrkräfte und Eltern gehören. Die digitale Form des Mobbings ist für Betroffene besonders belastend:
- Cybermobbing kann überall und jederzeit über das Internet stattfinden.
- In einigen Messaging-Apps können Täter und Mittäter anonym bleiben. Es ist dann schwer auszumachen, von wem die Angriffe ausgehen.
- Psychische und verbale Gewalt kann für die Opfer sogar noch schlimmere Folgen haben als physische Gewalt.
- Die Hemmschwelle zum Mitmachen ist im Internet niedriger: Bereits das Teilen von negativen Nachrichten über das Opfer gilt als Cybermobbing!

Eine folgenschwere Entdeckung

Die Schwestern wissen angeblich ganz genau, wer der geheimnisvolle Ehemann ist und wie Psyche ihn entlarven kann – und Psyche folgt ihrem Rat.

Psyche erblickt Amor. Von J. Reynolds, 1789

Nox aderat et maritus aderat et voluptate fessus obdormiverat[1]. Tunc Psyche corripit cultrum et prolata lucerna videt omnium animalium dulcissimam bestiam: Amorem, formosum deum, formose cubantem. Ante lectum iacebant arcus et sagittae, magni dei tela. Quarum unam Psyche digitis temptat et acie paulum vulneratur. Sic Psyche in Amoris incidit amorem. Tunc e lucerna gutta[2] olei ardentis cecidit in umerum dei. Qui e somno excitatus *avolavit* – tristis et iratus ...

Tum Psyche e domo ruit Amoremque quaerens per orbem terrarum vagatur. Ille autem in cubiculum matris fugerat. Ibi vulnere dolens gemebat. At Venus eum his verbis increpuit: „Tui[3] non miserebor. Nam offendisti me, qui inimicam meam nurum[4] meam feceris! Insolentia[5] tua digna est, quae puniatur.“

Quibus dictis Venus caelum, quod domicilium deorum esse constat, petivit. Mercurium adiit hisque verbis appellavit: „O Mercuri, quo nemo neque in caelo neque in terra plura videt, certe non te praeteriit servam meam me effugisse. Te ergo, nuntium deorum, precor, ut praemium investigationis[6] publice edicas!“

Protinus Mercurius per totum orbem terrarum currens fungebatur munere nuntii. Psyche autem, cum certior facta esset se a Venere requiri, sponte sua ad deam contendit. Quae cachinnum tollens[7]: „Tandem“, inquit, „matrem mariti salutas. Excipiam te ut bonam nurum[4].“ Tum vocavit *Sollicitudinem* et *Tristitiam*, ancillas suas, quae Psychen torquerent.

1) **obdormīscere**, -ō, obdormīvī: einschlafen 2) **gutta**, -ae f: Tropfen 3) **tuī** (*Gen.* von tū) *hier:* mit dir
4) **nurus**, -ūs f: Schwiegertochter 5) **īnsolentia**, -ae f: Unverschämtheit 6) **investīgātio**, -ōnis f: *hier:* das Aufspüren (der Flüchtigen) 7) **cachinnum tollere**: in schallendes Gelächter ausbrechen

Noch mehr Probleme – und unerwartete Hilfe

V

1. Wortschatz → S. 78: ❶ ❷ *Ordne den Vokabeln die Bedeutung zu. Lasse dich dabei von der Wortbildung, der Wortart, bekannten Fremdwörtern und fremdsprachlichen Wörtern leiten.*

obsequī, -or – **perīre, -eō** – **fōns, fontis** m – **prōvidentia** – **fluere, fluō** – **excelsus, -a, -um** – **difficultās, -ātis** f – **arripere, -iō** – **sēmen, -inis** n – **parātus, -a, -um**	die Voraussicht – die Schwierigkeit – bereit – an sich reißen – Folge leisten; gehorchen – der Same – fließen – zugrunde gehen – hoch; herausragend – die Quelle

2. Grammatik → S. 79 **Partizipien:** ❶ *Übersetze. Ordne den Sätzen und deinen Übersetzungen alle passenden Fachausdrücke aus dem jeweiligen Kasten zu. (Mehrfachzuordnungen sind möglich.) Zeige dann die Partizipialausdrücke im Lesetext.*

Venus ira ardens servae laborem immensum imponit. Serva verbis dominae auditis flet. Tum amicae veniunt servam adiuturae. Amicis adiuvantibus opus celeriter perficitur. Venus autem opus celeriter perfectum tamen non laudat.

Lateinische Sätze	Übersetzung
PPP – PPA – PFA | final – kausal – konzessiv – temporal | PC – Abl. abs. | gleichzeitig – vorzeitig – nachzeitig	Beiordnung – Unterordnung – Präpositionalausdruck

❷ **nd-Formen:** *Übersetze. Zeige dann die Ausdrücke mit* **nd**-*Formen im Lesetext.*

Venus servae suae: „Vas tibi aqua complendum est. Ecce: Hoc vas tibi aqua complendum do. Tibi properandum est. Vas aquae plenum tibi referendum est. **Parāta** sis ad officium praestandum! Tibi sit summum studium officii celeriter praestandi! Officio diligenter praestando me delectabis. Nunc curre!"

3. Text → S. 80: ❶ *Stelle Ausdrücke zusammen, die zur Überschrift „Aschenbrödel" passen.*
❷ *Stelle Ausdrücke zusammen, die zur Überschrift „Höllenwasser" sowie „Drachenfels" passen.*

4. Realien → S. 81: ❷ *Erläutere ggf. anhand einer Darstellung, worum es sich bei der Styx handelt.*

N

5. a. *Befindet sich Psyche in einer typischen Mobbingsituation? Diskutiert diese Frage auf der Grundlage des Textes in der Lerngruppe.*
b. *Nennt mögliche Gründe, warum Psyche Hilfe erhält.*
c. *Genügt es, eine Ameise zu sein? Diskutiert, inwieweit Psyche mit dem Einsatz der Ameise wirklich geholfen ist.*

MK

6. a. *Anders als Psyche haben Betroffene von Cybermobbing durchaus Möglichkeiten, sich zu wehren (s. Kasten). Erstellt ausgehend von euren Ergebnissen aus Lektion 73 (Aufgabe 7) einen Interventionsplan gegen Cybermobbing. Der Plan sollte von der Situation Psyches ausgehen und konkrete Maßnahmen zur Lösung eines Mobbingfalls enthalten.*
b. *Nur wenige von uns sind eine Ameise: Recherchiert den Begriff „Bystander-Effekt" und diskutiert, warum es vielen Menschen schwerfällt, Mobbing-Opfern aktiv zu helfen.*

Digi-Thema: Was tun gegen Cybermobbing?
- Auf Kommentare der Täter nicht antworten! Stattdessen Beweise sichern (z. B. durch Screenshot), die Täter sperren bzw. ignorieren und ggf. sogar das Profil löschen!
- Über Cybermobbing-Attacken reden! Hilfe am besten bei Fachkräften (Verbindungslehrkraft, Klassenteam, Schulpsychologe) suchen, die auch auf Gruppenebene eingreifen können!

Aschenbrödel, Höllenwasser und Drachenfels

Sollicitudo und Tristitia, die Dienerinnen der Venus, setzen Psyche schwer zu:

Psyche vor dem Thron der Venus. Von E.M. Hale, 1883

At illae Veneri obsequentes Psychen flagellis[1] afflixerunt. Tunc rursus sublato risu[2] Venus: „Et ecce“, inquit, „turgidus[3] eius venter eam mox matrem fore indicat. Nonne sum felicissima, quod in ipso flore aetatis vocabor avia?“ His dictis in eam invecta est et frumentum, hordeum[4], cicerem[5] in unam congeriem[6] coniecit. Tum sic ad illam: „Discerne congeriem[6] seminum istorum ante noctem!“ Psyche labore immenso perterrita flere coepit. Tunc formica[7] quaedam Psyches miserita ceteras formicas[7] convocavit. Quae undique concurrerunt Psychen adiuturae. Summo studio semina discreverunt perfectoque opere abierunt. Venus autem rediens, cum videret omnia perfecta esse: „Non“, inquit, „me decipis! Non tu haec perfecisti, sed socius tuus.“ Tum in cubiculum abiit.

Mane dixit Venus Psychae: „Videsne montem illum excelsissimum, de quo fluunt aquae atrae? Quae Stygias paludes inrigant[8]. Inde tibi a summo fonte aqua deferenda est.“ Tum Psychae vas aqua illa horribili complendum dedit. Et Psyche celeriter contendit ad montem. Sed cum primum eo pervenit, vidit letalem[9] difficultatem: Namque fontem custodiebant duo dracones, ne cuiquam esset adeundi facultas. Iamque ipsae aquae vocibus praeditae clamabant: „Discede!“ et „Peribis!“. Psyche, cum eas voces audiret, omnem spem officii praestandi deposuit. Nec providentiam Iovis curae Psyches innocentis latuerunt: Aquila Iovis repente affuit parata ad opem ferendam. Vase arrepto ad fontem volavit et Psychae vas aquae plenum rettulit.

1) **flagellum**, -ī n: die Peitsche 2) **rīsum tollere**: in Gelächter ausbrechen 3) **turgidus**, -a, -um: gewölbt, geschwollen 4) **hordeum**, -ī n: Gerste 5) **cicer**, -eris n: Kichererbse 6) **congeriēs**, -ēī f: Haufen 7) **formīca**, -ae f: Ameise 8) **inrigāre**: bewässern 9) **lētālis**, -e: todbringend, tödlich

Bestrafte Neugier

V

1. Wortschatz → S. 78: ❶ ❷ *Ordne den Vokabeln die Merkhilfe und die Bedeutung(en) passend zu.*

❶ **fōrmōsitās, -ātis** f – **māgnopere** – **pertimēscere, -ō** – **reficere, -iō**

❷ **reportāre** – **ictus, -ūs** m – **concilium** – **lūxuria** – **ēligere, -ō** – **pōculum**

Merkhilfe	Bedeutung(en)
portare – legere; *engl.: the election* – magnum + opus – e-icere; con-icere – *der Pokal* – facere; *das Refektorium* – forma; formosus – *das Konzil* – *der Luxus* – timor; timere	der Becher – erneuern, wiederherstellen – die Ausschweifung, der Luxus – die Schönheit – auslesen, auswählen – die Versammlung – der Stoß, Schlag – sehr – zurückbringen – in große Furcht geraten; etwas sehr fürchten

2. Grammatik → S. 79: ❶ ❷ ***Konjunktiv im Hauptsatz.*** *Übersetze und ordne den Fachbegriff zu. (Mehrfachzuordnungen sind möglich.) Zeige dann im Lesetext die Konjunktive im Hauptsatz.*

Venus servae suae dixit: „Nemo dubitaverit, quin tu sis serva improbissima. Non inveniatur serva, quae te improbior sit. Nisi fuisses tam improba, non tam saepe te reprehendissem. Nunc velim sumas hoc vas, quod tibi porrigo, et compleas!" Serva subito paruit. Quid enim faceret?

Optativ – Potentialis – Deliberativ – Irrealis

3. Text → S. 80: ❶ *Von großer Bedeutung für den Textinhalt ist eine* ***pyxis****. Erschließe anhand der Prädikate bzw. Partizipien, die sich auf* ***pyxis*** *beziehen, was damit geschieht. (Es ist zunächst nicht nötig zu erschließen, wer etwas damit tut.)*

❷ *Erschließe aus dem Text, welche Personen Jupiter jeweils anspricht.*

4. Realien → S. 81: ❶ *Beschreibe, ggf. anhand passender Abbildungen, Aussehen und Funktion einer antiken Pyxis.*

❷ *Erläutere durch Recherche:* ***a.*** *Jupiter als Opfer Amors,* ***b.*** *‚****patres conscripti****‘,* ***c.*** *‚****Ambrosia****‘.*

N

5. Belege, dass das Orakel in L 71 (Z. 27–29) in allen Punkten die Wahrheit prophezeit hat.

6. Beschreibe die Abbildung und erörtere, inwiefern sie die Beziehung zwischen Amor und Psyche widerspiegelt.

MK *7. Die Beziehung von Amor und Psyche wird oft von außen gestört. Versetzt Amor und Psyche in unsere Zeit und entwerft eine Geschichte ihrer Beziehung, die durch digitale Störfeuer (s. Kasten) auf die Probe gestellt wird. Orientiert euch dabei an der literarischen Vorlage.*

Digi-Thema: Sicherheit im Internet

Allzu große Neugier kann auch im Internet gefährlich werden. Vor allem sollte man sich in Acht nehmen vor …

- **Phishing:** Hacker können Kontodaten erbeuten, indem sie die Nutzer auf gefälschten Seiten zur Eingabe auffordern.
- **Fake-News:** Mittels echt aussehender Artikel werden in Sozialen Medien Falschinformationen verbreitet.
- **Fake-Accounts** und **Identitätsdiebstahl:** Böswillige Personen erstellen ein gefälschtes Profil mit den Bildern anderer Nutzer und richten unter falschem Namen viel Schaden an.
- **Spieleapps mit Glücksspielcharakter:** Diese meist kindgerecht wirkenden Apps sind zwar kostenlos, haben aber ein hohes Suchtpotential und locken bald mit kostenpflichtigen Zusatzangeboten.
- **Cyber-Grooming:** Mit Fake-Accounts (s. o.) werden minderjährige Nutzer unter falschem Vorwand kontaktiert, um sexuelle Kontakte anzubahnen.

Die letzte Aufgabe

Nachdem Psyche alle Aufgaben erfüllt hat, gibt Venus ihr einen letzten – und diesmal, wie sie hofft, tödlichen – Auftrag ...

Sed Venus aqua portata non erat contenta. Ideo etiam horribiliorem laborem Psychae imposuit. „Nunc", inquit, „mea pupula[1], sumas istam pyxidem protinusque ad inferos descendas! Tunc Proserpinae porrecta pyxide dicas: ‚Petit a te Venus, ut sibi[2] mittas paulum formositatis tuae. Nam formositatem omnem, quam habuerat, in filio aegro curando consumpsit atque trivit.' Psyche magnopere pertimuit. Sed quid faceret? Ergo tremens descendit ad domum Proserpinae, pyxidem porrexit, nuntium Veneris pertulit, formositatem in pyxide conditam accepit. Dum ad superos revertit, curiositate temeraria capta pyxidem aperuit, ut sibi paulum formositatis sumeret. Sed pyxide aperta non afficitur formositate, sed somno inferno. Amor autem refecta bona valetudine Psychae auxilio venit et deterso somno[3] „Ecce", inquit, „rursus perisses tua curiositate, nisi te servavissem."

Amor erweckt Psyche. Von E. Burne-Jones, um 1865

Dum Psyche Veneri munus Proserpinae reportat, Amor Iovem adit causam suam explicaturus. Iuppiter sic ad illum: „Quamvis vulneraveris", inquit, „domine fili, istud pectus meum assiduis ictibus, tamen cuncta perficiam." Et concilio deorum convocato sic incipit: „Dei conscripti, ne unus quidem vestrum[4] inveniatur, qui nesciat adulescentem istum. Nec quisquam dubitaverit, quin eius primae iuventutis impetus coercendi sint. Luxuriam ergo puerilem[5] coercebo pedicis nuptialibus[6]. Puellam elegit: Psychen. Cuius amplexibus contineatur!" Et ad Venerem conversus: „Ne tu", inquit, „irata sis, cum filius mortalem in matrimonium ducat!" Et protinus Psychen in caelum duci iubet porrectoque ambrosiae poculo: „Sume", inquit, „Psyche, et immortalis eris!"
Sic Psyche venit in manum Amoris. Et nascitur illis filia, quam Voluptatem nominamus.

1) **pūpula**, -ae f: Püppchen, Schätzchen 2) **sibi**: ihr *(bezieht sich auf Venus)*
3) **dētersō somnō**: nachdem er ihr den Schlaf abgewischt hatte 4) **vestrum** (*Gen. von* vōs): von euch
5) **puerīlis**, -e: jugendlich 6) **pedicae** (-ārum f Pl.) **nūptiālēs**: die Fesseln der Ehe

Den Lektionswortschatz für eure Lerngruppe einführen

Jede Lektion enthält etwa 20 neu zu lernende Vokabeln. Bisher habt ihr den Lektionswortschatz durch die Sachinformationsseiten sowie die W-Einführungen kennengelernt und dann mittels der Übungsseiten gefestigt. Es ist nun eure Aufgabe, sicherzustellen, dass eure Mitschüler am Ende der Lektion den Lektionswortschatz beherrschen und für die Übersetzung des Lesetextes gewappnet sind. Dies könnt ihr auf verschiedene Weise bewerkstelligen:

A. Die V-Aufgaben zum Wortschatz verwenden – analog oder digital

In jeder Lektion gibt es zwei V-Aufgaben zum Lektionswortschatz, eine für jede Hälfte des Lesetextes. Diese Übungen könnt ihr auf verschiedene Weise aufbereiten:

- ▶ Falls euer Projektergebnis **analog** (also ohne digitale Medien) vorliegen soll, bietet es sich an, Lösungen zu den Übungen zu erstellen, damit eure Mitschüler sich selbst kontrollieren können. Verwendet immer die Wortbedeutungen aus dem Lernwortschatz (→ S. 94–98)!
- ▶ Falls ihr euer Projektergebnis **digital** umsetzt, könnt ihr die Wortschatzübungen mit **digitalen Tools** für eure Lerngruppe aufbereiten und mit Lösungen versehen. Hierfür eignet sich eine digitale Lernplattform, mit der man interaktive Aufgaben erstellen kann (hier L 71, V1):

> Ordne folgenden neuen Wörtern mit Hilfe der verwandten englischen Wörtern in Klammern die passende Bedeutung zu.
>
> describere, describo *(to describe)* Auswählen …
>
> curiosus, a, um *(curious)* Auswählen …

B. Eigene V-Aufgaben zum Wortschatz (digital) erstellen

Darüber hinaus lassen sich mit digitalen Tools und Applikationen auch eigene Übungen kreieren. Zur Einübung des Wortschatzes sind folgende Übungsformen geeignet:

- Zuordnungsübungen
- Einsetzübungen
- Auswahlübungen bzw. Multiple Choice
- Worträtsel
- Wörterpool
- Lateinisch-deutscher Mischtext

> Mit bestimmten digitalen Lernplattformen lassen sich diese Übungsformen mit Kontrolllösungen umsetzen. Das Dokument hinter folgendem Webcode verrät dir, welche Aktivitäten sich für welche Übungsform eignen: **cornelsen.de/webcodes** **Code: kipemo**

Was zunächst einfach klingt, ist jedoch eine Kunst für sich.
Folgendes gilt es beim Erstellen von Übungen besonders zu beachten:

- Die Aufgabenstellung sollte klar und unmissverständlich formuliert sein.
- Die Aufgabe darf keine Mehrfachlösungen zulassen, sondern sollte eindeutig lösbar sein.

Tipp: Ihr dürft gerne in den W-Übungen der vorangegangenen Lektionen ‚spicken'. Lasst euch bei der Übungsgestaltung davon inspirieren!

Grammatik wiederholen und festigen

Jeder Lesetext enthält Grammatik zur Wiederholung, die gezielt vorbereitet werden soll. Es ist nun eure Aufgabe, durch geeignete Übungen zu den vorgegebenen Grammatikthemen die Übersetzung des Textes für eure Mitschüler zu erleichtern und die entsprechenden Formen dann im Text zu markieren. Ihr könnt dies auf verschiedene Weise tun:

A. Die V-Aufgaben zur Grammatik verwenden – analog oder digital

In jeder Lektion gibt es zwei V-Aufgaben zum Grammatikstoff, eine für jede Hälfte des Lesetextes. Diese Übungen könnt ihr auf verschiedene Weise aufbereiten:

▶ Falls euer Projektergebnis **analog** (also ohne digitale Medien) vorliegen soll, bietet es sich an, Lösungen zu den Übungen zu erstellen, damit eure Mitschüler sich selbst kontrollieren können.

▶ Falls ihr euer Projektergebnis **digital** umsetzt, könnt ihr die Grammatikübungen mit digitalen Tools für eure Lerngruppe aufbereiten und mit Lösungen versehen. Alternativ könnt ihr die von der Lerngruppe bearbeiteten Aufgaben als Expertenteam selbst korrigieren. Hierfür eignet sich eine digitale Lernplattform, mit der man interaktive Aufgaben erstellen kann (hier L 71, V2):

Konjugation
Bestimme folgende Formen des Lesestücks nach **Modus, Tempus** und **Genus Verbi** und übersetze sie.
habuerunt – celebrari – **describi** – **diffusa erat** – conveniebant – spectarent – nominabatur – vocat – effice – ardeat

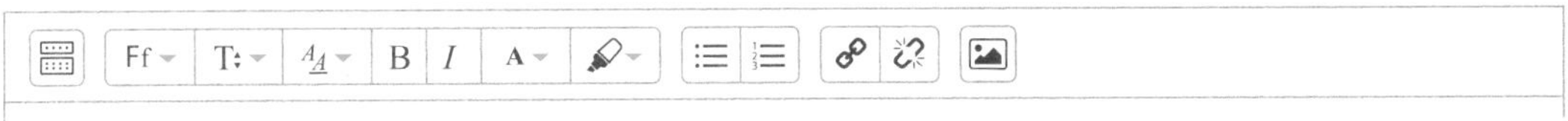

B. Vertiefende Übungen zur Grammatik erstellen

Darüber hinaus könnt ihr den vorgegebenen Grammatikstoff mit zusätzlichen selbst erstellten Übungen vertieft wiederholen lassen. Beim Thema „Relativsätze“ (L 73) könnte man z. B. zusätzlich die Formen der Relativpronomina wiederholen. Mit bestimmten Tools und Applikationen lassen sich solche Übungen auch digital umsetzen.
Hierzu sind folgende Übungsformen geeignet:

- Zuordnungsübungen
- Einsetzübungen bzw. Lückentext
- Auswahlübungen bzw. Multiple Choice
- Sortieraufgaben
- Formenbildung bzw. -bestimmung

Mit bestimmten digitalen Lernplattformen lassen sich diese Übungsformen mit Kontrolllösungen umsetzen. Das Dokument hinter folgendem Webcode verrät dir, welche Aktivitäten sich für welche Übungsform eignen: **cornelsen.de/webcodes**
Code: kipemo

C. Die wiederholte Grammatik im Lesetext hervorheben

Damit die wiederholten Grammatikphänomene von eurer Lerngruppe schnell erkannt werden, solltet ihr diese anschließend im Lesetext markieren. Formatiert die entsprechenden Formen hierzu einfach mit **Fettdruck**.

Den Zugang zum Text erleichtern

Für die Übersetzung sollte man neben der Vorklärung von Wortschatz und Grammatik den Text auch als Ganzes betrachten und ihn nach bestimmten Gesichtspunkten strukturieren. Es ist nun eure Aufgabe, den Lesetext für eure Lerngruppe anhand vorgegebener Aufgaben und/oder einer eigenen Satzanalyse vorzuentlasten. Stellt eurer Lerngruppe hierzu eine bearbeitete Version des Lesetextes zur Verfügung. Dies könnt ihr auf verschiedene Weise tun:

A. Den Text mit Hilfe der V-Aufgaben vorentlasten

In jeder Lektion gibt es zwei V-Aufgaben zum Text, eine für jede Hälfte des Lesetextes. Die Lösung der Aufgaben solltet ihr nicht separat festhalten, sondern mittels Markierungen in den Text selbst einarbeiten (hier L 72, V3):

> ***3. Text:*** *Gliedere den Text (...), indem du die Prädikate auf ihre Tempora hin untersuchst.*
> Hier bietet es sich an, die Tempora der Prädikate mit unterschiedlichen Farben im Text hervorzuheben.

B. Mit einer Satzanalyse die Satzstruktur hervorheben

Damit eure Mitschüler wissen, wo Haupt- und Nebensätze sind, solltet ihr den Text mit einer Form der Satzanalyse (z. B. Einrückmethode → S. 32) digital strukturieren: Alle **Satzteile** (Haupt- und Nebensätze) beginnen in einer **neuen Zeile**. Die **Hauptsätze** stehen dabei **ohne Einrückung** (Abstand links), **NS1** werden **einfach**, **NS2 zweifach eingerückt**, usw.

C. Den Text durch Markierungen erleichtern

Durch die **Textformatierung** (kursiv, unterstrichen, Schriftfarbe, Markierung ...) und das **Einfügen** von **Formen** (Linien, Pfeile ...) könnt ihr **schwierige Sätz**e erleichtern:

- **Geschlossene Wortstellung** und Bezüge hervorheben (hier L 71, Z. 2f.):

  Hi tres filias forma conspicuas habuerunt.

- Ein **PC** oder **Zusammengehöriges** als Blöcke darstellen (hier L 72, Z. 2f.):

  Ibi puella vidit domum regiam splendore tam magno fulgentem, ...

- **Schwierigere** Passagen durch Graufärbung vorerst **ausklammern** (hier L 71, Z. 14f.):

  Paphon nemo, Cnidon nemo ac ne ipsa quidem Cythera navigabat

Bei der Textgestaltung sind euch keine Grenzen gesetzt. Achtet aber darauf, dass sie in sich **einheitlich** und **übersichtlich** ist. So könnte das Ergebnis aussehen (hier L 71, Z. 28f.):

Est monstrum horribile,
        quod pinnis volans cuncta flamma ferroque perdit –
monstrum,
        quod timet ipse Iuppiter.
Oraculo accepto rex maeruit miseriamque filiae questus est.

Realien und Hintergrundinformationen aufbereiten

Ein Text setzt häufig Kenntnisse von **Realien**, also inhaltliche **Hintergrundkenntnisse**, voraus, um ihn vollständig verstehen zu können. Während der antike Leser über diese Kenntnisse verfügte, müssen wir uns heutzutage bei der Lektüre über unbekannte Stichworte informieren (z. B. mittels eines **Eigennamenverzeichnisses** oder eines analogen oder digitalen **Lexikons**). Eure Aufgabe ist es nun, solche **Sachinformationen** zu **recherchieren** (→ Kasten S. 67) und aufzubereiten.

Folgende Formate bieten sich an:

▶ **Beschriftete Karte:** Eine beschriftete Karte hilft dem Leser, Ortsnamen, die im Text vorkommen, geographisch einzuordnen. Neben der einfachen Bezeichnung der Orte sollten auf der Karte aber auch Zusatzinformationen enthalten sein, die für die Übersetzung des Textes wichtig sind. Achtet außerdem bei der Kartenvorlage auf die **Urheberrechte** (→ Kasten S. 67)!

▶ **Glossar:** Ein Glossar ähnelt dem Eigennamenverzeichnis in eurem Buch (→ S. 189) und enthält kurze Erklärungen zu bestimmten Stichworten in alphabetischer Reihenfolge.

▶ **Wiki:** Ein Wiki ist eine digitale Enzyklopädie mit ausführlicheren Artikeln, die auch Bilder und weiterführende Informationen enthalten können und meist miteinander verlinkt sind. Dieses Format eignet sich also, um zusammenhängende Informationen aufzubereiten.

▶ **Infografik:** Eine Infografik soll den Leser über ein (meist komplexeres) Thema mittels Listen, Tabellen, Grafiken und anderen Elementen informieren. Infografiken liegen meist in einem Plakatformat vor (mindestens DIN A3).

Oft ist es sinnvoll, Sachinformationen mit **Bildmaterial** anzureichern, um die Informationen zu visualisieren oder aufzulockern. Wie du Bilder suchen kannst, siehst du hier im Überblick:

Eine Bildrecherche durchführen (→ Kästen S. 67)

- Gezielte Suche in einer **Internet-Enzyklopädie**: In Internetenzyklopädien ist meist bei den Artikeln zu einem antiken Text oder Thema bereits Bildmaterial zu finden.
  Tipp: Die englische Version eines Artikels ist oft reichhaltiger.
- Recherche in einer **Bilddatenbank**: Die Suche nach Personen und Eigennamen liefert hier oft zahlreiche Ergebnisse. Beachtet, dass die englische Schreibweise von Namen meist erfolgreicher ist.
- In **virtuellen Pinnwänden** und **Künstlerportalen** finden sich außerdem auch moderne Verarbeitungen von Motiven.

Wortschatz 61

S. 10	**prīnceps, prīncipis** m	der Erste, der führende Mann; der Kaiser	*der Prinz, engl./frz. prince, ital. principe, span. príncipe*
	clādēs, clādis f; Gen. Pl. **clādium**	die Niederlage; der Verlust	
	expūgnāre, expūgnō	erobern	*→ ex + pugnare*
	incola, -ae m/f	der Einwohner/die Einwohnerin	*→ colere*

S. 11	**loquī, loquor, locūtus sum**	sprechen	*das Kolloquium*
	rērī, reor, ratus sum	glauben, meinen	*→ ratio*
	proficīscī, proficīscor, profectus sum	aufbrechen; marschieren; reisen	
	querī, queror, questus sum (m. Akk.) *fātum queritur*	klagen (über), sich beklagen *er beklagt sein Schicksal*	*der Querulant*
	orīrī, orior, ortus sum	geboren werden, entstehen; aufgehen	*→ sol oriens; der Orient*
	ūtī, ūtor, ūsus sum (m. Abl.)	gebrauchen, benutzen	*→ usus; das Utensil, engl. to use, frz. utiliser, ital. usare, span. usar*
	cōnsequī, cōnsequor, cōnsecūtus sum (m. Akk.)	(ver)folgen, erreichen	*die Konsequenz, konsekutiv*

S. 13	**superior, superius**	der höhere; der frühere	*→ super; engl./span. superior, frz. supérieur, ital. superiore*
	vērō	wirklich; aber	*→ verus*
	cervīx, cervīcis f	der Nacken, der Hals	
	secāre, secō, secuī, sectum	schneiden; abschneiden, abtrennen	*sezieren, das Insekt, die Säge*
	ūsque ad (m. Akk.)	bis nach, bis zu	*frz. jusque*
	īgnōminia, -ae f	die Schande, die Schmach	
	mīlitia, -ae f	der Kriegsdienst	*→ miles, militaris; das Militär*
	aes, aeris n *aes mīlitāre, aeris mīlitāris* n	das Erz, die Bronze, das Geld *der Sold*	
	captīvus, -ī m/f	gefangen; *Subst.* der/die Gefangene	*→ capere; engl. captive, frz. captif, span. cautivo*
	mihi persuāsum est (m. AcI)	*ich bin überzeugt (davon), dass*	

prīnceps

S. 14

pōstulāre, pōstulō	fordern, verlangen	*→ poscere; postulieren*
venerārī, veneror	verehren, anbeten	*engl. to venerate, frz. vénérer, ital. venerare, span. venerar*
minārī, minor, minātus sum	drohen, androhen	*ital. minacciare, span. conminar*
morī, morior, mortuus sum	sterben	*→ mortuus, mors, mortalis; Memento mori! („Bedenke, dass du sterben musst!"), frz. mourir, ital. morire, span. morir*
cōnfitērī, cōnfiteor, cōnfessus sum	gestehen, bekennen	*→ cum + fateri; die Konfession, engl. to confess, span. confesar*
dēdūcere, dēdūcō, dēdūxī, dēductum	hinabführen, wegführen; geleiten	*→ de + ducere*
satis/sat	genug	*satt*
impetrāre	durchsetzen, erreichen	

S. 15

solēre, soleō, solitus sum	gewohnt sein, pflegen (zu tun)
gaudēre, gaudeō, gāvīsus sum (m. Abl.)	sich freuen, froh sein (über)

audēre, audeō, ausus sum	wagen	*→ audacia*
cōnfīdere, cōnfīdō, cōnfīsus sum (m. Dat.) *Deō cōnfīsus*	vertrauen (auf) *im Vertrauen auf Gott*	*→ fides, fidus*
revertī, revertor, revertī, reversum	zurückkehren	*→ re + vertere; engl. to revert*
quīdam, quaedam, quoddam (adj.); **quīdam, quaedam quiddam** (subst.)	ein gewisser, *Pl.* einige; *(abschwächend)* eine Art von, *(verstärkend)* geradezu	

S. 17

Chrīstiānus, -a, -um	christlich; *Subst.* der Christ	*Christian*
beātus, -a, -um	glücklich	*B (beatus), Beate, ital./span. beato*
vidērī, videor, vīsus sum	scheinen	*→ videre*
dīligentia, -ae f	die Sorgfalt, die Gewissenhaftigkeit	*→ diligens; engl./frz. diligent, ital./span. diligente*
tamquam	wie, als ob	*→ tam + quam*
conquīrere, conquīrō, conquīsīvī, conquīsītum	suchen; fahnden (nach)	*→ cum + quaerere*
etsī	auch wenn	*→ et + si*
supplicāre, supplicō (m. Dat.) *Deō supplicō*	demütig bitten; Dankopfer darbringen *ich bitte Gott demütig*	*→ supplicium, supplex; engl. to supplicate, ital. supplicare, span. suplicar*
libellus, -ī m	das Büchlein	*→ liber*
prōpōnere, prōpōnō, prōposuī, prōpositum	vorschlagen, vor Augen stellen, in Aussicht stellen	*→ pro + ponere; engl. to propose, frz. proposer, ital. proporre, span. proponer*

philosophus, -ī m	der Philosoph
prīncipātus, -ūs m	das Prinzipat

Wortschatz 63

S. 18	**hortārī, hortor, hortātus sum**	ermuntern, auffordern	*der Hortativ*
	efficere, efficiō, effēcī, effectum	durchsetzen, bewirken, vollenden	*→ ex + facere; der Effekt, effizient*
	crēber, crēbra, crēbrum	zahlreich, häufig	*→ crescere*
	succurrere, succurrō, succurrī, succursum	zu Hilfe eilen	*→ sub + currere; ital. pronto soccorso*
	perniciēs, perniciēī f	das Verderben, der Untergang	*→ nex*
	praesidium, -ī n	der Schutz, die Schutztruppe; die Besatzungstruppe	*→ sedere, praeesse; das Präsidium*
	suādēre, suādeō, suāsī, suāsum	raten, empfehlen	*→ persuadere*
	sitis, -is f; Akk. Sg.: **sitim;** Abl. Sg.: **sitī**	der Durst	*ital. sete, span. sed*
S. 19	**anima, -ae** f	der Lufthauch; der Atem, die Seele, das Leben	*→ animus; frz. âme, ital. anima, span. ánima*
	experīrī, experior, expertus sum	versuchen; erfahren, kennenlernen	*das Experiment, der Experte*
S. 21	**morārī, moror, morātus sum**	aufhalten; sich aufhalten, verweilen; zögern	*→ mora; das Moratorium*
	laetitia, -ae f	die Freude; die Fröhlichkeit	*→ laetus; Letizia*
	captāre, captō	fangen, fassen	*→ capere, captivus; engl. capture, frz. capter*
	excipere, excipiō, excēpī, exceptum	(her)ausnehmen, aufnehmen	*→ ex + capere; engl./frz. exception, ital. eccezione, span. excepción*
	fulmen, fulminis n	der Blitz	*fulminant*
	contrōversia, -ae f	der Streit, die Streitfrage	*→ contra, vetere; kontrovers*
	quīn (m. Konj.) *nōn dubitare, quīn*	dass *nicht (daran) zweifeln, dass (nicht)*	
	causā (m. Gen.; nachgestellt) *glōriae causā*	um ... willen, wegen *um der Ehre willen, wegen der Ehre*	*→ causa (Subst.); h. c. (honoris causa)*

līmes, -itis m	die Grenze; die Grenzbefestigung
philosophia, -ae f	die Philosophie

fulmina

S. 22	**arcēre, arceō**	abwehren, abhalten, fern- halten, hindern	*→ arx*
	praecipere, praecipiō, praecēpī, praeceptum	vorschreiben, lehren	*→ prae + capere*
	opera, -ae f *operam dare, ut* *operam dare* (m. Dat.) *operam ponere* (*in* m. Abl.)	die Mühe, die Arbeit *sich Mühe geben, dass* *sich Mühe geben bei, sich bemühen um* *Mühe verwenden auf etwas*	*→ opus; die Oper*
	sequī, sequor, secūtus sum (m. Akk.) *hominem sequor*	folgen *ich folge einem Menschen*	*→ consequi; Rem tene, verba sequentur!, die Sequenz, frz. suivre, ital. seguire, span. seguir*
	genus, generis n	die Art, das Geschlecht, die Abstammung	*das Genus, das Genre, engl. gender, frz. genre, ital. genere*
	ecclēsia, -ae f	die Kirche	*frz. église, ital. chiesa, span. iglesia*
	ōlim	einst; (früher/später) einmal	
S. 23	**columna, -ae** f	die Säule	*col. (columna: „Spalte"), die Kolumne, engl. column, frz. colonne, ital. colonna, span. columna*
	exstruere, exstruō, exstrūxī, exstrūctum	errichten, bauen, erbauen	*→ instruere*
	globus, -ī m	die Kugel; die Erdkugel	*der Globus, die Globalisierung, global*
	radius, -ī m	der Strahl	*der Radius, das Radio, das Radar, ital. raggio*
S. 25	**merēre, mereō**	verdienen, erwerben, gewinnen	*B M (bene merenti), die Meriten, engl. to merit, frz. mériter, ital. meritare*
	quamobrem	weswegen?, deswegen	*→ qui, res*
	dēlīberāre, dēlīberō	überlegen; abwägen	*engl. to deliberate, frz. délibérer, ital. deliberare, span. deliberar*
	firmus, -a, -um	stark, fest	*→ confirmare; firm, die Firmung, span. firme*
	inceptum, -ī n	das Vorhaben	*→ incipere*
	noctū (Adv.)	nachts	*→ nox*
	somnium, -ī n	der Traum	*→ somnus; ital. sogno, span. sueño*
	valdē	sehr	
	opportūnus, -a, -um	günstig	*→ portus; opportun, opportunistisch*
	commercium, -ī n	der Handel, der Verkehr, der Austausch	*der Kommerz*
	splendēre, splendeō	glänzen	*engl. splendid, frz. splendide, ital. splendido, span. espléndido*

Wortschatz 65

S. 26	**similis, simile**	ähnlich	→ *simulare, simulacrum; assimilieren, engl. similar, frz. similaire, ital. simile, span. similar*
	tuērī, tueor, –	betrachten; bewahren; schützen	→ *intueri, tutus; der Tutor, das Tutorium*
	ēvertere, ēvertō, ēvertī, ēversum	umstürzen, zerstören	→ *ex + vertere*
	foedus, foederis n	das Bündnis, der Vertrag	→ *fides; die Konföderation, föderal*
	amīcitia, -ae f	die Freundschaft	→ *amicus, amica; frz. amitié, ital. amicizia, span. amistad*
	dēditiō, -ōnis f *Saxonēs in dēditiōnem accipere*	die Unterwerfung, die Kapitulation *die Sachsen unterwerfen*	→ *dedere*
	exter(us), -era, -erum	auswärtig, ausländisch	→ *ex; extern, engl./span. exterior, frz. extérieur, ital. esteriore/estero*
S. 27	**praesēns;** Gen. **praesentis**	gegenwärtig, anwesend	*die Präsenz, das Präsens, engl. present, frz. présent, ital./span. presente*
	patī, patior, passus sum	leiden, ertragen; zulassen	*der Patient, die Passion, passiv*
	ēdīcere, ēdīcō, ēdīxī, ēdictum	bekannt machen, erlassen	→ *ex + dicere; das Edikt*
	cūrāre *dare* *suscipere* *trādere* } (m. Gerundivum im Akk.)	*lassen* *geben* *auf sich nehmen* *übergeben*	*F C (faciendum curavit)*
S. 29	**arbor, arboris** f	der Baum	*frz. arbre, ital. albero, span. árbol*
	ērigere, ērigō, ērēxī, ērēctum	aufrichten	→ *ex + regere; engl. to erect, frz. ériger, ital. erigere, span. erigir*
	quasi	wie; gleichsam als	→ *si; quasi, ital. quasi*
	armātus, -a, -um	bewaffnet	→ *arma; ital. armato*
	cingere, cingō, cīnxī, cīnctum	umgeben, umzingeln	
	adversus (m. Akk.)	gegen	→ *ad + vertere; adversativ*
	nūllō pactō	auf keine Weise	
	certō (Adv.)	sicher, gewiss	→ *certus, certe; engl. certainly, frz. certainement, ital. certo, span. ciertamente*
	aliter	auf andere Weise, sonst	→ *alius*
	posthāc (Adv.)	nachher, seitdem	→ *post*

trānslātiō, -ōnis f	die Übertragung	

Was bleibt von Latein?

vivere – facile – amare – fortuna

a. *Dies sind italienische Wörter. Gib deren Bedeutungen an.*

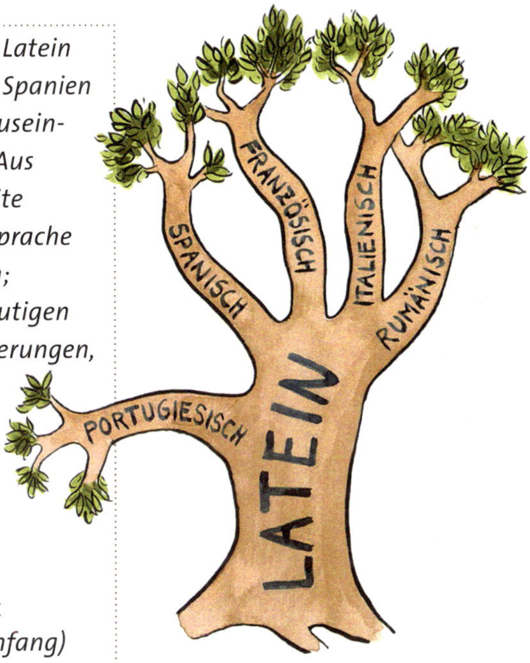

Schon zur Zeit Karls des Großen hatte sich das gesprochene Latein in verschiedenen Gebieten des Römischen Reiches – Italien, Spanien und Gallien, das nun zum Frankenreich gehörte – so weit auseinanderentwickelt, dass die Verständigung schwierig wurde. Aus diesem Grunde war es Karl so wichtig, Latein als europaweite Einheitssprache zu etablieren. Tatsächlich blieb Latein die Sprache der Gelehrsamkeit und Wissenschaft bis in das 18. Jh. hinein; zugleich entwickelte sich das gesprochene Latein zu den heutigen romanischen Sprachen weiter. Dabei kam es zu Lautveränderungen, z. B.:

Französisch	*Italienisch*	*Spanisch*
o > eu	au > o	au > o
o > ou	ae > e	sc/sp/st > esc/esp/est *(am Wortanfang)*
	cl > chi	
	bt/ct > tt	

douleur – espléndido – otto – eterno – chiaro – estatuir

b. *Erschließe das lateinische Ausgangswort und die Sprache, zu der das Wort gehört.*

c. *Gib die Bedeutungen der Wörter an.*

1. ***Sprachentwicklungen.***

a. ***Nenne das lateinische Ausgangswort und gib die Veränderungen der fremdsprachlichen Wörter an.***

b. ***Erschließe die Bedeutung der Wörter.***

ital.: notte – cosa – effetto

frz.: heure – amour – vous – auteur

sp.: estudiar – poco

2. ***Kannst du Französisch? a. Beschreibe die Tempusbildung im Lateinischen, Französischen und Deutschen.***

aimer	amare
j'ai aimé tu as aimé il a aimé nous avons aimé vous avez aimé ils ont aimé	amav-i amav-isti amav-it amav-imus amav-istis amav-erunt

b. ***Du kannst Französisch! Bilde aus den französischen Infinitiven die Formen, die den in Klammern stehenden lateinischen Formen entsprechen. Die Tabelle hilft dir dabei.***

confirmer (confirmavit) – libérer (liberavi)

3. ***Latein – dein Freund und Helfer! Gib jeweils an, ob die Aussage des Satzes richtig oder falsch ist.***

Italienisch: Caligola fu superbo e uccise molti senatori.

Spanisch: Nero incendiaba Roma.

S. 38	**philosophārī, philosophor**	philosophieren	
	philosophus, -ī m	der Philosoph	*Barba non facit philosophum. („Ein Bart macht noch keinen Philosophen.")*
	mōtus, mōtūs m	die Bewegung	→ *movere; engl./frz. motion, ital. moto, span. moción*
	animal, animālis n; Abl. Sg. **animālī,** Nom./Akk. Pl. **animālia,** Gen. Pl. **animālium**	das Lebewesen, das Tier	*animalisch, engl./frz./span. animal, ital. animale*
	requīrere, requīrō, requīsīvī, requīsītum	fragen, nachfragen	→ *re + quaerere; engl. to require*
S. 39	**lūna, -ae** f	der Mond	*frz. lune, ital./span. luna*
	sīdus, sīderis n	der Stern, das Sternbild	
	fierī, fīō, factus sum *fit, ut* *factum est, ut*	gemacht werden, werden; entstehen, geschehen *es geschieht/es kommt vor, dass* *es geschah/es kam vor, dass*	*Fiat lux!, Fiat*
	totiēns	so oft	→ *tot, quotiens*
	quālis, quāle	welch, von welcher Art, wie (beschaffen)	→ *talis; die Qualität, frz. quel(le), ital. quale, span. cuál*
S. 41	**īrāscī, īrāscor, īrātus sum**	zornig werden, zürnen	→ *ira, iratus; ital./span. ira*
	commodum, -ī n	der Vorteil, die Annehmlichkeit	→ *commodus; die Kommode*
	facultās, facultātis f	die Fähigkeit; die Möglichkeit, die Gelegenheit	→ *facere; die Fakultät, engl. faculty, frz. faculté, ital. facoltà, span. facultad*
	nocturnus, -a, -um	nächtlich	→ *nox; frz. nocturne, ital. notturno, span. nocturno*
	levis, leve	leicht; leichtsinnig, wankelmütig	*S T T L (sit terra tibi levis)*
	nōnnumquam	manchmal	→ *non + numquam*
	quō …, eō *quō facilius, eō melius*	je …, desto *je einfacher, desto besser*	→ *quo, eo*
	propius	näher	→ *prope*

sīdus

S. 42	**īnstruere, īnstruō, īnstrūxī, īnstrūctum**	einrichten; unterweisen; erbauen	*→ exstruere; instruieren, die Instruktion, das Instrument*
	sapere, sapiō, sapīvī, –	Verstand haben, weise sein	*→ sapiens, sapientia; Sapere aude!, ital. sapere*
	frūctus, frūctūs m *frūctum ferre*	die Frucht; der Ertrag, der Gewinn *Frucht tragen, Gewinn bringen*	*engl./frz. fruit, ital. frutto, span. fruta*
	cōnsuēscere, cōnsuēscō, cōnsuēvī, cōnsuētum	sich gewöhnen an; *Perf.* gewohnt sein	*ital. consueto*
	molestus, -a, -um	beschwerlich, lästig	*molestieren*
	scīlicet	selbstverständlich, natürlich	*→ scire, licet*
S. 43	**differre, differō, distulī, dīlātum**	aufschieben, verschieben; sich unterscheiden	*→ dis + ferre; die Differenz, differieren, engl. to differ, frz. différer*
	praeferre, praeferō, praetulī, praelātum	vorantragen; vorziehen; zur Schau stellen	*→ prae + ferre; die Präferenz, engl. to prefer, frz. préférer, ital. preferire, span. preferir*
	meminisse, meminī (m. Gen./Akk.)	sich erinnern (an)	*→ memorare, memoria, memor*
	ōdisse, ōdī	hassen	*→ odium; ital. odiare, span. odiar*
	fertur/feruntur (m. NcI)	er/sie/es soll (angeblich) ..., sie sollen (angeblich) ...; man sagt, dass ...	*→ ferre*
S. 45	**potestās, potestātis** f *potestās tēcum loquendī*	die Macht, die Amtsgewalt; die Möglichkeit *die Möglichkeit, mit dir zu sprechen*	*→ posse, potens, potentia*
	quisque, quidque (subst.)/ **quisque, quaeque, quodque** (adj.); Gen. **cuiusque**, Dat. **cuique**	jeder (einzelne)	*→ quis; Suum cuique.*
	invidia, -ae f	der Neid, die Missgunst; die Anfeindung	*→ videre, invidere; engl. envy, frz. envie, ital. invidia, span. envidia*
	exigere, exigō, exēgī, exāctum	vollenden; einfordern, eintreiben	*→ ex + agere; exakt*
	an? (im Fragesatz)	etwa?; oder?	
	versus, -ūs m	die Zeile, der Vers	*→ vertere*
	recitāre, recitō	vorlesen, vortragen	*rezitieren, engl. to recite, frz. réciter, ital. recitare, span. recitar*
	figūra, -ae f	die Gestalt, die Form; die Schönheit	*die Figur, engl./frz. figure, ital./span. figura*
	vexāre, vexō	quälen	*das Vexierbild*
	vērē	echt, wahrhaftig	*→ verus, vero*
	libet, libuit	es beliebt, es gefällt	*→ libenter*
	sophista, -ae m	der Sophist, der Weisheitslehrer	

Wortschatz 68

S. 46	**inopia, -ae** f	die Armut, die Not, der Mangel	
	iūcundus, -a, -um	angenehm, erfreulich	*Iucundi acti labores.*
	contentus, -a, -um	zufrieden	*engl./frz. content, ital./span. contento*
	sententia, -ae f	der Satz; der Sinnspruch; die Meinung	*→ sentire; Quot capita, tot sententiae., die Sentenz, engl./frz. sentence*
	sapientia, -ae f	die Weisheit	*→ sapiens; frz. sapience, ital. sapienza, span. sapiencia*
S. 47	**saevīre, saeviō**	wüten, toben	*→ saevus*
	iactāre, iactō *auctōritātem iactāre*	werfen; (hin und her) schleudern *mit seinem Einfluss prahlen*	*→ adicere, conicere, eicere, obicere, subicere*
	philosophia, -ae f	die Philosophie	*→ philosophus, philosophari; phil. (philosophiae)*
	gubernāre, gubernō	das Steuerruder halten; lenken, leiten	*der Gouverneur, engl. to govern, frz. gouverner, ital. governare, span. gobernar*
	quisquis, quidquid	jeder, der; wer/was auch immer; alles, was	
	quīcumque, quaecumque, quodcumque	jeder, der; welcher/welche/welches auch immer	
S. 49	**fōrmāre, fōrmō**	formen, gestalten	*→ forma*
	dispōnere, dispōnō, disposuī, dispositum	verteilen, ordnen	*→ dis + ponere; disponieren*
	āctiō, āctiōnis f	die Tätigkeit, die Handlung; die Gerichtsverhandlung	*→ agere; die Aktion, engl./frz. action, ital. azione*
	quamvīs (m. Konj.)	wenn auch; wenn auch noch so	*→ quam, velle*
	obtinēre, obtineō, obtinuī, obtentum	innehaben, in Besitz haben; besetzt halten	*→ ob + tenere; engl. to obtain, frz. obtenir, ital. ottenere, span. obtener*
	sīve/seu *sīve ... sīve .../seu ... seu ...*	oder, beziehungsweise *sei es (, dass) ... oder (dass ...)*	
	quippe *quippe quī, quae, quod* (im Relativsatz im Konj.)	freilich, ja *der/die/das ja*	

contentus

S. 50	**voluptās, voluptātis** f	die Lust, das Vergnügen	→ *velle*
	adipīscī, adipīscor, adeptus sum	erreichen, erlangen	
	fruī, fruor, frūctus sum (m. Abl.) *ōtiō fruī*	genießen *die Ruhe genießen*	→ *fructus*
	premere, premō, pressī, pressum	drücken, unterdrücken, bedrängen	→ *opprimere; die Presse, pressen, engl. to press, frz. presser, ital. premere, span. presionar*
	temperantia, -ae f	das Maßhalten, die Besonnenheit	→ *temperare*
	īnsequī, īnsequor, īnsecūtus sum (m. Akk.)	unmittelbar folgen, verfolgen; (mit Worten) angreifen	→ *in + sequi; ital. inseguire*
	hortus, -ī m	der Garten	*der Kinderhort, der Hort*
	mōnstrāre, mōnstrō	zeigen	→ *demonstrare; frz. montrer, ital. mostrare, span. mostrar*
S. 51	**offerre, offerō, obtulī, oblātum**	entgegenbringen, anbieten	→ *ob + ferre; Offerte, offerieren*
	īnscrībere, īnscrībō, īnscrīpsī, īnscrīptum	auf/in etwas schreiben; betiteln	→ *in + scribere*
	sēnsus, sēnsūs m	der Sinn, das Gefühl, die Empfindung	→ *sentire; engl. sense, frz. sens, ital. senso, span. sentido*
S. 53	**sīgnificāre, sīgnificō**	anzeigen; bedeuten	→ *signum; signifikant*
	suprā (m. Akk.)	über	→ *super*
	pānis, -is m	das Brot	*Panem et circenses! („Brot und Spiele!"), frz. pain, ital. pane, span. pan*
	quisquam, quicquam *neque quisquam* *neque quicquam*	irgendjemand, irgendetwas *und niemand* *und nichts*	→ *quis, quid*
	interdum	manchmal	
	quō (m. Konj. + m. Komparativ) *Oportet lēgem brevem esse, quō facilius intellegātur.*	damit umso *Ein Gesetz muss kurz sein, damit es umso leichter verstanden wird.*	
	pertinēre, pertineō *ad mare pertinēre* *ad rem pūblicam pertinēre*	sich erstrecken, sich beziehen *sich bis zum Meer erstrecken* *sich auf den Staat beziehen*	→ *per + tenere*
	spīrāre, spīrō	atmen, hauchen	→ *spiritus; Dum spiro, spero., ital. respirare*
	nāscī, nāscor, nātus sum	geboren werden, entstehen	→ *natio, natura, natus; frz. naître, ital. nascere, span. nacer*
	haerēre, haereō, haesī, (haesūrus) *In latere meō haeret.*	hängen (an), stecken bleiben *Er weicht mir nicht von der Seite.*	*Semper aliquid haeret., kohärent, Kohärenz*
	dīversus, -a, -um	entgegengesetzt; verschieden	→ *vertere; divers, ital. diverso*

mūs, mūris m/f	die Maus
rūsticus, -a, -um	ländlich, Land-
urbānus, -a, -um	städtisch, Stadt-

Wortschatz 70

S. 54	**contemplārī, contemplor**	betrachten, bedenken	*die Kontemplation*
	admīrārī, admīror, admīrātus sum (m. Akk.)	bewundern, sich wundern (über)	*→ ad + mirari, mirus; engl. to admire, frz. admirer, ital. ammirare, span. admirar*
	proprius, -a, -um	eigen, charakteristisch	*engl. property, frz. propre, ital. proprio, span. propio*
	mīrāculum, -ī n	das Wunder	*→ mirari, mirus; das Mirakel, engl./frz. miracle, ital. miracolo*
	singulāris, -e	einzeln; einzigartig	*der Singular, singulär*
	creāre, creō	wählen; erschaffen	*→ recreare; kreieren, die Kreation, engl. to create, frz. créer, ital. creare, span. crear*
	angustiae, -ārum f Pl.	die Enge, die Engstelle	*→ angustus*
S. 55	**circumspicere, circumspiciō, circumspexī, circumspectum**	umherblicken	*→ circum + spectare, aspicere, conspicere, despicere, perspicere, prospicere, respicere*
	alloquī, alloquor, allocūtus sum	ansprechen	*→ ad + loqui*
	caelestis, -e	himmlisch	*→ caelum; frz. céleste, ital./span. celeste*
	pulchritūdō, pulchritūdinis f	die Schönheit	*→ pulcher*
	terrēnus, -a, -um	irdisch	*→ terra; ital./span. terreno*
S. 57	**īnferior, īnferius**	der untere, der geringere	*→ inferi; engl. inferior, frz. inférieur, ital. inferiore, span. inferior*
	hinc	von hier; hierauf; daher	*→ hic, huc*
	prōdūcere, prōdūcō, prōdūxī, prōductum	hervorbringen, vorführen, ausdehnen	*→ pro + ducere; produzieren, das Produkt, engl. to produce, frz. produire, ital. produrre, span. producir*
	vērum	aber, sondern	*→ vero*
	dōs, dōtis f	die Gabe, die Mitgift	*→ dare, donum*
	speciēs, -ēī f	der Anblick, das Aussehen, der Schein	*→ spectare; die Spezies*
	līberālitās, līberālitātis f	die Freigebigkeit, der Edelmut	*→ liber, liberare; liberal*
	cōnsentīre, cōnsentiō, cōnsēnsī, cōnsēnsum	übereinstimmen, einverstanden sein	*→ cum + sentire; Qui tacet, consentire videtur., der Konsens*
	vōtum, -ī n	das Gelübde; das Gebet	*E/EX V (e/ex voto), V S (votum solvit), das Votum, engl./frz. vote, ital./span. voto*

miseria, -ae f	das Elend

Falsche Freunde

Vokabeln zu kennen ist wichtig – aber das alleine reicht nicht. Um ein Wort richtig zu übersetzen, muss man auch seine Lateinkenntnisse und seinen gesunden Menschenverstand aktivieren. Wie du die zwei häufigsten Fehler vermeidest, erfährst du auf dieser Seite.

Fehler Nr. 1: Falsche Bedeutung ausgewählt!

Hintergrund:	Kaiser Caligula langweilt sich. Er wünscht sich, dass irgendetwas geschieht – gerne auch eine große Katastrophe mit vielen Toten:
Text:	Cūr nōn caeduntur exercitūs, ut **aetāte** prīncipis Augustī in clāde Vāriānā caesī sunt?
Falsche Übersetzung:	*Warum werden nicht die Heere vernichtet, die **im Alter wie** Kaiser Augustus in der Varusschlacht vernichtet wurden?*
Fehler:	Der Übersetzer hat sich richtig erinnert, dass *aetas* „Alter“ heißt. Damit war der Fall für ihn erledigt. An der Stellung von *ut* hätte er bemerken müssen, dass es nicht um uralte Soldaten geht (die „so alt sind wie Augustus“), sondern um solche, denen das gleiche geschehen soll **wie im Zeitalter** des Augustus.
Regel:	Achte bei mehrdeutigen Wörtern immer auf den Zusammenhang und wähle eine sinnvolle Bedeutung aus.

Fehler Nr. 2: An das falsche Wort geraten!

Text:	Nēmō vērē beātus fierī potest, sī rēbus suīs **contentus** nōn est.
Falsche Übersetzung:	*Niemand kann wahrhaft glücklich werden, wenn er nicht in seinen Sachen **enthalten ist**.*
Fehler:	Die Übersetzerin hat erkannt, dass *contentus* das PPP von *continēre* sein kann. Aber sie hat nicht auf den Sinn geachtet. Sie hätte bemerken müssen, dass *contentus* auch „zufrieden“ heißen kann: Es geht darum, mit seinem Besitz **zufrieden** zu sein.
Regel:	Denke daran, dass es viele gleich oder ähnlich aussehende Wörter gibt! (Tipp: Schlage ggf. im Vokabelverzeichnis nach und suche auch in der unmittelbaren Umgebung des Wortes!)

Bestimme nun die Fehler in folgenden Übersetzungen und verbessere sie.

1. Pauci Christiani de iudicio questi sunt. – *Wenige Christen wurden über das Urteil befragt.*
2. Ista columna certo nihil sustinet! – *Um diese Säule kämpfe ich, sie trägt nichts!*
3. Circum caput radii solis erant. – *Um sein Haupt waren Strahlen für sie allein.*
4. Theodora maritum his fere verbis hortata est. – *Theodora ermunterte ihren Mann, sie durch diese Worte zu tragen.*

Wortschatz 71

S. 69

cōnspicuus, -a, -um	auffallend; ansehnlich	→ *conspicere, conspectus; engl. conspicuous, ital. cospicuo, span. conspicuo*
māior nātū, māiōris nātū	älter	→ *magnus, natus*
dēscrībere, dēscrībō, dēscrīpsī, dēscrīptum	beschreiben	→ *de + scribere; deskriptiv, engl. to describe, frz. décrire, ital. descrivere, span. describir*
diffundere, diffundō, diffūdī, diffūsum	zerstreuen; verbreiten	→ *dis + fundere; diffus, engl. to diffuse, frz. diffuser*
tellūs, -ūris f	die Erde	
eximius, -a, -um	außerordentlich	
praeditus, -a, -um (m. Abl.)	ausgestattet (mit), versehen (mit)	→ *dare*
gīgnere, gīgnō, genuī, genitum	zeugen; gebären, hervorbringen	→ *gens; das Genus*
cūriōsus, -a, -um	neugierig	→ *cura; kurios, engl. curious, frz. curieux, ital./span. curioso*

S. 69

mātrimōnium, -ī n *in mātrimōnium dūcere*	die Ehe *heiraten*	→ *mater; engl. matrimony, ital./span. matrimonio*
nūptiae, -ārum f (Pl.)	die Hochzeit, die Heirat	*frz. noce, ital. nozze, span. nupcias*
percontārī, percontor, percontātus sum (m. Akk.)	ausforschen, sich erkundigen (bei)	*span. preguntar*
sistere, sistō, stitī, –	stehen bleiben; jemanden/etwas hinstellen, sich hinstellen	→ *consistere, resistere*
mōnstrum, -ī n	das Ungeheuer	*das Monster*
horribilis, horribile	schaurig, furchtbar	*der Horror, engl./frz./span. horrible, ital. orribile*
pinna, -ae f	die Feder	*ital. penna*
maerēre, maereō	trauern, betrauern	
miseria, -ae f	das Elend, das Unglück	→ *miser; engl. misery, frz. misère, ital./span. miseria*
praeceptum, -ī n	die Vorschrift, die Lehre	→ *praecipere*
tremere, tremō, tremuī, – (m. Akk.)	zittern (vor)	*das Tremolo, engl. to tremble, frz. trembler, ital. tremare*
in summō monte	*auf dem Gipfel des Berges*	

tremere

S. 71	**trānquillus, -a, -um**	ruhig, gelassen	*der Tranquilizer, engl. tranquil, frz. tranquille, ital. tranquillo, span. tranquilo*
	vallis, vallis f; Gen. Pl. **vallium**	das Tal	*engl. valley, frz. vallée, ital./span. valle*
	lēnis, lēne	sanft, mild	
	splendor, -ōris m	der Glanz	*→ splendere, splendidus; engl. splendour, frz. splendeur, ital. splendore, span. esplendor*
	fulgēre, fulgeō, fulsī, –	blitzen, leuchten, strahlen	*frz. fulgurer, span. fulgurar*
	fessus, -a, -um	müde, erschöpft	
	sonus, -ī m	der Ton, der Klang; die Sprache	*die Sonate, der Konsonant, dissonant, der Resonanzkörper, engl. sound, frz./span. son, ital. suono*
	amplexus, amplexūs m	die Umarmung	
	spondēre, spondeō, spopondī, spōnsum	geloben, versprechen	*→ respondere; der Sponsor, das Gspusi, ital. lo sposo/la sposa*

S. 71	**flētus, flētūs** m	das Weinen	*→ flere*
	dīvitiae, -ārum f (Pl.)	der Reichtum	*→ dives*
	cūriōsitās, cūriōsitātis f	die Neugier	*→ curiosus; die Kuriosität, engl. curiosity, frz. curiosité, ital. curiosità, span. curiosidad*
	indīgnārī, indīgnor, indīgnātus sum (m. Akk.)	sich empören (über)	*→ in + dignus; indigniert*
	nūbere, nūbō, nūpsī, nūptum (m. Dat.)	(einen Mann) heiraten	*→ nuptiae*
	mentīrī, mentior, mentītus sum	lügen	*→ mens; frz./span. mentir, ital. mentire*
	postrīdiē	am nächsten Tag	*→ posterus + dies*
	dracō, dracōnis m	der Drache, die Schlange	*engl./frz. dragon, ital. drago, span. dragón*
	iūxtā (m. Akk.)	neben	*→ iungere*
	culter, -trī m	das Messer	*frz. couteau, ital. coltello, span. cuchillo*
	lucerna, -ae f	die (Öl-)Lampe	*→ lux*
	oleum, -ī n	das Öl	*engl. oil, frz. huile, ital. olio, span. óleo*
	operīre, operiō, operuī, opertum	verschließen, bedecken	*→ aperire*
	prōferre, prōferō, prōtulī, prōlātum	hervorbringen, vorbringen	*→ pro + ferre*

indīgnārī

S. 73	**fōrmōsus, -a, -um**	schön, wohlgestalt	*→ forma*
	arcus, arcūs m	der Bogen	*engl. arch, frz. arc, ital./span. arco*
	sagitta, -ae f	der Pfeil	
	digitus, -ī m	der Finger, die Zehe	*digital, frz. doigt, ital. dito, span. dedo*
	vulnerāre, vulnerō	verwunden	*→ vulnus*
	incidere, incidō, incidī, –	geraten (in), stoßen (auf); sich ereignen	*→ in + cadere; engl./frz. incident, ital./span. incidente*
	vagārī, vagor, vagātus sum	umherstreifen	*vage, vagabundieren, extravagant*
	cubiculum, -ī n	das Schlafzimmer	*→ cubare*
	gemere, gemō, gemuī, –	seufzen, stöhnen	*→ gemitus; frz. gémir, span. gemir*
	increpāre, increpō, increpuī, increpitum	krachen, lärmen; schimpfen	*der Rohrkrepierer*
	miserērī, misereor, miseritus sum (m. Gen.) *misereor pauperis*	sich (jemandes) erbarmen, Mitleid haben (mit) *ich erbarme mich des Armen*	*→ miser, miseria*
	offendere, offendō, offendī, offēnsum	anstoßen; beleidigen	*→ defendere; engl. to offend, ital. offendere, span. ofender*

S. 73	**domicilium, -ī** n	das Haus, die Wohnung	*→ domus; das Domizil, engl./frz. domicile, ital./span. domicilio*
	prōtinus	sofort, auf der Stelle	
	fungī, fungor, fūnctus sum (m. Abl.)	erledigen, vollziehen, verwalten	*fungieren, Funktion*
	mūnus, mūneris n *mūnere fungī*	die Aufgabe, das Amt; das Geschenk *ein Amt verwalten*	
	ancilla, -ae f	die Dienerin, die Sklavin	
	mē praeterit	*es entgeht mir*	
	certiorem facere	*benachrichtigen*	

fōrmōsa

S. 75

obsequī, obsequor, obsecūtus sum	Folge leisten; gehorchen	*→ ob + sequi*
afflīgere, afflīgō, afflīxī, afflīctum	niederschlagen; entmutigen	*der Konflikt*
venter, ventris m	der Bauch, der Magen	
avia, -ae f/**avus, -ī** m	die Großmutter/ der Großvater	
invehī, invehor, invectus sum (**in** m. Akk.)	hineinfahren (in); losgehen (auf)	*die Invektive*
frūmentum, -ī n	das Getreide; der Weizen	*→ frui, fructus; ital. frumento*
discernere, discernō, discrēvī, discrētum	trennen, unterscheiden	*→ dis + cernere, discrimen; diskriminieren, diskret*
sēmen, sēminis n	der Same	*das Seminar, ital. seme, span. semen*
dēcipere, dēcipiō, dēcēpī, dēceptum	täuschen, betrügen	*→ de + capere*

S. 75

māne (Adv.)	morgens	*frz. le matin, ital. di mattina, span. de la mañana*
excelsus, -a, -um	hoch; herausragend	*Gloria in excelsis Deo!, exzellent*
fluere, fluō, flūxī, –	fließen	*→ flumen, fluctus; die Flut*
palūs, palūdis f	der Sumpf	*ital. palude*
fōns, fontis m; Gen. Pl. **fontium**	die Quelle, der Ursprung	*die Fontäne, engl. fountain, frz. fontaine, ital. fonte, span. fuente*
difficultās, difficultātis f	die Schwierigkeit	*→ difficilis; engl. difficulty, frz. difficulté, ital. difficoltà, span. dificultad*
perīre, pereō, periī, –	zugrunde gehen, umkommen	*→ per + ire; engl. perish*
prōvidentia, -ae f	die Voraussicht; die Fürsorge; die Vorsehung	*→ providere; die Provision, provisorisch, engl./frz. providence, span. providencia*
latēre, lateō, latuī, – (m. Akk.)	verborgen sein (vor)	*latent*
parātus, -a, -um	bereit	*→ parare; parat*
arripere, arripiō, arripuī, arreptum	an sich reißen	*→ ad + rapere*

perīre

S. 77	**ideō**	dadurch, deshalb	*→ id + eo*
	pyxis, -idis f	die Büchse, die Dose	
	fōrmōsitās, fōrmōsitātis f	die Schönheit	*→ forma, formosus*
	aeger, aegra, aegrum	krank	
	terere, terō, trīvī, trītum	reiben, abreiben; verbringen, vergeuden	
	māgnopere	sehr	*→ magnus + opus*
	pertimēscere, pertimēscō, pertimuī, –	in große Furcht geraten; etwas sehr fürchten	*→ per + timere*
	temerārius, -a, -um	unüberlegt, planlos	*engl. temerarious, frz. téméraire, ital./span. temerario*
	īnfernus, -a, -um	zur Unterwelt gehörig, Höllen-	*→ inferi; das Inferno*
	reficere, reficiō, refēcī, refectum	erneuern, wiederherstellen	*→ re + facere; das Refektorium*

S. 77	**reportāre, reportō**	zurücktragen, zurückbringen; überbringen	*→ re + portare; der Report*
	pectus, pectoris n	die Brust, das Herz	*frz. poitrine, ital. petto, span. pecho*
	assiduus, -a, -um	unermüdlich, unablässig, ununterbrochen	*→ ad + sedere; engl. assiduous, frz. assidu, ital. assiduo, span. asiduo*
	ictus, ictūs m	der Stoß, der Schlag	*→ adicere, conicere, eicere, iactare, obicere, subicere*
	concilium, -ī n	die Versammlung	*das Konzil, engl. council*
	lūxuria, -ae f	die Ausschweifung, der Luxus	
	ēligere, ēligō, ēlēgī, ēlēctum	auslesen, auswählen	*→ ex + legere; elegant, engl. election, frz. élection, ital. elezione, span. elección*
	ambrosia, -ae f	die Ambrosia, die Götterspeise	
	pōculum, -ī n	der Becher	*der Pokal*

pertimēscere

Wortbildung: Präfixe und Suffixe

Präfix		Bedeutung	Beispiel
ā/ab	*ā-*	„fort-, von-, weg-, ent-"	*ā-mittere*
	ab-		*ab-dūcere*
	abs-		*abs-tulī*
	ar-		*ar-ripere*
	au-		*au-ferre*
ad	*ac-*	„dabei-, heran-, hin-, hinzu-"	*ac-cēdere*
	ad-		*ad-esse*
	af-		*af-ficere*
	al-		*al-lātus*
	ap-		*ap-pārēre*
	at-		*at-tingere*
cum	*co-*	Verstärkung: „zusammen, völlig"	*cō-gere*
	col-		*col-ligere*
	com-		*com-mittere*
	con-		*con-currere*
	cor-		*cor-ruere*
dē	*dē-*	„nieder-, herab-, ab-"	*dē-cēdere*
dis	*dī-*	„weg-, auseinander-"/Verneinung: „un-, nicht"	*dī-mittere*
	dif-		*dif-ficilis*
	dis-		*dis-cēdere*
ē/ex	*ē-*	„aus-, heraus-, weg-"	*ē-ripere*
	ef-		*ef-fugere*
	ex-		*ex-pellere*
in	*il-*	„in, hinein"/Verneinung: „un-, nicht"	*il-lātus*
	im-		*im-pius*
	in-		*īn-īre*
ne	*ne-*	Verneinung: „un-, nicht"	*ne-scīre*
	neg-		*neg-ōtium*
ob	*ob-*	„entgegen"	*ob-icere*
	oc-		*oc-currere*
	of-		*of-ferre*
	op-		*op-primere*
per	*per-*	„(hin)durch-"/Verstärkung: („durch und durch") „sehr, ganz"	*per-terrēre*
prae	*prae-*	„vorn, an der Spitze; voraus-; vor-"	*prae-mittere*
prō	*prō-*	„vor-, für-"	*prō-vidēre*
	prōd-		*prōd-esse*
re	*re-*	„zurück, wieder"/„wider, gegen"	*re-sistere*
	red-		*red-īre*
sub	*sub-*	„unter-, nach-, auf sich"	*sub-icere*
	suc-		*suc-cedere*
	sus-		*sus-cipere*

Suffix		Bedeutung	Beispiel
Substantive	*-tor* (m)	handelnde Person: „-er", gebildet aus einem PPP	*victum* → *vic-tor*
	-or (m)	Abstraktum, abgeleitet von einem Verb	*dolēre* → *dol-or*
	-ium (n)		*gaudēre* → *gaud-ium*
	-(t)iō (f)	Tätigkeit/Eigenschaft	*ōrāre* → *ōrā-tiō*
	-tus (Gen. *-tūs* m)		*impellere* → *impe-tus*
	-ia (f)		*memor* → *memor-ia*
	-itia (f)		*iūstus* → *iūst-itia*
	-tās (f)		*līberāre* → *līber-tās*
	-tūs (Gen. *-tūtis* f)		*vir* → *vir-tūs*
	-tūdō (f)		*māgnus* → *māgni-tūdō*
	-men (n)	Vorgang, Ergebnis, Zustand	*agere* → *ag-men*
	-mentum (n)	Mittel, Werkzeug	*ōrnāre* → *ōrnā-mentum*
Adjektive	*-eus*	Stoff, Material	*aurum* → *aur-eus*
	-bilis	Möglichkeit, Fähigkeit: „-bar, -haft, -lich"	*nōscere* → *nō-bilis*
	-ilis		*facere* → *fac-ilis*
	-ōsus	Fülle („voll")	*fōrma* → *fōrm-ōsus*
Verben	*-tāre*	Wiederholung, Verstärkung	*habēre* → *habitāre*

WH 1, 2 usw. bezieht sich auf den **WH-Schritt der Lektion**; hier werden **Themen wiederholt**, die du bereits in früheren Lektionen gelernt hast und die **für die neuen Themen wichtig** sind.

G1, G2 usw. zeigt dir, auf welchen **G-Schritt der Lektion** sich der Abschnitt bezieht.

Bei **F** geht es immer um **Formenlehre,** bei **S** um **Satzlehre.**

Alles, was **fett** gedruckt ist, ist neu, eine Ausnahme oder beides.

Der **Verweis** gibt an, wo genau du dieses Thema üben kannst (**Ü, H**) oder wo es im Grammatik-Teil behandelt wird (**G**).

Am Rand findest du **Lerntipps** und **Hinweise auf Stolperfallen** (**!**).

In der Rubrik **Geschafft!** findest du **Übersichten und Zusammenfassungen** von Themen, die du in vorherigen Lektionen gelernt hast.

Lektion 68

WH F nd-Form: Gerundium

1. Das **Gerundium** ist ein **Verbalsubstantiv** und entspricht **im Deutschen** dem **substantivierten Infinitiv**.
2. Das **Gerundium** wird mit dem **Signal** ***-nd-*** und den **Endungen der o-Deklination (n)** gebildet: *voca-**nd**-ī* – „des Rufens“, *ag-e-**nd**-ī* – „des Handelns“.

G1 F Pronomen: Relativpronomen *quīcumque, quaecumque, quodcumque*

1. ***quīcumque*** ist ein **verallgemeinerndes Relativpronomen** und kann mit **„jeder, der; welcher/welche/welches auch immer“** übersetzt werden.
2. Die Formen von ***quīcumque*** werden gebildet, indem ***-cumque*** an die **Formen des Relativpronomens** (→ T3.4) angefügt wird:

   *quī-**cumque**, quae-**cumque**, quod-**cumque***

   Es wird in der Regel **adjektivisch** verwendet.
3. Das **Bezugswort** kann im Lateinischen auch **im Relativsatz** stehen (→ L68 Ü4a):

Quodcumque	***beneficium***	*cupis*	*ipse,*	*praestā*	*et*	*aliīs!*
Relativpronomen	Bezugswort					

   Jede Wohltat, die du dir selbst wünschst, erweise auch anderen!

Lerntipp
quī-cumque = Relativpronomen + *-cumque*

Geschafft!

Du kennst nun die lateinischen **Relativpronomina**:

- *quī, quae, quod* – „der, die, das; welcher, welche, welches“
- *quīcumque, quaecumque, quodcumque* – „jeder, der; welcher/welche/welches auch immer“
- *quisquis, quidquid* – „jeder, der; wer/was auch immer; alles, was“

G1 F Verb: Deponentien (i-/kons. Konjugation)

1. Du kennst bereits die Deponentien der a- und e-Konjugation: *arbitrārī, verērī*. Auch in der **i- und kons. Konjugation** gibt es **Deponentien**. Sie werden ebenso **wie die regulären Verben im Passiv** konjugiert: *orīrī, orior, ortus sum* – „entstehen"; *loquī, loquor, locūtus sum* – „sprechen".
2. Du lernst die **Stammformen** mit, um die **Konjugation** und das **PPP** zu kennen (→ L61 Ü3b):

> *orīrī, orior, ortus sum* → i-Konj.
> *loquī, loquor, locūtus sum* → kons. Konj.

Lerntipp

Deponens
- **passive** Formen
- **aktive** Bedeutung

G2 F Verb: Partizipien der Deponentien

1. Auch die **Deponentien** bilden alle **drei lateinischen Partizipien**:
- **PPA**: ***querēns***, *querentis*
- **PFA**: ***questūrus***, *-a, -um*
- **PPP**: ***questus***, *-a, -um*

PPA und PFA

2. **PPA** und **PFA** sind also **die einzigen aktiven Formen**, die auch von Deponentien gebildet werden. Für sie gelten die **gleichen Zeitverhältnisse** und **Übersetzungsmöglichkeiten wie** bei den **regulären Verben**.

> *Claudius praedam ingentem* ***pollicēns*** *animōs mīlitum cōnfirmāvit.*
> PPA
>
> Claudius ermutigte die Soldaten, **indem er** gewaltige Beute **versprach**.
> modaler Adverbialsatz (gleichzeitig)
>
> *Claudius mīlitēs convocāvit dē praedā* ***locūtūrus****.*
> PFA
>
> Claudius hat die Soldaten zusammengerufen, **um** über die Beute **zu sprechen**.
> finale Infinitivkonstruktion (nachzeitig)

PPP

3. Das **PPP** von Deponentien wird **immer aktiv übersetzt**; sonst gelten die **gleichen Übersetzungsmöglichkeiten** wie bei den regulären Verben.

> *Mīlitēs Claudiō magnam praedam* ***pollicitō*** *libenter pāruērunt.*
> PPP
>
> Die Soldaten gehorchten Claudius gern, **weil er** ihnen große Beute **versprochen hatte**.
> kausaler Adverbialsatz (vorzeitig)

4. Außerdem kann das **PPP** in manchen Fällen auch eine **Gleichzeitigkeit** ausdrücken und wird dann meist als Präpositionalausdruck übersetzt.

*Claudius **ratus** sē Britanniam expūgnātūrum esse nāvem ascendit.*

Claudius bestieg das Schiff **in dem Glauben**, dass er Britannien erobern werde.
Präpositionalausdruck

Dies ist häufig **bei folgenden PPPs** der Fall:

arbitrātus, -a, -um	im Glauben, in der Meinung
ratus, -a, -um	im Glauben, in der Meinung
veritus, -a, -um	aus Furcht
ūsus, -a, -um	unter Verwendung von/mit

G1 F Verb: Semideponentien

1. **Semideponentien** sind „halbe“ Deponentien: Sie bilden einen **Teil ihrer Formen** nur **aktiv**, einen **Teil** nur **passiv**.
2. Die meisten Semideponentien bilden die **Tempora, die mit dem Präsensstamm gebildet werden, aktiv**: *gaudeō* – „ich freue mich“. Die **Tempora des Perfektstamms** werden dagegen **passiv mit dem Partizip Perfekt** gebildet: *gāvīsus sum* – „ich habe mich gefreut“. Bei *revertī* ist es genau umgekehrt (→ L62 Ü3).

Präsensstamm → aktive Bildung	Perfektstamm → passive Bildung	
gaudēre, gaudeō	***gāvīsus sum***	sich freuen, froh sein
solēre, soleō	***solitus sum***	gewohnt sein, pflegen (zu tun)
audēre, audeō	***ausus sum***	wagen
cōnfīdere, cōnfīdō	***cōnfīsus sum***	vertrauen (auf)

Präsensstamm → passive Bildung	Perfektstamm → aktive Bildung	
revertī, revertor	*revertī*	zurückkehren

3. **Alle Formen** – sowohl die aktiven als auch die passiven – haben **aktive Bedeutung**: *gāvīsus sum* – „ich habe mich gefreut“.

Geschafft!

Du kennst nun **alle drei Arten von Verben**:

- **reguläre Verben**: *monēre, moneō, monuī, monitum*
- **Deponentien**: *verērī, vereor, veritus sum*
- **Semideponentien**: *solēre, soleō, solitus sum*

G2 S Pronomen: Indefinitpronomen *quīdam, quaedam, quoddam*

Quīdam *vir sē Chrīstiānum esse cōnfitētur.*
Ein gewisser Mann gesteht, ein Christ zu sein.

1. ***quīdam*** – „ein gewisser“ ist ein **Indefinitpronomen**. Es wird verwendet, wenn eine **Person nicht näher bezeichnet werden kann oder soll**.
2. Außerdem kann *quīdam* auch die Bedeutung **„eine Art von, geradezu“** und im Plural die Bedeutung **„einige, manche“** haben (→ L62 Ü5a).

*Chrīstiānī Deum incrēdibilī **quādam** religiōne colunt.*
Die Christen verehren Gott **mit einer geradezu** unglaublichen Ehrfurcht.

*Chrīstiānī cultum imperātōris scelus **quoddam** putant.*
Die Christen halten den Kaiserkult **für eine Art** Verbrechen.

***Quīdam** timent, nē suppliciō afficiantur.*
Einige fürchten, hingerichtet zu werden.

G2 F Formen

3. Die **Formen von *quīdam*** werden gebildet, indem -***dam*** an die **Formen des Relativpronomens** (→ T3.4) angefügt wird. In einigen Formen gibt es Ausnahmen.

	Singular		
	m	f	n
Nom.	*quīdam*	*quaedam*	*quiddam* (subst.)/ *quoddam* (adj.)
Gen.	*cuiusdam*	*cuiusdam*	*cuiusdam*
Dat.	*cuidam*	*cuidam*	*cuidam*
Akk.	*que**n**dam*	*qua**n**dam*	*quiddam* (subst.)/ *quoddam* (adj.)
Abl.	*quōdam*	*quādam*	*quōdam*

	Plural		
	m	f	n
Nom.	*quīdam*	*quaedam*	*quaedam*
Gen.	*quōru**n**dam*	*quāru**n**dam*	*quōru**n**dam*
Dat.	*quibusdam*	*quibusdam*	*quibusdam*
Akk.	*quōsdam*	*quāsdam*	*quaedam*
Abl.	*quibusdam*	*quibusdam*	*quibusdam*

Lerntipp

quīdam = Relativpronomen + ***-dam***

*que**n**dam, qua**n**dam, quōru**n**dam, quāru**n**dam*
-m *+ -dam = -**n**dam*

WH S

Funktionen des Genitivs und des Ablativs

Der **Genitiv** und der **Ablativ** können im Satz **verschiedene Funktionen** übernehmen:

Funktionen des Genitivs

Funktion	Beispiel
Genitiv der Eigenschaft	*vir **māgnae virtūtis*** – „ein Mann **von großer Tugend**/ein **sehr tugendhafter** Mann"
Subjektsgenitiv	*cūra **imperātōris*** – „die Sorge **des Kaisers**"
Objektsgenitiv	*cūra **imperātōris*** – „die Sorge **um den Kaiser**"
Genitiv des Wertes	***māgnī/parvī** putāre* – „**hoch, sehr/gering, wenig** schätzen"
Genitiv der Zugehörigkeit	*officium **imperātōris*** – „die Aufgabe **des Kaisers**", ***Imperātōris** est cīvibus cōnsulere.* – „**Es ist die Aufgabe des Kaisers**, für die Bürger zu sorgen."

Funktionen des Ablativs

Funktion	Verwendung	Beispiel
Ablativ des Mittels	ohne Präp.	***verbīs** persuādēre* – „**mit Worten** überzeugen"
Ablativ des Grundes	ohne Präp.	***librīs** gaudēre* – „sich **über die Bücher** freuen"
Ablativ der Trennung	*ā/ab/dē/ē/ex/sine/* ohne Präp.	***cūrīs** līberāre* – „**von Sorgen** befreien"
Ablativ der Eigenschaft	ohne Präp.	*vir **māgnā fidē*** – „ein Mann **von großer Treue**/ein **sehr treuer** Mann"
Ablativ des Ortes	*in*/ohne Präp.	***Athēnīs** esse* – „**in Athen** sein"
Ablativ des Ausgangspunkts	*ā/ab/ē/ex*/ohne Präp.	***Athēnīs** venīre* – „**aus Athen** kommen"
Ablativ der Zeit	ohne Präp.	***mediā nocte*** – „**mitten in der Nacht**"
Ablativ des Vergleichs	ohne Präp.	*sapientior **cēterīs virīs*** – „weiser **als die anderen Männer**"

G S

Genitiv des geteilten Ganzen (Genitivus partitivus)

*paulum **pecūniae*** wenig **(an) Geld**

1. Der **Genitiv des geteilten Ganzen** bezeichnet eine **Gesamtmenge** (*pecūniae*), **von der ein Teil genommen wird** (*paulum*). Er antwortet auf die Frage **„Wovon?"**.
2. Der Genitiv des geteilten Ganzen steht **nach**

- **Substantiven**: *cōpia **pecūniae*** – „eine Menge **(an) Geld**",
- **Adjektiven**: *paulum **pecūniae*** – „wenig **(an) Geld**",
- **Pronomina**: *aliquid **pecūniae*** – „etwas **(an) Geld**", *quis **hominum*** – „**wer von den Menschen**",
- **Adverbien**: *satis **pecūniae*** – „genug **(an) Geld**".

WH F nd-Form: Gerundium

1. Das **Gerundium** ist ein **Verbalsubstantiv** und entspricht **im Deutschen** dem **substantivierten Infinitiv**.
2. Das **Gerundium** wird mit dem **Signal *-nd-*** und den **Endungen der o-Deklination (n)** gebildet: *voca-**nd**-ī* – „des Rufens", *ag-e-**nd**-ī* – „des Handelns".

WH S Verwendung des Gerundiums

3. Das Gerundium kann mit einem **substantivierten Infinitiv**, einem **Infinitiv mit „zu"** oder **als Substantiv übersetzt** werden. Wenn das Gerundium **durch ein Objekt und/oder Adverb erweitert** ist, bieten sich oft freiere Übersetzungen an.

Fortiter	*hostēs*	***arcendō***	*urbem*	*dēfendō.*
Adverb	Objekt (Akk.)			

Ich verteidige die Stadt, **dadurch, dass/indem ich** tapfer die Feinde **abwehre**.

Kasus	Beispiel	Übersetzung
Gen.	*occāsiō hostem **vincendī***	die Gelegenheit, den Feind **zu besiegen**
Gen. + *causā*	***vincendī causā***	**um zu besiegen**
ad + Akk.	***ad pūgnandum***	**zum Kämpfen/zu kämpfen/für den Kampf**
Abl.	*Hostem **vincendō** urbem servō.*	**Durch** den Sieg über den Feind rette ich die Stadt. **Indem/Dadurch, dass** ich den Feind **besiege**, rette ich die Stadt.
in + Abl.	***In vincendō** glōriam cōgitō.*	**Beim Siegen/Sieg** denke ich an den Ruhm.

G F nd-Form: Attributives Gerundivum

*occāsiō **pūgnam***	***fīniendī***	*occāsiō **pūgnae***	***fīniendae***
Objekt (Akk.)	Gerundium	Attribut (Gen.)	**Gerundivum**

die Gelegenheit, **die Schlacht zu beenden**

1. Du kennst schon das Verbalsubstantiv, das Gerundium. Den gleichen Sachverhalt kann im Lateinischen auch ein **Verbaladjektiv** ausdrücken, das **Gerundivum**. Wie ein Adjektiv kann das **Gerundivum als Attribut** verwendet werden und wird dann **attributives Gerundivum** genannt.

2. Das **Gerundivum** wird mit dem **Signal *-nd-*** und den **Endungen der a- und o-Deklination** gebildet:
- *voca-**nd**-us, -a, -um*
- *mone-**nd**-us, -a, -um*
- *audi-**e-nd**-us, -a, -um*
- *ag-**e-nd**-us, -a, -um*
- *capi-**e-nd**-us, -a, -um*
- ***e-u-nd**-us, -a, -um*

3. Das Gerundivum wird genauso dekliniert wie die **Adjektive der a- und o-Deklination**. Es steht immer in **KNG-Kongruenz** zu seinem **Bezugswort**: *occāsiō pūgn**ae** celeriter fīniend**ae***.

! *voca-**nd**-ī ↔ voca-**nt**-ēs*
- ***-nd-*** → Signal für Gerundium/Gerun**nd**ivum
- ***-nt-*** → Signal für PPA

GS Verwendung des attributiven Gerundivums

4. Für das Gerundivum gelten die **gleichen Übersetzungsmöglichkeiten wie für das Gerundium**; das **Bezugswort des Gerundivums** wird dabei oft zum **Objekt** (meist im Akkusativ).

Kasus	Übersetzung	Beispiel
Gen.	„zu“ + Inf.	*occāsiō hostis **vincendī*** – „die Gelegenheit, den Feind **zu besiegen**“
Gen. + *causā*	„um ... zu“ + Inf.	*hostis **vincendī causā*** – „**um** den Feind **zu besiegen**“
ad + Akk.	„(um) ... zu“ + Inf.	***ad** hostem **vincendum*** **– „zum Besiegen** des Feindes/**(um)** den Feind **zu besiegen**“
Abl.	„durch“ + Inf. „indem/dadurch, dass“ + Prädikat	*Hoste **vincendō** urbem servō.* – „**Durch** den Sieg über den Feind rette ich die Stadt.“ „**Indem/Dadurch, dass ich** den Feind **besiege**, rette ich die Stadt.“
in + Abl.	„bei/während“ + Inf. „während“ + Prädikat	***In** hoste **vincendō** glōriam cōgitō.* – „**Beim Besiegen** des Feindes denke ich an den Ruhm.“ „**Während ich** den Feind **besiege**, denke ich an den Ruhm.“

G1 S

Prädikatives Gerundivum mit *esse*

*Librī **legendī sunt**.*

(Die Bücher **sind zu lesen**.)
Die Bücher **müssen gelesen werden**.
Man **muss** die Bücher **lesen**.

1. Das **Gerundivum** kann auch **mit *esse*** verbunden werden: Das Gerundivum ist dann ein **Prädikatsnomen** und bildet zusammen **mit *esse*** das **Prädikat**. Daher wird es auch als **prädikatives Gerundivum** bezeichnet. Es drückt in dieser Verwendung eine **Notwendigkeit** aus und wird mit **„müssen“** übersetzt.
2. Das **Gerundivum mit *esse*** hat immer **passive Bedeutung**. Der **Urheber der Handlung** steht dabei im **Dativ**: Man spricht vom **Dativ des Urhebers** (Dativus auctoris).

***Hominibus** librī legendī sunt.*

(Die Bücher sind **den Menschen** zu lesen.)
Die Bücher müssen **von den Menschen** gelesen werden. (Pass.)
Die Menschen müssen die Bücher lesen. (Akt.)

Bei einer **Übersetzung im Passiv** wird der **Urheber** mit **„von“** wiedergegeben, bei einer **Übersetzung im Aktiv** wird der **Urheber** bzw. **die Person im Dativ** zum **Subjekt** (→ L65 Ü3b).

3. Ist das **Gerundivum mit *esse* verneint**, wird es mit **„nicht dürfen“** übersetzt.

*Litterae **contemnendae nōn sunt**.*

Die Wissenschaft **darf nicht gering geschätzt werden**.
Man **darf** die Wissenschaft **nicht gering schätzen**.

4. Das Gerundivum mit *esse* wird **bei intransitiven Verben**, also Verben, die **kein Objekt im Akkusativ** bei sich haben, **unpersönlich** verwendet: Es hat dann **kein Bezugswort** und erscheint **im Neutrum Singular**. Das **Objekt** steht jeweils **im vom Verb erforderten Kasus**, z. B. bei *studēre* im Dativ.

*Litterīs **studendum** est.*

Man muss sich um die Wissenschaft bemühen.

! *parcere* **m. Dat.** ↔ (ver)schonen **m. Akk.**
iubēre **m. Akk.** ↔ befehlen **m. Dat.**
Im **Lat.** sind **andere Verben intransitiv** als im **Dt.**

Geschafft!

Du kennst nun die verschiedenen **Funktionen des Dativs**:

Funktion	Beispiel
Dativ des Besitzers	***Mihī*** *multī librī sunt.* – „(**Mir** sind viele Bücher./) **Ich** habe viele Bücher.“
Dativ des Vorteils	*Librōs antīquōs* ***nōbīs*** *colligāmus!* – „Lasst uns alte Bücher **für uns** sammeln!“
Dativ des Zwecks	***cūrae*** *esse* – „sich **kümmern** um“, ***cordī*** *esse* – „am **Herzen** liegen“, ***odiō*** *esse* – **„hassen“**
Dativ des Urhebers	***Nōbīs*** *librī legendī sunt.* – „Die Bücher müssen **von uns** gelesen werden./**Wir** müssen die Bücher lesen.“

G2 S Prädikatives Gerundivum zum Ausdruck eines Zwecks

Parentēs magistrō ***līberōs docendōs trādunt****.*
Die Eltern **übergeben** dem Lehrer **ihre Kinder zum Unterrichten**.

Karolus Māgnus ***librōs antīquōs colligendōs cūrāvit****.*
Karl der Große **ließ alte Bücher sammeln**.

1. Auch **nach Verben des Gebens und Nehmens**, z. B. *dare, trādere, suscipere* kann im Lateinischen ein **Gerundivum** stehen. In diesen Fällen drückt es aus, zu welchem **Zweck** etwas getan wird. Das Gerundivum steht dann in **KNG-Kongruenz zum Objekt** des Verbs (→ L65 Ü6).
2. ***cūrāre*** wird in Kombination **mit einem Gerundivum** mit **„lassen“** übersetzt.

G1 F Verb: Sonderkonjugation des Verbs *fierī*

1. *fierī* heißt **„gemacht werden, werden; entstehen, geschehen"**.

Tempora mit dem Präsensstamm

2. Das Verb ***fierī*** vertritt in den Tempora, die mit dem **Präsensstamm** gebildet werden, die entsprechenden **passiven Formen des Verbs *facere***.
3. Der **Präsensstamm** ist *fī-*. Die Formen von *fierī* werden **aktiv gebildet**.

	Indikativ Präsens	
	Singular	Plural
1. P.	*fī-ō*	*fī-mus*
2. P.	*fī-s*	*fī-tis*
3. P.	*fi-t*	*fī-u-nt*

- **Ind. Imperf.:** *fīēbam, fīēbās, fīēbat, fīēbāmus, fīēbātis, fīēbant*
- **Fut. I:** *fīam, fīēs, fīet, fīēmus, fīētis, fīent*
- **Konj. Präs.:** *fīam, fīās, fīat, fīāmus, fīātis, fīant*
- **Konj. Imperf.:** *fierem, fierēs, fieret, fierēmus, fierētis, fierent*
- **Imp. Sg., Pl.:** *fī!, fīte!*

Lerntipp

Mit einigen Ausnahmen wird ***fierī*** wie die Verben der **i-Konj.** konjugiert.

Tempora mit dem Perfektstamm

4. *fierī* bildet keine Tempora, die mit dem **Perfektstamm** gebildet werden; hier werden die **Formen von *facere* im Passiv** verwendet.

- **Ind. Perf.:** *factus, -a, -um sum, ...*
- **Ind. Plqupf.:** *factus, -a, -um eram, ...*
- **Fut. II:** *factus, -a, -um erō, ...*
- **Konj. Perf.:** *factus, -a, -um sim, ...*
- **Konj. Plqupf.:** *factus, -a, -um essem, ...*
- **Inf. Perf.:** *factum, -am, -um esse*

G1 S Verwendung des unpersönlichen *fit*

5. Nach **unpersönlichem *fit* – „es geschieht"** bzw. ***factum est* – „es geschah"** folgt ein ***ut*-Satz im Konjunktiv**.

> ***Fit, ut*** *Hērāclītus cum līberīs* ***rīdeat****.*
> **Es geschieht, dass** Heraklit mit Kindern **lacht**.
>
> ***Factum est, ut*** *Hērāclītus cum līberīs* ***rīdēret****.*
> **Es geschah, dass** Heraklit mit Kindern **lachte**.

G2 S

Korrelativa

1. Einige **demonstrative Ausdrücke** können mit **relativen Ausdrücken** eine **enge Verbindung** (Korrelation) eingehen und so einen **Vergleich** zum Ausdruck bringen.

Tantus	*sum*	***quantus***	*tū*	*(es).*
demonstrativer Ausdruck		relativer Ausdruck		

Ich bin **so groß wie** du.

2. Die **relativen Ausdrücke** werden dann mit **„wie"** übersetzt.
3. Zu den Korrelativa gehören:

tantus, -a, -um ... quantus, -a, -um	so groß ... wie (groß)
tālis, -e ... quālis, -e	so beschaffen ... wie (beschaffen)
totiēns ... quotiēns	so oft ... wie
tot ... quot (indekl.)	so viele ... wie (viele)
tam ... quam	so ... wie

! Trifft bei Korrelativa ein **„t-Wort" auf ein „q-Wort"**, wird das **„q-Wort" mit „wie"** übersetzt.

G1 F Verb: Perfektopräsentien

1. Einige Verben treten **nur im Perfektstamm** auf, haben aber **Präsensbedeutung**:

Perfektstamm	Präsensbedeutung
meminisse	sich erinnern
ōdisse	hassen

Daher werden diese Verben als **Perfektopräsentien** bezeichnet.

2. Der **Präsensstamm** folgender Verben beschreibt den **Beginn eines Vorgangs**, der **Perfektstamm** das **Ergebnis**. Darum bieten sich im Deutschen oft unterschiedliche Übersetzungen an:

Bedeutung im Präsensstamm (Beginn des Vorgangs)	Bedeutung im Perfektstamm (Ergebnis des Vorgangs)
cōnsuēscere – „sich gewöhnen an"	*cōnsuēvisse* – „gewohnt sein"
nōscere – „kennenlernen; erkennen"	*nōvisse* – „kennen"
cōgnōscere – „kennenlernen, erkennen; erfahren"	*cōgnōvisse* – Perf. auch: „wissen, kennen"

3. Die **Tempora** werden daher **so übersetzt**:

- Perfekt = Präsens → *meminī* = ich erinnere mich
- Plusquamperfekt = Imperfekt → *memineram* = ich erinnerte mich
- Futur II = Futur I → *meminerō* = ich werde mich erinnern

! **Inf. Perf.,** *meminisse,* **1. P. Sg. Perf.** *meminī*
Die **Stammformen** bestehen **nur** aus den **Formen des Perfektstammes**.

G2 S NcI (Nominativus cum Infinitivo)

1. Du kennst bereits den AcI nach bestimmten Verben: ***Sōcratem sapientem esse*** *dīcō*. – „Ich sage, **dass Sokrates weise ist.**"

Sōcratēs	*sapiēns*	***esse***	*dīcitur*.
Nominativ		Infinitiv	Prädikat im Pass.

Es wird gesagt/Man sagt, dass **Sokrates** weise **ist**.
Sokrates soll weise **sein**.

2. Treten solche **Verben im Passiv** auf, hängt ein **NcI (Nominativus cum Infinitivo)** von ihnen ab.
3. Eine wörtliche Übersetzung ist nicht möglich. Im Deutschen kann der NcI mit einem **dass-Satz** wiedergegeben werden. Das Verb im **Passiv** wird im Deutschen meist **unpersönlich („man/es wird")** oder **mit „sollen"** übersetzt.

Lerntipp

Den NcI kennst du schon aus dem Englischen:
Socrates is said to be *wise*. – „**Es wird gesagt/Man sagt**, dass **Sokrates** weise **ist**./ **Sokrates soll** weise **sein**."

4. Der NcI steht häufig nach folgenden Ausdrücken (→ L67 Ü6).

- ***vidērī*** – „scheinen“,
- ***fertur/dīcitur*** – „er/sie/es soll (angeblich) …; man sagt, dass …“,
- ***trāditur*** – „er/sie/es soll der Überlieferung nach…/es wird überliefert, dass …“.

Sōcratēs sapiēns esse ***vidētur****.*
Sokrates **scheint** weise zu sein./**Es scheint**, dass Sokrates weise ist.

Sōcratēs sapiēns esse ***fertur/dīcitur****.*
Sokrates **soll (angeblich)** weise sein./**Man sagt, dass** Sokrates weise sei.

Sōcratēs sapiēns esse ***trāditur****.*
Es wird überliefert, dass Sokrates weise ist./Sokrates **soll der Überlieferung nach** weise sein.

G1 F Pronomen: Relativpronomina *quisquis, quidquid* und *quīcumque, quaecumque, quodcumque*

1. ***quisquis*** – „jeder, der; wer/was auch immer; alles, was“ und ***quīcumque*** – „jeder, der; welcher/welche/welches auch immer“ sind **verallgemeinernde Relativpronomina**.
2. Die Formen von ***quisquis*** werden gebildet, indem das **substantivische Interrogativpronomen *quis*, *quid*** (→ T3.5) **verdoppelt** wird:

   *quis-**quis**, quid-**quid***

   Es wird in der Regel **substantivisch** verwendet.
3. Die Formen von ***quīcumque*** werden gebildet, indem ***-cumque*** an die **Formen des Relativpronomens** (→ T3.4) angefügt wird:

   *quī-**cumque**, quod-**cumque***

   Es wird in der Regel **adjektivisch** verwendet.
4. Das **Bezugswort** kann im Lateinischen auch **im Relativsatz** stehen (→ L68 Ü4a):

Quodcumque	***<u>beneficium</u>***	*cupis*	*ipse,*	*praestā*	*et*	*aliīs!*
Relativpronomen	Bezugswort					

Jede <u>Wohltat</u>, die du dir selbst wünschst, erweise auch anderen!

Welche <u>Wohltat</u> auch immer du dir selbst wünschst – erweise sie auch anderen!

Lerntipp
quis-quis = 2x subst. Interrogativpronomen

Lerntipp
quī-cumque = Relativpronomen + *-cumque*

Geschafft!

Du kennst nun die lateinischen **Relativpronomina**:

- *quī, quae, quod* – „der, die, das; welcher, welche, welches“
- *quīcumque, quaecumque, quodcumque* – „jeder, der; welcher/welche/welches auch immer“
- *quisquis, quidquid* – „jeder, der; wer/was auch immer; alles, was“

G2 S

Konjunktiv im Nebensatz: Relativsätze

1. Im Lateinischen können **Relativsätze** einen **Nebensinn** ausdrücken, wenn sie **im Konjunktiv** stehen:

- **kausaler Nebensinn: „der ja/weil"**

*Senecam, quippe **quī** philosophus praeclārus fuerit, laudō.*
Ich lobe Seneca, **der ja/weil** er ein hervorragender Philosoph gewesen ist.

- **finaler Nebensinn: „damit/sollen"**

*Tibi librōs philosophōrum, **quī** tē dēlectent, mittō.*
Ich schicke dir die Bücher von Philosophen, **damit** sie dich erfreuen.
Ich schicke dir die Bücher von Philosophen, **die** dich erfreuen sollen.

- **konsekutiver Nebensinn: „(so)dass/zu ..."**

*Librī Senecae tam praeclārī sunt, **quī** adhūc legantur.*
Senecas Bücher sind so berühmt, **dass** sie immer noch gelesen werden.

Lerntipp
quippe ist ein **Signal** für einen **kausalen Nebensinn.**

Lerntipp
adeo, ***ita***, ***sic***, ***talis***, ***tam***, ***tantus*** sind **Signale** für einen **konsekutiven Nebensinn.**

2. Ein Relativsatz mit **konsekutivem** Nebensinn steht außerdem nach folgenden Wendungen:

Sunt, quī ...	Es gibt Leute, die ...
Nōn est, quī ...	Es gibt keinen, der ...
Nēmō est, quī ...	Es gibt keinen, der ...
Dīgnus est, quī ...	Er verdient, dass er .../zu ... Er ist würdig, dass .../zu ...
Idōneus est, quī ...	Er ist geeignet dafür, dass er ...

*Librī Senecae dīgnī sunt, **quī** legantur.*
Senecas Bücher sind es wert/verdienen es, **dass** sie gelesen werden.
Senecas Bücher sind es wert/verdienen es, gelesen **zu** werden.

G1 S Konjunktiv im Hauptsatz: Möglichkeit (Potentialis)

1. Der **Konjunktiv Präsens** und der **Konjunktiv Perfekt** können im Hauptsatz auch eine **Möglichkeit** ausdrücken: Der Konjunktiv beschreibt dann etwas, das **möglich** wäre bzw. **passieren könnte**, oder er **schwächt** eine **Aussage ab**. Man spricht hier von einem **Potentialis**.
2. Im Deutschen wird der **Potentialis** mit **relativierenden Begriffen** wie **„könnte/dürfte"** oder **„werden wohl"** übersetzt.

*Aliquis **dīcat/dīxerit***	*voluptātem summum bonum esse.*
Irgendjemand **könnte sagen**,	
Irgendjemand **dürfte sagen**,	dass die Lust das höchste Gut sei.
Irgendjemand **wird wohl sagen**,	

! Potentialis
Konj. Präs. ≙ Konj. Perf.
Beide **Konjunktive** werden **gleich übersetzt**.

G2 S Konjunktiv im Hauptsatz: Überlegung (Deliberativ)

1. Der **Konjunktiv Präsens** und der **Konjunktiv Imperfekt** können im Hauptsatz auch eine **Überlegung** in Form einer **Frage** ausdrücken. Man spricht hier von einem **Deliberativ** (*dēlīberāre* – „überlegen").
2. Meist tritt der **Deliberativ** in der 1. Person auf. Er wird mit **„sollen"** (Konjunktiv Präsens) oder mit **„hätte sollen"** (Konjunktiv Imperfekt) übersetzt.
3. Der **Konjunktiv Präsens** drückt eine **Überlegung** aus, die sich auf die **Gegenwart** bezieht (→ L69 Ü4a).

*Quid **agam**?*	Was **soll** ich **tun**?
*Epicūrō **crēdamne**?*	**Soll ich** Epikur **glauben**?

4. Der **Konjunktiv Imperfekt** drückt eine **Überlegung** aus, die sich auf die **Vergangenheit** bezieht (→ L69 Ü4b).

*Quid **agerem**?*	Was **hätte ich tun sollen**?
*Epicūrō **crēderemne**?*	**Hätte ich** Epikur **glauben sollen**?

! Deliberativ
*Quid **dīcerem**?* – „Was **hätte** ich **sagen sollen**?"
lat. Konj. Imperf. ⟶ dt. Konj. II der Verg.

Geschafft!

Du kennst nun die verschiedenen **Funktionen des Konjunktivs im Hauptsatz**:

Konj. Präs.	
Optativ (erfüllbar, Ggw.)	***(Utinam)*** *Omnia bene* ***ēveniant****!* – „**Hoffentlich geht** alles gut **aus**!/ **Möge** alles gut **ausgehen**!“
Jussiv	*Parentēs līberīs* ***cōnsulant****!* – „Eltern **sollen** für ihre Kinder **sorgen**!“
Hortativ	*Sapientiae* ***studeāmus****!* – „**Lasst uns**/Wir **wollen** nach Weisheit **streben**!“
Potentialis	*Aliquis id* ***crēdat****.* – „Irgendjemand **könnte/dürfte/wird** dies **wohl glauben**.“
Deliberativ (Ggw.)	*Quid* ***faciam****?* – „Was **soll** ich **machen**?“
Konj. Imperf.	
Optativ (unerfüllbar, Ggw.)	***(Utinam)*** *Omnēs hominēs sapientiae* ***studērent****!* – „**Wenn doch** alle Menschen nach Weisheit **streben würden**!“
Deliberativ (Verg.)	*Quid* ***facerem****?* – „Was **hätte** ich **machen sollen**?“
Irrealis (Ggw.)	*Ego tē* ***adiuvārem****.* – „Ich **würde** dir **helfen**.“
Konj. Perf.	
Prohibitiv	***Nē*** *amīcōs* ***neglēxeritis****!* – „**Vernachlässigt** eure Freunde **nicht**!“
Potentialis	*Aliquis id* ***crēdiderit****.* – „Irgendjemand **könnte/dürfte/wird** dies **wohl glauben**.“
Konj. Plqupf.	
Optativ (unerfüllbar, Verg.)	***(Utinam)*** *Nē amīcum* ***neglēxissem****!* – „**Wenn** ich **doch** meinen Freund **nicht vernachlässigt hätte**!“
Irrealis (Verg.)	*Ego tē* ***adiūvissem****.* – „Ich **hätte** dir **geholfen**.“

G1 S Relativsatz ohne Bezugswort

1. Im Lateinischen kann ein **Relativsatz ohne ein Bezugswort im übergeordneten Satz** stehen; das Relativpronomen wird dann oft mit **„derjenige, der"** oder **„wer"** bzw. **„das, was"** oder **„was"** übersetzt.

*Nōn dēspērat, **quī** Deō crēdit.*	**Derjenige, der** auf Gott vertraut, verzweifelt nicht. **Wer** auf Gott vertraut, verzweifelt nicht.

2. Dabei kann der Relativsatz ohne Bezugswort auch **vorangestellt** sein.

***Quī** Deō crēdit, nōn dēspērat.*	**Derjenige,** der auf Gott vertraut, verzweifelt nicht. **Wer** auf Gott vertraut, verzweifelt nicht.
***Quod** licet Deō, nōn licet hominī.*	**Das, was** Gott erlaubt ist, ist einem Menschen nicht erlaubt. **Was** Gott erlaubt ist, ist einem Menschen nicht erlaubt.

G2 S Verschränkte Relativsätze

1. Im Lateinischen kann ein Relativsatz zusammen mit einer anderen Konstruktion vorkommen; man spricht dann von einem **verschränkten Relativsatz**. Da eine wörtliche Wiedergabe im Deutschen nicht möglich ist, muss er freier übersetzt werden (→ L70 Ü5).

Verschränkung mit einem AcI

AcI (quōs … cōgitāvisse)

Legite philosophōs antīquōs,	***quōs***	*dē nātūrā hūmānā*	*bene*	***cōgitāvisse***	***scīmus**.*
	(Akk. des AcI = Relativpronomen)			Inf.	einleitendes Verb

▸ **Übersetzung mit zwei Sätzen:**

Lest die alten Philosophen. **Wir wissen**, **dass diese** gut über die menschliche Natur **nachgedacht haben**.

2. Wenn du einen Relativsatz nicht wörtlich übersetzen kannst, bietet es sich oft an, den **Relativsatz als Hauptsatz** wiederzugeben; das **Relativpronomen** wird dann zum **Demonstrativpronomen**.

- **Übersetzung mit „von“:**

Lest die alten Philosophen, **von denen** <u>**wir wissen**</u>, dass sie gut über die menschliche Natur **nachgedacht haben**.

3. Einen **mit einem AcI verschränkten Relativsatz** kannst du übersetzen, indem vor dem Relativpronomen ein **„von“ eingefügt** und dann der **AcI angeschlossen** wird.

- **Übersetzung mit Einschub:**

Lest die alten Philosophen, **die**, <u>**wie wir wissen**</u>, gut über die menschliche Natur **nachgedacht haben**.

- **Übersetzung mit Adverb:**

Lest die alten Philosophen, **die** <u>**bekanntlich**</u> gut über die menschliche Natur **nachgedacht haben**.

- **Übersetzung mit Präpositionalausdruck:**

Lest die alten Philosophen, **die** <u>**nach unserem Wissen**</u> gut über die menschliche Natur **nachgedacht haben**.

Verschränkung mit einem Abl. abs.

Abl. abs. [quibus lēctīs]

*Vobis dō librōs philosophōrum, **quibus lēctīs** melius cōgitābitis dē nātūrā hūmānā.*

- **Übersetzung mit zwei Sätzen:**

Ich gebe euch die Bücher der Philosophen. **Wenn ihr diese gelesen habt**, werdet ihr besser über das menschliche Wesen nachdenken.

- **Übersetzung mit Präpositionalausdruck:**

Ich gebe euch die Bücher der Philosophen, **nach deren Lektüre** ihr besser über das menschliche Wesen nachdenken werdet.

Relativpronomen als Ablativ des Vergleichs

Abl. des Vergleichs (→ quibus) — Komparativ (→ melius)

Legite philosophōs antīquōs, ***quibus*** *nēmō* ***<u>melius</u>*** *dē nātūrā hūmānā cōgitāvit.*

▸ Übersetzung mit zwei Sätzen:

Lest die alten Philosophen. Niemand hat **<u>besser</u>** über das menschliche Wesen nachgedacht **als diese**.

▸ Übersetzung mit „im Vergleich zu“:

Lest die Bücher der alten Philosophen, **im Vergleich zu denen** niemand **<u>besser</u>** über das menschliche Wesen nachgedacht hat.

Formenlehre

1 Veränderliche Wortarten

1.1 Nomina

Als **Nomen** (Pl. **Nomina**) bezeichnet man diejenigen Wortarten, die **dekliniert** werden. Dazu gehören:

Substantiv	*dominus, -ī* m – „der Herr"		
Adjektiv	Positiv		*clārus, -a, -um* – „berühmt"
	Komparativ		*clārior, -ōris* – „der berühmtere"
	Superlativ		*clārissimus, -a, -um* – „der berühmteste"
Pronomen (Pl. **Pronomina**)	Personalpronomen		*ego* – „ich", *tū* – „du", *nōs* – „wir", *vōs* – „ihr"
	Possessivpronomen		*meus* – „mein", *tuus* – „dein"
	Demonstrativpronomen		*is, ea, id* – „dieser, diese, dieses"
	Relativpronomen		*quī, quae, quod* – „der, die, das"
	Indefinitpronomen	subst.	*aliquis, aliquid* – „irgendjemand, irgendetwas"
		adj.	*aliquī, aliqua, aliquod* – „irgendein, irgendeine, irgendein"
	Interrogativpronomen	subst.	*quis, quid?* – „wer, was?"
		adj.	*quī, quae, quod?* – „welcher, welche, welches?"
Numerale (Pl. **Numeralia**)	Kardinalzahl		*ūnus, -a, -um* – „eins"
	Ordinalzahl		*prīmus, -a, -um* – „der erste"

Man bestimmt die Nomina durch drei Kategorien:

Kasus (Pl. **Kasūs**)	Nominativ (Wer/Was?)	**Numerus** (Pl. **Numeri**)	Singular (Einzahl)
	Genitiv (Wessen?)		Plural (Mehrzahl)
	Dativ (Wem?)		
	Akkusativ (Wen/Was?)	**Genus** (Pl. **Genera**)	Maskulinum (männlich)
	Ablativ (Womit/Wodurch/Wovon?)		Femininum (weiblich)
	Vokativ (Anrede)		Neutrum (sächlich)

1.2 Verb

Verben werden **konjugiert**. Man bestimmt Verbformen durch fünf Kategorien:

Person	1., 2., 3.	**Numerus** (Pl. **Numeri**)	Singular, Plural
Modus (Pl. **Modi**)	Indikativ	**Tempus** (Pl. **Tempora**)	Präsens
	Imperativ		Imperfekt
	Konjunktiv		Futur I
			Perfekt
Genus Verbi	Aktiv		Plusquamperfekt
	Passiv		Futur II

Neben den konjugierten Verbformen gibt es:

Infinitiv	Präsens Aktiv/Passiv	*vocā-re* – „(zu) rufen"/*vocā-rī* – „gerufen (zu) werden"
	Perfekt Aktiv/Passiv	*vocā-visse* – „gerufen (zu) haben"/*vocātum, -am, -um esse* – „gerufen worden (zu) sein"
	Futur Aktiv	*vocātūrum, -am, -um esse* – „rufen (zu) werden"
Partizip	Präsens Aktiv	*vocāns*, Gen. *vocantis* – „rufend"
	Perfekt Passiv	*vocātus, -a, -um* – „gerufen"
	Futur Aktiv	*vocātūrus, -a, -um* – „einer, der rufen wird/will"
Gerundium	*(vocā-re), voca-nd-ī, voca-nd-ō, ad voca-nd-um, voca-nd-ō*	
Gerundivum	*voca-nd-us, -a, -um*	

2 Unveränderliche Wortarten

Präposition	*ad* m. Akk. – „zu, an", *cum* m. Abl. – „mit"	**Konjunktion**	*sed* – „aber", *et* – „und"
Adverb	*semper* – „immer", *iūstē* – „gerecht", *ācriter* – „heftig"	**Subjunktion**	*quia* – „weil", *quamquam* – „obwohl"

Satzlehre

1 Satzarten

Aussagesatz	*Amīcī veniunt.* – „Die Freunde kommen."
Aufforderungssatz	*Venī, amīce!* – „Komm, Freund!"
Fragesatz	*Cūr amīcī nōn veniunt?* – „Warum kommen die Freunde nicht?"

2 Nebensatzarten

mit Indikativ	**Relativsatz**	eingeleitet mit Relativpronomen ***quī, quae, quod*** in NG-Kongruenz zu seinem Bezugswort
	Adverbialsatz	temporal (***cum, dum, postquam, priusquam, ubī, ut***)
		kausal (***quia, quod, quoniam***)
		konditional (***sī/nisī***)
		konzessiv (***etsī/quamquam***)
mit Konjunktiv		***ut/nē*** (final, Wunsch/Aufforderung, konsekutiv); ***quīn/quō*** (final)
	Adverbialsatz	***cum*** (temporal, kausal, konzessiv, adversativ); ***etsī/quamvīs*** (konzessiv)
		sī/nisī (konditional)
	indirekter Fragesatz	eingeleitet mit Interrogativadverb (*cūr?, ubī?, …*)
		eingeleitet mit Interrogativpronomen (*quis?, quid?, …*)
		eingeleitet mit Fragepartikel (*num, -ne, (utrum) … an, …*)

3 Satzglieder und Satzgliedteile

3.1 Satzglieder

Subjekt	***Rōmānī*** *deōs colunt.* – „**Die Römer** verehren die Götter."	
Prädikat	*Rōmānī deōs* ***colunt****.* – „Die Römer **verehren** die Götter."	
Objekt	**Dativobjekt**	*Deī* ***Rōmānīs*** *adsunt.* – „Die Götter helfen **den Römern**."
	Akkusativobjekt	*Rōmānī* ***deōs*** *colunt.* – „Die Römer verehren **die Götter**."
Adverbiale	*Rōmānī deōs* ***dōnīs*** *colunt.* – „Die Römer verehren die Götter **mit Geschenken**."	
Prädikatsnomen	**Adjektiv**	*Templum* ***māgnum*** *est.* – „Der Tempel ist **groß**."
	Substantiv	*Minerva* ***dea*** *est.* – „Minerva ist eine Göttin."

3.2 Satzgliedteile

Attribut	**Adjektiv als Attribut**	*Rōmānī deōs* ***māgnōs*** *colunt.* – „Die Römer verehren die **großen** Götter."
	Genitivattribut	*Venus dea* ***amōris*** *est.* – „Venus ist die Göttin **der Liebe**."
	Relativsatz als Attribut	*Herculēs,* ***cuius pater Iuppiter est****, multōs labōrēs sustinet.* – „Herkules, **dessen Vater Jupiter ist**, erträgt viele Mühen."
Apposition	**Substantiv als Attribut**	*Rōmānī Iūnōnem* ***deam*** *colunt.* – „Die Römer verehren **die Göttin** Juno."
Prädikativum	**Adjektiv als Prädikativum**	*Iuppiter* ***ūnus*** *Sāturnum vincit.* – „Jupiter besiegt **als Einziger/allein** Saturn."
	Substantiv als Prädikativum	*Iuppiter* ***dominus*** *deōrum et hominum Olympō et orbī terrārum imperat.* – „Jupiter herrscht **als Herr** der Götter und Menschen über den Olymp und den Erdkreis."

Nomina

1 Substantive

	a-Dekl.	o-Dekl.			e-Dekl.	u-Dekl.
	domina **(f) – „Herrin“**	***dominus*** **(m) – „Herr“**	***verbum*** **(n) – „Wort“**	***ager*** **(m) – „Acker“**	***rēs*** **(f) – „Sache“**	***exercitus*** **(m) – „Heer“**
Nom. Sg.	*domin-a*	*domin-us*	*verb-um*	*ager*	*rēs*	*exercit-us*
Gen. Sg.	*domin-ae*	*domin-ī*	*verb-ī*	*agr-ī*	*reī*	*exercit-ūs*
Dat. Sg.	*domin-ae*	*domin-ō*	*verb-ō*	*agr-ō*	*reī*	*exercit-uī*
Akk. Sg.	*domin-am*	*domin-um*	*verb-um*	*agr-um*	*rem*	*exercit-um*
Abl. Sg.	*domin-ā*	*domin-ō*	*verb-ō*	*agr-ō*	*rē*	*exercit-ū*
Nom. Pl.	*domin-ae*	*domin-ī*	*verb-a*	*agr-ī*	*rēs*	*exercit-ūs*
Gen. Pl.	*domin-ārum*	*domin-ōrum*	*verb-ōrum*	*agr-ōrum*	*rērum*	*exercit-uum*
Dat. Pl.	*domin-īs*	*domin-īs*	*verb-īs*	*agr-īs*	*rēbus*	*exercit-ibus*
Akk. Pl.	*domin-ās*	*domin-ōs*	*verb-a*	*agr-ōs*	*rēs*	*exercit-ūs*
Abl. Pl.	*domin-īs*	*domin-īs*	*verb-īs*	*agr-īs*	*rēbus*	*exercit-ibus*

	kons. Dekl.				
	homō **(m) – „Mensch“**	***nōmen*** **(n) – „Name“**	***vestis*** **(f) – „Kleid“**	***urbs*** **(f) – „Stadt“**	***mare*** **(n) – „Meer“**
Nom. Sg.	*homō*	*nōmen*	*vestis*	*urbs*	*mare*
Gen. Sg.	*homin-is*	*nōmin-is*	*vest-is*	*urb-is*	*mar-is*
Dat. Sg.	*homin-ī*	*nōmin-ī*	*vest-ī*	*urb-ī*	*mar-ī*
Akk. Sg.	*homin-em*	*nōmen*	*vest-em*	*urb-em*	*mare*
Abl. Sg.	*homin-e*	*nōmin-e*	*vest-e*	*urb-e*	*mar-ī*
Nom. Pl.	*homin-ēs*	*nōmin-a*	*vest-ēs*	*urb-ēs*	*mar-ia*
Gen. Pl.	*homin-um*	*nōmin-um*	*vest-ium*	*urb-ium*	*mar-ium*
Dat. Pl.	*homin-ibus*	*nōmin-ibus*	*vest-ibus*	*urb-ibus*	*mar-ibus*
Akk. Pl.	*homin-ēs*	*nōmin-a*	*vest-ēs*	*urb-ēs*	*mar-ia*
Abl. Pl.	*homin-ibus*	*nōmin-ibus*	*vest-ibus*	*urb-ibus*	*mar-ibus*

Ausnahmen	
domus **(f) – „Haus“**	***vīs*** **(f) – „Kraft“**
dom-us	*vīs*
dom-ūs	–
dom-uī	–
dom-um	*vim*
dom-ō	*vī*
dom-ūs	*vīr-ēs*
dom-ōrum	*vīr-ium*
dom-ibus	*vīr-ibus*
dom-ōs	*vīr-ēs*
dom-ibus	*vīr-ibus*

2 Adjektive

2.1 Positiv

	a-/o-Dekl.					
	bonus, -a, -um **– „gut“**			***pulcher, pulchra, pulchrum*** **– „schön“**		
	m	**f**	**n**	**m**	**f**	**n**
Nom. Sg.	*bon-us*	*bon-a*	*bon-um*	*pulch-e-r*	*pulchr-a*	*pulchr-um*
Gen. Sg.	*bon-ī*	*bon-ae*	*bon-ī*	*pulchr-ī*	*pulchr-ae*	*pulchr-ī*
Dat. Sg.	*bon-ō*	*bon-ae*	*bon-ō*	*pulchr-ō*	*pulchr-ae*	*pulchr-ō*
Akk. Sg.	*bon-um*	*bon-am*	*bon-um*	*pulchr-um*	*pulchr-am*	*pulchr-um*
Abl. Sg.	*bon-ō*	*bon-ā*	*bon-ō*	*pulchr-ō*	*pulchr-ā*	*pulchr-ō*
Nom. Pl.	*bon-ī*	*bon-ae*	*bon-a*	*pulchr-ī*	*pulchr-ae*	*pulchr-a*
Gen. Pl.	*bon-ōrum*	*bon-ārum*	*bon-ōrum*	*pulchr-ōrum*	*pulchr-ārum*	*pulchr-ōrum*
Dat. Pl.		*bon-īs*			*pulchr-īs*	
Akk. Pl.	*bon-ōs*	*bon-ās*	*bon-a*	*pulchr-ōs*	*pulchr-ās*	*pulchr-a*
Abl. Pl.		*bon-īs*			*pulchr-īs*	

	kons. Dekl.					
	auf *-ī, -ia, -ium*			wie Substantive der kons. Dekl.		
	ācer, ācris, ācre (dreiendig) – „scharf"			*dīves, -itis* (einendig) – „reich"		
	m	f	n	m	f	n
Nom. Sg.	*ācer*	*ācr-is*	*ācr-e*	*dīves*		
Gen. Sg.	*ācr-is*			*dīvit-is*		
Dat. Sg.	*ācr-ī*			*dīvit-ī*		
Akk. Sg.	*ācr-em*		*ācr-e*	*dīvit-em*		*dīves*
Abl. Sg.	*ācr-ī*			*dīvit-e*		
Nom. Pl.	*ācr-ēs*		*ācr-ia*	*dīvit-ēs*		*dīvit-a*
Gen. Pl.	*ācr-ium*			*dīvit-um*		
Dat. Pl.	*ācr-ibus*			*dīvit-ibus*		
Akk. Pl.	*ācr-ēs*		*ācr-ia*	*dīvit-ēs*		*dīvit-a*
Abl. Pl.	*ācr-ibus*			*dīvit-ibus*		

2.2 Komparativ

	kons. Dekl.		
	longior, longius – „länger"		
	m	f	n
Nom. Sg.	*long-ior*		*long-ius*
Gen. Sg.	*long-iōr-is*		
Dat. Sg.	*long-iōr-ī*		
Akk. Sg.	*long-iōr-em*		*long-ius*
Abl. Sg.	*long-iōr-e*		
Nom. Pl.	*long-iōr-ēs*		*long-iōr-a*
Gen. Pl.	*long-iōr-um*		
Dat. Pl.	*long-iōr-ibus*		
Akk. Pl.	*long-iōr-ēs*		*long-iōr-a*
Abl. Pl.	*long-iōr-ibus*		

2.3 Superlativ

	a-/o-Dekl.		
	longissimus, -a, -um **– „der/die/das längste"**		
	m	f	n
Nom. Sg.	*long-issim-us*	*long-issim-a*	*long-issim-um*
Gen. Sg.	*long-issim-ī*	*long-issim-ae*	*long-issim-ī*
Dat. Sg.	*long-issim-ō*	*long-issim-ae*	*long-issim-ō*
Akk. Sg.	*long-issim-um*	*long-issim-am*	*long-issim-um*
Abl. Sg.	*long-issim-ō*	*long-issim-ā*	*long-issim-ō*
Nom. Pl.	*long-issim-ī*	*long-issim-ae*	*long-issim-a*
Gen. Pl.	*long-issim-ōrum*	*long-issim-ārum*	*long-issim-ōrum*
Dat. Pl.	*long-issim-īs*		
Akk. Pl.	*long-issim-ōs*	*long-issim-ās*	*long-issim-a*
Abl. Pl.	*long-issim-īs*		

2.4 Unregelmäßige Komparation

Positiv		Komparativ		Superlativ	
bonus, -a, -um	gut	*melior, melius*	besser	*optimus, -a, -um*	der/die/das beste
malus, -a, -um	schlecht	*pēior, pēius*	schlechter	*pessimus, -a, -um*	der/die/das schlechteste
māgnus, -a, -um	groß	*māior, māius*	größer	*maximus, -a, -um*	der/die/das größte
parvus, -a, -um	klein	*minor, minus*	kleiner	*minimus, -a, -um*	der/die/das kleinste
multum/ multī, -ae, -a	viele	*plūs/ plūrēs, plūra* Gen. *plūrium*	mehr	*plūrimum/ plūrimī, -ae, -a*	die meisten

3 Pronomina

3.1 Personalpronomina

	1. Person	2. Person	3. Person	
			nicht-reflexiv	reflexiv
Nom. Sg.	*ego* ich	*tū* du	–	–
Dat. Sg.	*mihi* mir	*tibi* dir	*eī* ihm, ihr, ihm	*sibi* sich
Akk. Sg.	*mē* mich	*tē* dich	*eum, eam, id* ihn, sie, es	*sē* sich
Abl. Sg.	*ā mē/mēcum* von mir/mit mir	*ā tē/tēcum* von dir/mit dir	*ab/cum eō, eā, eō* von/mit ihm, ihr, ihm	*ā sē/sēcum* von sich/mit sich
Nom. Pl.	*nōs* wir	*vōs* ihr	–	–
Dat. Pl.	*nōbīs* uns	*vōbīs* euch	*eīs (iīs)* ihnen	*sibi* sich
Akk. Pl.	*nōs* uns	*vōs* euch	*eōs, eās, ea* sie	*sē* sich
Abl. Pl.	*ā nōbīs/nōbīscum* von uns/mit uns	*ā vōbīs/vōbīscum* von euch/mit euch	*ab/cum eīs (iīs)* von/mit ihnen	*ā sē/sēcum* von sich/mit sich

3.2 Possessivpronomina

	1. Person	2. Person	3. Person	
			nicht-reflexiv	reflexiv
Sg.	*meus, mea, meum* mein	*tuus, tua, tuum* dein	*eius** sein, ihr, sein	*suus, sua, suum* sein, ihr, sein
Pl.	*noster, nostra, nostrum* unser	*vester, vestra, vestrum* euer	*eōrum, eārum, eōrum** ihr	*suus, sua, suum* ihr

* Ersatzform für das Possessivpronomen

3.3 Demonstrativpronomina

3.3.1 *hic, haec, hoc* – „dieser“; *ille, illa, illud* – „jener“; *iste, ista, istud* – „dieser (da)“

	hic, haec, hoc			*ille, illa, illud*			*iste, ista, istud*		
	m	f	n	m	f	n	m	f	n
Nom. Sg.	*hic*	*haec*	*hoc*	*ille*	*illa*	*illud*	*iste*	*ista*	*istud*
Gen. Sg.	*huius*			*illīus*			*istīus*		
Dat. Sg.	*huic*			*illī*			*istī*		
Akk. Sg.	*hunc*	*hanc*	*hoc*	*illum*	*illam*	*illud*	*istum*	*istam*	*istud*
Abl. Sg.	*hōc*	*hāc*	*hōc*	*illō*	*illā*	*illō*	*istō*	*istā*	*istō*
Nom. Pl.	*hī*	*hae*	*haec*	*illī*	*illae*	*illa*	*istī*	*istae*	*ista*
Gen. Pl.	*hōrum*	*hārum*	*hōrum*	*illōrum*	*illārum*	*illōrum*	*istōrum*	*istārum*	*istōrum*
Dat. Pl.	*hīs*			*illīs*			*istīs*		
Akk. Pl.	*hōs*	*hās*	*haec*	*illōs*	*illās*	*illa*	*istōs*	*istās*	*ista*
Abl. Pl.	*hīs*			*illīs*			*istīs*		

3.3.2 *is, ea, id* – „dieser; der(jenige); er"; *īdem, eadem, idem* – „derselbe"; *ipse, ipsa, ipsum* – „selbst; gerade; persönlich"

	is, ea, id			***īdem, eadem, idem***			***ipse, ipsa, ipsum***		
	m	**f**	**n**	**m**	**f**	**n**	**m**	**f**	**n**
Nom. Sg.	*is*	*ea*	*id*	*īdem*	*eadem*	*idem*	*ipse*	*ipsa*	*ipsum*
Gen. Sg.	*eius*			*eiusdem*			*ipsīus*		
Dat. Sg.	*eī*			*eīdem*			*ipsī*		
Akk. Sg.	*eum*	*eam*	*id*	*eundem*	*eandem*	*idem*	*ipsum*	*ipsam*	*ipsum*
Abl. Sg.	*eō*	*eā*	*eō*	*eōdem*	*eādem*	*eōdem*	*ipsō*	*ipsā*	*ipsō*
Nom. Pl.	*eī (iī)*	*eae*	*ea*	*eī-dem (iī-dem)*	*eaedem*	*eadem*	*ipsī*	*ipsae*	*ipsa*
Gen. Pl.	*eōrum*	*eārum*	*eōrum*	*eōrundem*	*eārundem*	*eōrundem*	*ipsōrum*	*ipsārum*	*ipsōrum*
Dat. Pl.	*eīs (iīs)*			*eīs-dem (iīs-dem)*			*ipsīs*		
Akk. Pl.	*eōs*	*eās*	*ea*	*eōsdem*	*eāsdem*	*eadem*	*ipsōs*	*ipsās*	*ipsa*
Abl. Pl.	*eīs (iīs)*			*eīs-dem (iīs-dem)*			*ipsīs*		

3.4 Relativpronomina *quī, quae, quod* – „der, die, das; welcher, welche, welches"; *quīcumque, quaecumque, quodcumque* – „jeder, der; welcher/welche/welches auch immer"

	quī, quae, quod			***quīcumque, quaecumque, quodcumque***		
	m	**f**	**n**	**m**	**f**	**n**
Nom. Sg.	*quī*	*quae*	*quod*	*quīcumque*	*quaecumque*	*quodcumque*
Gen. Sg.	*cuius*			*cuiuscumque*		
Dat. Sg.	*cui*			*cuicumque*		
Akk. Sg.	*quem*	*quam*	*quod*	*quemcumque*	*quamcumque*	*quodcumque*
Abl. Sg.	*quō*	*quā*	*quō*	*quōcumque*	*quācumque*	*quōcumque*
Nom. Pl.	*quī*	*quae*	*quae*	*quīcumque*	*quaecumque*	*quaecumque*
Gen. Pl.	*quōrum*	*quārum*	*quōrum*	*quōrumcumque*	*quārumcumque*	*quōrumcumque*
Dat. Pl.	*quibus*			*quibuscumque*		
Akk. Pl.	*quōs*	*quās*	*quae*	*quōscumque*	*quāscumque*	*quaecumque*
Abl. Pl.	*quibus*			*quibuscumque*		

3.5 Interrogativpronomen *quis?, quid?* – „wer?, was?"/*quī?, quae?, quod?* – „welcher?, welche?, welches?"

	quis, quid **(subst.)**		
	m	**f**	**n**
Nom. Sg.	*quis?*		*quid?*
Gen. Sg.	*cuius?*		
Dat. Sg.	*cui?*		
Akk. Sg.	*quem?*		*quid?*
Abl. Sg.	*ā quō?*		*quō?*

Die Formen des adjektivischen Interrogativpronomens entsprechen den Formen des Relativpronomens (→ Tabelle 3.4).

3.6 Indefinitpronomina

3.6.1 *aliquis, aliquid* – „irgendjemand, irgendetwas"/*aliquī, aliqua, aliquod* – „irgendein, irgendeine, irgendein"

	aliquis, aliquid **(subst.)**			***aliquī, aliqua, aliquod*** **(adjekt.)**		
	m	f	n	m	f	n
Nom. Sg.	*aliquis*		*aliquid*	*aliquī*	*aliqua*	*aliquod*
Gen. Sg.	*alicuius*			*alicuius*		
Dat. Sg.	*alicui*			*alicui*		
Akk. Sg.	*aliquem*		*aliquid*	*aliquem*	*aliquam*	*aliquod*
Abl. Sg.	*aliquō*			*aliquō*	*aliquā*	*aliquō*
Nom. Pl.	–			*aliquī*	*aliquae*	*aliqua*
Gen. Pl.	–			*aliquōrum*	*aliquārum*	*aliquōrum*
Dat. Pl.	–			*aliquibus*		
Akk. Pl.	–			*aliquōs*	*aliquās*	*aliqua*
Abl. Pl.	–			*aliquibus*		

3.6.2 *quīdam, quaedam, quiddam/quīdam, quaedam, quoddam* – „ein gewisser; einige, manche"

	quīdam, quaedam, quiddam/quoddam **(subst./adjekt.)**		
	m	f	n
Nom. Sg.	*quīdam*	*quaedam*	*quiddam/quoddam*
Gen. Sg.	*cuiusdam*		
Dat. Sg.	*cuidam*		
Akk. Sg.	*quendam*	*quandam*	*quiddam/quoddam*
Abl. Sg.	*quōdam*	*quādam*	*quōdam*
Nom. Pl.	*quīdam*	*quaedam*	*quaedam*
Gen. Pl.	*quōrundam*	*quārundam*	*quōrundam*
Dat. Pl.	*quibusdam*		
Akk. Pl.	*quōsdam*	*quāsdam*	*quaedam*
Abl. Pl.	*quibusdam*		

3.6.3 *nēmō, nihil* – „niemand, nichts"/*nūllus, -a, -um* – „kein"

	nēmō, nihil **(subst.)***			***nūllus, -a, -um*** **(adjekt.)**		
	m	f	n	m	f	n
Nom. Sg.	*nēmō*		*nihil/nīl*	*nūllus*	*nūlla*	*nūllum*
Gen. Sg.	*nūllīus*		*nūllīus reī*	*nūllīus*		
Dat. Sg.	*nēminī*		*nūllī reī*	*nūllī*		
Akk. Sg.	*nēminem*		*nihil/nīl*	*nūllum*	*nūllam*	*nūllum*
Abl. Sg.	*nūllō*		*nūllā rē*	*nūllō*	*nūllā*	*nūllō*
Nom. Pl.	–			*nūllī*	*nūllae*	*nūlla*
Gen. Pl.	–			*nūllōrum*	*nūllārum*	*nūllōrum*
Dat. Pl.	–			*nūllīs*		
Akk. Pl.	–			*nūllōs*	*nūllās*	*nūlla*
Abl. Pl.	–			*nūllīs*		

*Für *nēmō* werden im Genitiv und Ablativ die entsprechenden Formen von *nūllus* verwendet;
für *nihil* werden im Genitiv, Dativ und Ablativ die entsprechenden Formen von *nūlla rēs* verwendet.

Wie ***nūllus*** bilden auch folgende Wörter den **Gen. Sg. auf *-īus*** und den **Dat. Sg. auf -*ī***:

alius, -a, -ud; Ersatzform: Gen. *alterīus*, Dat. *aliī*	ein anderer
alter, altera, alterum	der eine (von beiden)
sōlus, -a, -um	bloß, einzig, allein
tōtus, -a, -um	ganz
ūllus, -a, -um	irgendein
ūnus, -a, -um	ein(er), ein einziger
uterque, utraque, utrumque	jeder von beiden, beide

4 Numeralia

4.1 1, 2, 3

	ūnus			***duo***			***trēs***		
	m	**f**	**n**	**m**	**f**	**n**	**m**	**f**	**n**
Nom.	*ūnus*	*ūna*	*ūnum*	*duo*	*duae*	*duo*	*trēs*		*tria*
Gen.	*ūnīus*			*duōrum*	*duārum*	*duōrum*	*trium*		
Dat.	*ūnī*			*duōbus*	*duābus*	*duōbus*	*tribus*		
Akk.	*ūnum*	*ūnam*	*ūnum*	*duōs*	*duās*	*duo*	*trēs*		*tria*
Abl.	*ūnō*	*ūnā*	*ūnō*	*duōbus*	*duābus*	*duōbus*	*tribus*		

4.2 1–2000*

Zahlzeichen		Kardinalzahlen	Ordinalzahlen
I	1	*ūnus, -a, -um*	*prīmus, -a, -um*
II	2	*duo, duae, duo*	*secundus, -a, -um*
III	3	*trēs, trēs, tria*	*tertius, -a, -um*
IV	4	*quattuor*	*quārtus, -a, -um*
V	5	*quīnque*	*quīntus, -a, -um*
VI	6	*sex*	*sextus, -a, -um*
VII	7	*septem*	*septimus, -a, -um*
VIII	8	*octō*	*octāvus, -a, -um*
IX	9	*novem*	*nōnus, -a, -um*
X	10	*decem*	*decimus, -a, -um*
XI	11	*undecim*	*undecimus, -a, -um*
XII	12	*duodecim*	*duodecimus, -a, -um*
XIII	13	*trēdecim*	*tertius decimus, -a, -um*
XIV	14	*quattuordecim*	*quārtus decimus, -a, -um*
XV	15	*quīndecim*	*quīntus decimus, -a, -um*
XVI	16	*sēdecim*	*sextus decimus, -a, -um*
XVII	17	*septendecim*	*septimus decimus, -a, -um*
XVIII	18	*duodēvīgintī*	*duodēvīcēsimus, -a, -um*
XIX	19	*undēvīgintī*	*undēvīcēsimus, -a, -um*
XX	20	*vīgintī*	*vīcēsimus, -a, -um*
XXI	21	*vīgintī ūnus/ ūnus et vīgintī*	*vīcēsimus prīmus, -a, -um*
XXIX	29	*undētrīgintā*	*undētrīcēsimus, -a, -um*
XXX	30	*trīgintā*	*trīcēsimus, -a, -um*
XL	40	*quadrāgintā*	*quadrāgēsimus, -a, -um*
L	50	*quīnquāgintā*	*quīnquāgēsimus, -a, -um*
LX	60	*sexāgintā*	*sexāgēsimus, -a, -um*
LXX	70	*septuāgintā*	*septuāgēsimus, -a, -um*
LXXX	80	*octōgintā*	*octōgēsimus, -a, -um*
XC	90	*nōnāgintā*	*nōnāgēsimus, -a, -um*
C	100	*centum*	*centēsimus, -a, -um*
CC	200	*ducentī, -ae, -a*	*ducentēsimus, -a, -um*
CCC	300	*trecentī, -ae, -a*	*trecentēsimus, -a, -um*
CCCC	400	*quadringentī, -ae, -a*	*quadringentēsimus, -a, -um*
D	500	*quīngentī, -ae, -a*	*quīngentēsimus, -a, -um*
DC	600	*sescentī, -ae, -a*	*sescentēsimus, -a, -um*
DCC	700	*septingentī, -ae, -a*	*septingentēsimus, -a, -um*
DCCC	800	*octingentī, -ae, -a*	*octingentēsimus, -a, -um*
DCCCC	900	*nongentī, -ae, -a*	*nongentēsimus, -a, -um*
M	1000	*mīlle*	*mīllēsimus, -a, -um*
MM	2000	*duo mīlia*	*bis mīllēsimus, -a, -um*

* Dekliniert werden nur die Kardinalzahlen *ūnus, duo, trēs*, alle Hunderter ab *ducentī*, alle Zusammensetzungen mit *mīlia* und alle Ordinalzahlen.

Kleine Wörter

5 Adverbien: unregelmäßige Komparation

Positiv		**Komparativ**		**Superlativ**	
bene	gut	*melius*	besser	*optimē*	am besten
male	schlecht	*pēius*	schlechter	*pessimē*	am schlechtesten
(māgnopere/valdē)	sehr	*magis*	mehr	*maximē*	am meisten
paulum	wenig	*minus*	weniger	*minimē*	am wenigsten
multum	viel	*plūs*	mehr	*plūrimum*	am meisten

6 Präpositionen

	örtlich	**zeitlich**	**übertragen**
Präpositionen, die im Lateinischen mit Genitiv stehen			
causā (nachgestellt)	–	–	um ... willen (*m. Gen.*), wegen (*m. Gen.*)
Präpositionen, die im Lateinischen mit Akkusativ stehen			
ad	zu (... hin) (*m. Dat.*); bei (*m. Dat.*), an (*m. Dat.*)	an (*m. Dat.*), zu (*m. Dat.*)	zu (*m. Dat.*)
adversus	gegen (*m. Akk.*)	–	gegen (*m. Akk.*)
ante	vor (*m. Dat.*)	vor (*m. Dat.*)	vor (*m. Dat.*)
apud	bei (*m. Dat.*)	–	–
circum	rings um (*m. Akk.*), um ... herum (*m. Akk.*)	–	–
contrā	–	–	gegen (*m. Akk.*)
inter	zwischen (*m. Dat.*)	während (*m. Gen.*)	–
intrā	innerhalb (*m. Gen.*)	–	–
iūxtā	neben (*m. Dat./Akk.*)	–	–
ob	entgegen (*m. Dat.*)	–	wegen (*m. Gen.*)
per	durch (... hindurch) (*m. Akk.*)	durch (*m. Akk.*)	durch (*m. Akk.*)
post	hinter (*m. Dat.*)	nach (*m. Dat.*)	–
praeter	an ... vorbei (*m. Dat.*)	–	außer (*m. Dat.*), gegen (*m. Akk.*)
prope	nahe bei (*m. Dat.*), in der Nähe von (*m. Dat.*)	–	–
propter	–	–	wegen (*m. Gen.*)
super	über (*m. Dat.*)	–	–
suprā	über (*m. Dat.*); über ... hin (*m. Akk.*)	–	–
trāns	über ... hinüber (*m. Akk.*); jenseits (*m. Gen.*)	–	–
ūsque ad	bis nach (*m. Dat.*), bis zu (*m. Dat.*)	bis nach (*m. Dat.*), bis zu (*m. Dat.*)	–
Präpositionen, die im Lateinischen mit Ablativ stehen			
ā/ab	von (*m. Dat.*), von ... her (*m. Dat.*), von ... weg (*m. Dat.*)	von (*m. Dat.*)	von (*m. Dat.*), von ... her (*m. Dat.*)
cum	–	–	(zusammen) mit (*m. Dat.*)

dē	von ... herab (*m. Dat.*); von (*m. Dat.*)	von (*m. Dat.*)	von (*m. Dat.*), über (*m. Akk.*), um (*m. Akk.*)/wegen (*m. Gen.*)
ē/ex	aus (*m. Dat.*), aus ... heraus (*m. Dat.*); von ... her (*m. Dat.*)	von ... her (*m. Dat.*)	aus (*m. Dat.*), von (*m. Dat.*)
prō	vor (*m. Dat.*)	–	für (*m. Akk.*); statt (*m. Gen.*), an Stelle von (*m. Dat.*)
sine	–	–	ohne (*m. Akk.*)
Präpositionen, die im Lateinischen mit Akkusativ oder Ablativ stehen			
in (m. Akk.) (Frage: Wohin?)	in (*m. Akk.*); auf (*m. Akk.*); nach (*m. Dat.*)	in (... hinein) (*m. Akk.*)	gegen (*m. Akk.*)
in (m. Abl.) (Frage: Wo?)	in (*m. Dat.*), an (*m. Dat.*), auf (*m. Dat.*), bei (*m. Dat.*)	in (*m. Dat.*)	an (*m. Dat.*), bei (*m. Dat.*)
sub (m. Akk.) (Frage: Wohin?)	unter (*m. Akk.*)	–	unter (*m. Akk.*)
sub (m. Abl.) (Frage: Wo?)	unter (*m. Dat.*)	–	unter (*m. Dat.*)

7 Konjunktionen

reihend	
atque; ac	und, und auch
et	und; auch
et ... et ...	sowohl ... als auch ...
etiam	auch; sogar
neque/nec	und nicht, auch nicht
neque ... neque ... /nec ... nec	weder ... noch ...
nōn sōlum ..., sed etiam ...	nicht nur ..., sondern auch ...
-que (angehängt)	und
quoque (nachgestellt)	auch
entgegensetzend	
at	aber, jedoch
autem (nachgestellt)	aber, jedoch
sed	aber; sondern
tamen	dennoch, jedoch
vērum	aber, sondern
ausschließend	
an (im Fragesatz)	oder
aut	oder
aut ... aut ...	entweder ... oder ...
seu	oder, beziehungsweise
sive	oder, beziehungsweise
sive ... sive/seu ... seu/sive ...seu	sei (dass) ... oder (dass)
vel	oder
vel ... vel	entweder ... oder

folgernd	
ergō	also, folglich
igitur	also
itaque	daher, deshalb
begründend	
enim (nachgestellt)	denn, nämlich
nam	denn, nämlich

8 Subjunktionen

8.1 Subjunktionen mit Indikativ

temporal	
cum	(damals,) als/(dann,) wenn; (immer) wenn; als (plötzlich); sobald
dum (m. Ind. Präs.)	während (Übs. gleichzeitig zur übergeordneten Handlung)
dum	(solange) bis; solange
postquam (m. Ind. Perf.)	nachdem (Übs. vorzeitig zur übergeordneten Handlung)
priusquam	ehe, bevor
ubī	sobald
ut	sobald
kausal	
quia	weil
quod	weil
quoniam	weil ja, da ja
konditional	
nisī	wenn nicht; außer
sī	wenn, falls
konzessiv	
etsī	auch wenn
quamquam	obwohl
faktisches *quod*	
quod	dass

8.2 Subjunktionen mit Konjunktiv

temporal	
cum	als, nachdem (Übs. m. Ind.)
kausal	
cum	da, weil (Übs. m. Ind.)
konditional	
nisī	wenn nicht; außer
sī	wenn, falls
konzessiv	
cum	obwohl (Übs. m. Ind.)
etsī	auch wenn
quamvīs	wenn auch; wenn auch noch so (Übs. m. Ind.)
adversativ	
cum	während (dagegen) (Übs. m. Ind.)
Wunsch/Aufforderung	
nē	dass nicht
nē (nach Ausdrücken des Fürchtens und Hinderns)	dass
quīn (nach Ausdrücken des Zweifelns)	dass
quō	damit umso
ut	dass
konsekutiv	
ut	(so)dass (Übs. m. Ind.)
ut nōn	(so)dass nicht (Übs. m. Ind.)
final	
nē	damit nicht, um nicht ... zu
ut	damit, um ... zu

9 Einleitende Wörter mit mehreren Bedeutungen

cum	
(damals,) als/(dann,) wenn; (immer) wenn; als (plötzlich); sobald	Subj. m. Ind.: temporal
als, nachdem (Übs. m. Ind.)	Subj. m. Konj.: temporal
da, weil (Übs. m. Ind.)	Subj. m. Konj.: kausal
obwohl (Übs. m. Ind.)	Subj. m. Konj.: konzessiv
während (dagegen) (Übs. m. Ind.)	Subj. m. Konj.: adversativ
(zusammen) mit	Präp. m. Abl.
ne	
dass nicht	Subj. m. Konj.: Wunsch/Aufforderung
dass	Subj. m. Konj.: nach Ausdrücken des Fürchtens und Hinderns
damit nicht, um nicht ... zu	Subj. m. Konj.: final
–	Fragepartikel
nicht ... einmal	*nē ... quidem*
quam	
die, welche	Relativpronomen (Akk. Sg. f)
als, wie	Adverb (bei Vergleichen)
quō	
durch den, durch welchen	Relativpronomen (Abl. Sg. m/n)
wohin; dorthin (relativer Satzanschluss)	Adverb
damit umso	Subj. m. Konj.: final
quod	
das, welches	Relativpronomen (Nom./Akk. Sg. n)
weil	Subj. m. Ind.: kausal
dass	Subj. m. Ind.: faktisch
ubī	
sobald	Subj. m. Ind.: temporal
wo?	Adverb
ut	
sobald	Subj. m. Ind.: temporal
dass	Subj. m. Konj.: Wunsch/Aufforderung
(so)dass (Übs. m. Ind.)	Subj. m. Konj.: konsekutiv
damit, um ... zu	Subj. m. Konj.: final
wie	Adverb

Verben

10 Deutsche Verben

	schwaches Verb		starkes Verb	
	Aktiv	**Passiv**	**Aktiv**	**Passiv**
Inf. Präs.	hören	gehört werden	rufen	gerufen werden
Präs.	ich höre du hörst er/sie/es hört wir hören ihr hört sie hören	ich werde gehört du wirst gehört er/sie/es wird gehört wir werden gehört ihr werdet gehört sie werden gehört	ich rufe du rufst er/sie/es ruft wir rufen ihr ruft sie rufen	ich werde gerufen du wirst gerufen er/sie/es wird gerufen wir werden gerufen ihr werdet gerufen sie werden gerufen
Prät.	ich hörte du hörtest er/sie/es hörte wir hörten ihr hörtet sie hörten	ich wurde gehört du wurdest gehört er/sie/es wurde gehört wir wurden gehört ihr wurdet gehört sie wurden gehört	ich rief du riefst er/sie/es rief wir riefen ihr rieft sie riefen	ich wurde gerufen du wurdest gerufen er/sie/es wurde gerufen wir wurden gerufen ihr wurdet gerufen sie wurden gerufen
Fut. I	ich werde hören du wirst hören er/sie/es wird hören wir werden hören ihr werdet hören sie werden hören	ich werde gehört werden du wirst gehört werden er/sie/es wird gehört werden wir werden gehört werden ihr werdet gehört werden sie werden gehört werden	ich werde rufen du wirst rufen er/sie/es wird rufen wir werden rufen ihr werdet rufen sie werden rufen	ich werde gerufen werden du wirst gerufen werden er/sie/es wird gerufen werden wir werden gerufen werden ihr werdet gerufen werden sie werden gerufen werden
Konj.[1] I der Ggw.[2]	ich höre du hörest er/sie/es höre wir hören ihr höret sie hören	ich werde gehört du werdest gehört er/sie/es werde gehört wir werden gehört ihr werdet gehört sie werden gehört	ich rufe du rufest er/sie/es rufe wir rufen ihr rufet sie rufen	ich werde gerufen du werdest gerufen er/sie/es werde gerufen wir werden gerufen ihr werdet gerufen sie werden gerufen
Konj.[1] II der Ggw.[3]	ich hörte du hörtest er/sie/es hörte wir hörten ihr hörtet sie hörten	ich würde gehört (werden) du würdest gehört (werden) er/sie/es würde gehört (werden) wir würden gehört (werden) ihr würdet gehört (werden) sie würden gehört (werden)	ich riefe du riefest er/sie/es riefe wir riefen ihr riefet sie riefen	ich würde gerufen (werden) du würdest gerufen (werden) er/sie/es würde gerufen (werden) wir würden gerufen (werden) ihr würdet gerufen (werden) sie würden gerufen (werden)
Imp. Sg.	Hör(e)!	–	Ruf(e)!	–
Imp. Pl.	Hört!		Ruft!	
Partizip I	hörend	–	rufend	–

	schwaches Verb		starkes Verb	
	Aktiv	**Passiv**	**Aktiv**	**Passiv**
Inf. Perf.	gehört haben	gehört worden sein	gerufen haben	gerufen worden sein
Perf.	ich habe gehört	ich bin gehört worden	ich habe gerufen	ich wurde gerufen
	du hast gehört	du bist gehört worden	du hast gerufen	du wurdest gerufen
	er/sie/es hat gehört	er/sie/es ist gehört worden	er/sie/es hat gerufen	er/sie/es wurde gerufen
	wir haben gehört	wir sind gehört worden	wir haben gerufen	wir wurden gerufen
	ihr habt gehört	ihr seid gehört worden	ihr habt gerufen	ihr wurdet gerufen
	sie haben gehört	sie sind gehört worden	sie haben gerufen	sie wurden gerufen
Plqupf.	ich hatte gehört	ich war gehört worden	ich hatte gerufen	ich war gerufen worden
	du hattest gehört	du warst gehört worden	du hattest gerufen	du warst gerufen worden
	er/sie/es hatte gehört	er/sie/es war gehört worden	er/sie/es hatte gerufen	er/sie/es war gerufen worden
	wir hatten gehört	wir waren gehört worden	wir hatten gerufen	wir waren gerufen worden
	ihr hattet gehört	ihr wart gehört worden	ihr hattet gerufen	ihr wart gerufen worden
	sie hatten gehört	sie waren gehört worden	sie hatten gerufen	sie waren gerufen worden
Fut. II	ich werde gehört haben	ich werde gehört worden sein	ich werde gerufen haben	ich werde gerufen worden sein
	du wirst gehört haben	du wirst gehört worden sein	du wirst gerufen haben	du wirst gerufen worden sein
	er/sie/es wird gehört haben	er/sie/es wird gehört worden sein	er/sie/es wird gerufen haben	er/sie/es wird gerufen worden sein
	wir werden gehört haben	wir werden gehört worden sein	wir werden gerufen haben	wir werden gerufen worden sein
	ihr werdet gehört haben	ihr werdet gehört worden sein	ihr werdet gerufen haben	ihr werdet gerufen worden sein
	sie werden gehört haben	sie werden gehört worden sein	sie werden gerufen haben	sie werden gerufen worden sein
Konj.[1] I der Verg.[2]	ich habe gehört	ich sei gehört worden	ich habe gerufen	ich sei gerufen worden
	du habest gehört	du seist/seiest gehört worden	du habest gerufen	du seist/seiest gerufen worden
	er/sie/es habe gehört	er/sie/es sei gehört worden	er/sie/es habe gerufen	er/sie/es sei gerufen worden
	wir haben gehört	wir seien gehört worden	wir haben gerufen	wir seien gerufen worden
	ihr habet gehört	ihr seiet gehört worden	ihr habet gerufen	ihr seiet gerufen worden
	sie haben gehört	sie seien gehört worden	sie haben gerufen	sie seien gerufen worden
Konj.[1] II der Verg.	ich hätte gehört	ich wäre gehört worden	ich hätte gerufen	ich wäre gerufen worden
	du hättest gehört	du wärst/wärest gehört worden	du hättest gerufen	du wärst/wärest gerufen worden
	er/sie/es hätte gehört	er/sie/es wäre gehört worden	er/sie/es hätte gerufen	er/sie/es wäre gerufen worden
	wir hätten gehört	wir wären gehört worden	wir hätten gerufen	wir wären gerufen worden
	ihr hättet gehört	ihr wäret gehört worden	ihr hättet gerufen	ihr wäret gerufen worden
	sie hätten gehört	sie wären gehört worden	sie hätten gerufen	sie wären gerufen worden
Partizip II	–	gehört	–	gerufen

1 Die Verwendung des Konjunktivs im Deutschen entspricht meistens nicht der Verwendung im Lateinischen. Dabei musst du immer den Kontext beachten.

2 Wenn die Formen des Konjunktivs I identisch mit denen des Indikativs sind, wird stattdessen die entsprechende Form des Konjunktivs II verwendet.

3 Wenn die Formen des Konjunktivs II identisch mit denen des Indikativs sind, wird stattdessen die Umschreibung mit „würde" verwendet: „ich würde hören, ..."

11 Lateinische Verben

11.1 Reguläre Verben

11.1.1 Tempora mit dem Präsensstamm im Aktiv: Präsens, Imperfekt, Futur I

	a-Konj.	e-Konj.	i-Konj.	kons. Konj.	kons. Konj. (ĭ)
Inf.	*vocā-re*	*monē-re*	*audī-re*	*ag-e-re*	*cape-re*
Präs.	*voc-ō*	*mone-ō*	*audi-ō*	*ag-ō*	*capi-ō*
	vocā-s	*monē-s*	*audī-s*	*ag-i-s*	*capi-s*
	voca-t	*mone-t*	*audi-t*	*ag-i-t*	*capi-t*
	vocā-mus	*monē-mus*	*audī-mus*	*ag-i-mus*	*capi-mus*
	vocā-tis	*monē-tis*	*audī-tis*	*ag-i-tis*	*capi-tis*
	voca-nt	*mone-nt*	*audi-u-nt*	*ag-u-nt*	*capi-u-nt*
Imperf.	*vocā-ba-m*	*monē-ba-m*	*audi-ēba-m*	*ag-ēba-m*	*capi-ēba-m*
	vocā-bā-s	*monē-bā-s*	*audi-ēbā-s*	*ag-ēbā-s*	*capi-ēbā-s*
	vocā-ba-t	*monē-ba-t*	*audi-ēba-t*	*ag-ēba-t*	*capi-ēba-t*
	vocā-bā-mus	*monē-bā-mus*	*audi-ēbā-mus*	*ag-ēbā-mus*	*capi-ēbā-mus*
	vocā-bā-tis	*monē-bā-tis*	*audi-ēbā-tis*	*ag-ēbā-tis*	*capi-ēbā-tis*
	vocā-ba-nt	*monē-ba-nt*	*audi-ēba-nt*	*ag-ēba-nt*	*capi-ēba-nt*
Fut. I	*vocā-b-ō*	*monē-b-ō*	*audi-a-m*	*ag-a-m*	*capi-a-m*
	vocā-bi-s	*monē-bi-s*	*audi-ē-s*	*ag-ē-s*	*capi-ē-s*
	vocā-bi-t	*monē-bi-t*	*audi-e-t*	*ag-e-t*	*capi-e-t*
	vocā-bi-mus	*monē-bi-mus*	*audi-ē-mus*	*ag-ē-mus*	*capi-ē-mus*
	vocā-bi-tis	*monē-bi-tis*	*audi-ē-tis*	*ag-ē-tis*	*capi-ē-tis*
	vocā-bu-nt	*monē-bu-nt*	*audi-e-nt*	*ag-e-nt*	*capi-e-nt*
Konj. Präs.	*voc-e-m*	*mone-a-m*	*audi-a-m*	*ag-a-m*	*capi-a-m*
	voc-ē-s	*mone-ā-s*	*audi-ā-s*	*ag-ā-s*	*capi-ā-s*
	voc-e-t	*mone-a-t*	*audi-a-t*	*ag-a-t*	*capi-a-t*
	voc-ē-mus	*mone-ā-mus*	*audi-ā-mus*	*ag-ā-mus*	*capi-ā-mus*
	voc-ē-tis	*mone-ā-tis*	*audi-ā-tis*	*ag-ā-tis*	*capi-ā-tis*
	voc-e-nt	*mone-a-nt*	*audi-a-nt*	*ag-a-nt*	*capi-a-nt*
Konj. Imperf.	*vocā-re-m*	*monē-re-m*	*audī-re-m*	*ag-e-re-m*	*cape-re-m*
	vocā-rē-s	*monē-rē-s*	*audī-rē-s*	*ag-e-rē-s*	*cape-rē-s*
	vocā-re-t	*monē-re-t*	*audī-re-t*	*ag-e-re-t*	*cape-re-t*
	vocā-rē-mus	*monē-rē-mus*	*audī-rē-mus*	*ag-e-rē-mus*	*cape-rē-mus*
	vocā-rē-tis	*monē-rē-tis*	*audī-rē-tis*	*ag-e-rē-tis*	*cape-rē-tis*
	vocā-re-nt	*monē-re-nt*	*audī-re-nt*	*ag-e-re-nt*	*cape-re-nt*
Imp. Sg.	*vocā!*	*monē!*	*audī!*	*age!*	*cape!*
Imp. Pl.	*vocā-te!*	*monē-te!*	*audī-te!*	*ag-i-te!*	*capi-te!*
PPA	*vocā-ns, -ntis*	*monē-ns, -ntis*	*audi-ē-ns, -ntis*	*ag-ē-ns, -ntis*	*capi-ē-ns, -ntis*

11.1.2 Tempora mit dem Präsensstamm im Passiv: Präsens, Imperfekt, Futur I

	ā-Konj.	ē-Konj.	ī-Konj.	kons. Konj.	kons. Konj. (ĭ)
Inf.	*vocā-rī*	*monē-rī*	*audī-rī*	*ag-ī*	*capī*
Präs.	*voc-or*	*mone-or*	*audi-or*	*ag-or*	*capi-or*
	vocā-ris	*monē-ris*	*audī-ris*	*ag-e-ris*	*cape-ris*
	vocā-tur	*monē-tur*	*audī-tur*	*ag-i-tur*	*capi-tur*
	vocā-mur	*monē-mur*	*audī-mur*	*ag-i-mur*	*capi-mur*
	vocā-minī	*monē-minī*	*audī-minī*	*ag-i-minī*	*capi-minī*
	voca-ntur	*mone-ntur*	*audi-u-ntur*	*ag-u-ntur*	*capi-u-ntur*
Imperf.	*vocā-ba-r*	*monē-ba-r*	*audi-ēba-r*	*ag-ēba-r*	*capi-ēba-r*
	vocā-bā-ris	*monē-bā-ris*	*audi-ēbā-ris*	*ag-ēbā-ris*	*capi-ēbā-ris*
	vocā-bā-tur	*monē-bā-tur*	*audi-ēbā-tur*	*ag-ēbā-tur*	*capi-ēbā-tur*
	vocā-bā-mur	*monē-bā-mur*	*audi-ēbā-mur*	*ag-ēbā-mur*	*capi-ēbā-mur*
	vocā-bā-minī	*monē-bā-minī*	*audi-ēbā-minī*	*ag-ēbā-minī*	*capi-ēbā-minī*
	vocā-ba-ntur	*monē-ba-ntur*	*audi-ēba-ntur*	*ag-ēba-ntur*	*capi-ēba-ntur*
Fut. I	*vocā-b-or*	*monē-b-or*	*audi-a-r*	*ag-a-r*	*capi-a-r*
	vocā-be-ris	*monē-be-ris*	*audi-ē-ris*	*ag-ē-ris*	*capi-ē-ris*
	vocā-bi-tur	*monē-bi-tur*	*audi-ē-tur*	*ag-ē-tur*	*capi-ē-tur*
	vocā-bi-mur	*monē-bi-mur*	*audi-ē-mur*	*ag-ē-mur*	*capi-ē-mur*
	vocā-bi-minī	*monē-bi-minī*	*audi-ē-minī*	*ag-ē-minī*	*capi-ē-minī*
	vocā-bu-ntur	*monē-bu-ntur*	*audi-e-ntur*	*ag-e-ntur*	*capi-e-ntur*
Konj. Präs.	*voc-e-r*	*mone-a-r*	*audi-a-r*	*ag-a-r*	*capi-a-r*
	voc-ē-ris	*mone-ā-ris*	*audi-ā-ris*	*ag-ā-ris*	*capi-ā-ris*
	voc-ē-tur	*mone-ā-tur*	*audi-ā-tur*	*ag-ā-tur*	*capi-ā-tur*
	voc-ē-mur	*mone-ā-mur*	*audi-ā-mur*	*ag-ā-mur*	*capi-ā-mur*
	voc-ē-minī	*mone-ā-minī*	*audi-ā-minī*	*ag-ā-minī*	*capi-ā-minī*
	voc-e-ntur	*mone-a-ntur*	*audi-a-ntur*	*ag-a-ntur*	*capi-a-ntur*
Konj. Imperf.	*vocā-re-r*	*monē-re-r*	*audī-re-r*	*ag-e-re-r*	*cape-re-r*
	vocā-rē-ris	*monē-rē-ris*	*audī-rē-ris*	*ag-e-rē-ris*	*cape-rē-ris*
	vocā-rē-tur	*monē-rē-tur*	*audī-rē-tur*	*ag-e-rē-tur*	*cape-rē-tur*
	vocā-rē-mur	*monē-rē-mur*	*audī-rē-mur*	*ag-e-rē-mur*	*cape-rē-mur*
	vocā-rē-minī	*monē-rē-minī*	*audī-rē-minī*	*ag-e-rē-minī*	*cape-rē-minī*
	vocā-re-ntur	*monē-re-ntur*	*audī-re-ntur*	*ag-e-re-ntur*	*cape-re-ntur*

11.1.3 Tempora mit dem Perfektstamm im Aktiv und mit dem PPP im Passiv: Perfekt, Plusquamperfekt, Futur II

	Aktiv	Passiv
Inf.	*vocā-visse*	*vocātum esse*
Perf.	*vocāv-ī*	*vocātus, -a, -um sum*
	vocāv-istī	*vocātus, -a, -um es*
	vocāv-it	*vocātus, -a, -um est*
	vocāv-imus	*vocātī, -ae, -a sumus*
	vocāv-istis	*vocātī, -ae, -a estis*
	vocāv-ērunt	*vocātī, -ae, -a sunt*
Plqupf.	*vocāv-era-m*	*vocātus, -a, -um eram*
	vocāv-erā-s	*vocātus, -a, -um erās*
	vocāv-era-t	*vocātus, -a, -um erat*
	vocāv-erā-mus	*vocātī, -ae, -a erāmus*
	vocāv-erā-tis	*vocātī, -ae, -a erātis*
	vocāv-era-nt	*vocātī, -ae, -a erant*
Fut. II	*vocāv-er-ō*	*vocātus, -a, -um erō*
	vocāv-eri-s	*vocātus, -a, -um eris*
	vocāv-eri-t	*vocātus, -a, -um erit*
	vocāv-eri-mus	*vocātī, -ae, -a erimus*
	vocāv-eri-tis	*vocātī, -ae, -a eritis*
	vocāv-eri-nt	*vocātī, -ae, -a erunt*
Konj. Perf.	*vocāv-eri-m*	*vocātus, -a, -um sim*
	vocāv-eri-s	*vocātus, -a, -um sīs*
	vocāv-eri-t	*vocātus, -a, -um sit*
	vocāv-eri-mus	*vocātī, -ae, -a sīmus*
	vocāv-eri-tis	*vocātī, -ae, -a sītis*
	vocāv-eri-nt	*vocātī, -ae, -a sint*
Konj. Plqupf.	*vocāv-isse-m*	*vocātus, -a, -um essem*
	vocāv-issē-s	*vocātus, -a, -um essēs*
	vocāv-isse-t	*vocātus, -a, -um esset*
	vocāv-issē-mus	*vocātī, -ae, -a essēmus*
	vocāv-issē-tis	*vocātī, -ae, -a essētis*
	vocāv-isse-nt	*vocātī, -ae, -a essent*
PPP	–	*vocātus, -a, -um*

11.2 Deponentien

Inf. Präs.	*pat-ī*	**Inf. Perf.**	*passum esse*
Präs.	*pati-or*	**Perf.**	*passus, -a, -um sum*
Imperf.	*pati-ēba-r*	**Plqupf.**	*passus, -a, -um eram*
Fut. I	*pati-a-r*	**Fut. II**	*passus, -a, -um erō*
Konj. Präs.	*pati-a-r*	**Konj. Perf.**	*passus, -a, -um sim*
Konj. Imperf.	*pate-re-r*	**Konj. Plqupf.**	*passus, -a, -um essem*
Imp. Sg.	*pate-re!*	**PPA**	*pati-ē-ns, -ntis*
Imp. Pl.	*pati-minī!*	**Partizip Perfekt**	*passus, -a, -um*

11.3 Sonderkonjugationen

11.3.1 *esse* – „sein“, *posse* – „können“

Inf. Präs.	*esse*	*posse*	**Inf. Perf.**	*fu-isse*	*potu-isse*
Präs.	*sum*	*pos-sum*	**Perf.**	*fu-ī*	*potu-ī*
	es	*pot-es*		*fu-istī*	*potu-istī*
	est	*pot-est*		*fu-it*	*potu-it*
	sumus	*pos-sumus*		*fu-imus*	*potu-imus*
	estis	*pot-estis*		*fu-istis*	*potu-istis*
	sunt	*pos-sunt*		*fu-ērunt*	*potu-ērunt*
Imperf.	*era-m*	*pot-eram*	**Plqupf.**	*fu-era-m*	*potu-era-m*
	erā-s	*pot-erās*		*fu-erā-s*	*potu-erā-s*
	era-t	*pot-erat*		*fu-era-t*	*potu-era-t*
	erā-mus	*pot-erāmus*		*fu-erā-mus*	*potu-erā-mus*
	erā-tis	*pot-erātis*		*fu-erā-tis*	*potu-erā-tis*
	era-nt	*pot-erant*		*fu-era-nt*	*potu-era-nt*
Fut. I	*erō*	*pot-erō*	**Fut. II**	*fu-er-ō*	*potu-er-ō*
	eris	*pot-eris*		*fu-eri-s*	*potu-eri-s*
	erit	*pot-erit*		*fu-eri-t*	*potu-eri-t*
	erimus	*pot-erimus*		*fu-eri-mus*	*potu-eri-mus*
	eritis	*pot-eritis*		*fu-eri-tis*	*potu-eri-tis*
	erunt	*pot-erunt*		*fu-eri-nt*	*potu-eri-nt*
Konj. Präs.	*si-m*	*pos-sim*	**Konj. Perf.**	*fu-eri-m*	*potu-eri-m*
	sī-s	*pos-sīs*		*fu-eri-s*	*potu-eri-s*
	si-t	*pos-sit*		*fu-eri-t*	*potu-eri-t*
	sī-mus	*pos-sīmus*		*fu-eri-mus*	*potu-eri-mus*
	sī-tis	*pos-sītis*		*fu-eri-tis*	*potu-eri-tis*
	si-nt	*pos-sint*		*fu-eri-nt*	*potu-eri-nt*
Konj. Imperf.	*esse-m*	*posse-m*	**Konj. Plqupf.**	*fu-isse-m*	*potu-isse-m*
	essē-s	*possē-s*		*fu-issē-s*	*potu-issē-s*
	esse-t	*posse-t*		*fu-isse-t*	*potu-isse-t*
	essē-mus	*possē-mus*		*fu-issē-mus*	*potu-issē-mus*
	essē-tis	*possē-tis*		*fu-issē-tis*	*potu-issē-tis*
	esse-nt	*posse-nt*		*fu-isse-nt*	*potu-isse-nt*
Imp. Sg.	*es!*	–			
Imp. Pl.	*es-te!*	–			

11.3.2 *velle* – „wollen", *nōlle* – „nicht wollen", *mālle* – „lieber wollen"

Inf. Präs.	velle	nōlle	mālle	**Inf. Perf.**	volu-isse	nōlu-isse	mālu-isse
Präs.	volō	nōlō	mālō	**Perf.**	volu-ī	nōlu-ī	mālu-ī
	vīs	nōn vīs	māvīs		volu-istī	nōlu-istī	mālu-istī
	vult	nōn vult	māvult		volu-it	nōlu-it	mālu-it
	volumus	nōlumus	mālumus		volu-imus	nōlu-imus	mālu-imus
	vultis	nōn vultis	māvultis		volu-istis	nōlu-istis	mālu-istis
	volunt	nōlunt	mālunt		volu-ērunt	nōlu-ērunt	mālu-ērunt
Imperf.	vol-ēba-m	nōl-ēba-m	māl-ēba-m	**Plqupf.**	volu-era-m	nōlu-era-m	mālu-era-m
	vol-ēbā-s	nōl-ēbā-s	māl-ēbā-s		volu-erā-s	nōlu-erā-s	mālu-erā-s
	vol-ēba-t	nōl-ēba-t	māl-ēba-t		volu-era-t	nōlu-era-t	mālu-era-t
	vol-ēbā-mus	nōl-ēbā-mus	māl-ēbā-mus		volu-erā-mus	nōlu-erā-mus	mālu-erā-mus
	vol-ēbā-tis	nōl-ēbā-tis	māl-ēbā-tis		volu-erā-tis	nōlu-erā-tis	mālu-erā-tis
	vol-ēba-nt	nōl-ēba-nt	māl-ēba-nt		volu-era-nt	nōlu-era-nt	mālu-era-nt
Fut. I	vol-a-m	nōl-a-m	māl-a-m	**Fut. II**	volu-er-ō	nōlu-er-ō	mālu-er-ō
	vol-ē-s	nōl-ē-s	māl-ē-s		volu-eri-s	nōlu-eri-s	mālu-eri-s
	vol-e-t	nōl-e-t	māl-e-t		volu-eri-t	nōlu-eri-t	mālu-eri-t
	vol-ē-mus	nōl-ē-mus	māl-ē-mus		volu-eri-mus	nōlu-eri-mus	mālu-eri-mus
	vol-ē-tis	nōl-ē-tis	māl-ē-tis		volu-eri-tis	nōlu-eri-tis	mālu-eri-tis
	vol-e-nt	nōl-e-nt	māl-e-nt		volu-eri-nt	nōlu-eri-nt	mālu-eri-nt
Konj. Präs.	veli-m	nōli-m	māli-m	**Konj. Perf.**	volu-eri-m	nōlu-eri-m	mālu-eri-m
	velī-s	nōlī-s	mālī-s		volu-eri-s	nōlu-eri-s	mālu-eri-s
	veli-t	nōli-t	māli-t		volu-eri-t	nōlu-eri-t	mālu-eri-t
	velī-mus	nōlī-mus	mālī-mus		volu-eri-mus	nōlu-eri-mus	mālu-eri-mus
	velī-tis	nōlī-tis	mālī-tis		volu-eri-tis	nōlu-eri-tis	mālu-eri-tis
	veli-nt	nōli-nt	māli-nt		volu-eri-nt	nōlu-eri-nt	mālu-eri-nt
Konj. Imperf.	velle-m	nōlle-m	mālle-m	**Konj. Plqupf.**	volu-isse-m	nōlu-isse-m	mālu-isse-m
	vellē-s	nōllē-s	māllē-s		volu-issē-s	nōlu-issē-s	mālu-issē-s
	velle-t	nōlle-t	mālle-t		volu-isse-t	nōlu-isse-t	mālu-isse-t
	vellē-mus	nōllē-mus	māllē-mus		volu-issē-mus	nōlu-issē-mus	mālu-issē-mus
	vellē-tis	nōllē-tis	māllē-tis		volu-issē-tis	nōlu-issē-tis	mālu-issē-tis
	velle-nt	nōlle-nt	mālle-nt		volu-isse-nt	nōlu-isse-nt	mālu-isse-nt
Imp. Sg.	–	nōlī!	–				
Imp. Pl.	–	nōlī-te!	–				
PPA	vol-ē-ns, -ntis	nōl-ē-ns, -ntis	–				

11.3.3 *īre* – „gehen“

Inf. Präs.	*ī-re*	**Inf. Perf.**	*īsse*
Präs.	*e-ō* *ī-s* *i-t* *ī-mus* *ī-tis* *e-u-nt*	**Perf.**	*i-ī* *īstī* *i-it* *i-imus* *īstis* *i-ērunt*
Imperf.	*ī-ba-m* *ī-bā-s* *ī-ba-t* *ī-bā-mus* *ī-bā-tis* *ī-ba-nt*	**Plqupf.**	*i-era-m* *i-erā-s* *i-era-t* *i-erā-mus* *i-erā-tis* *i-era-nt*
Fut. I	*ī-b-ō* *ī-bi-s* *ī-bi-t* *ī-bi-mus* *ī-bi-tis* *ī-bu-nt*	**Fut. II**	*i-er-ō* *i-eri-s* *i-eri-t* *i-eri-mus* *i-eri-tis* *i-eri-nt*
Konj. Präs.	*e-a-m* *e-ā-s* *e-a-t* *e-ā-mus* *e-ā-tis* *e-a-nt*	**Konj. Perf.**	*i-eri-m* *i-eri-s* *i-eri-t* *i-eri-mus* *i-eri-tis* *i-eri-nt*
Konj. Imperf.	*ī-re-m* *ī-rē-s* *ī-re-t* *ī-rē-mus* *ī-rē-tis* *ī-re-nt*	**Konj. Plqupf.**	*īsse-m* *īssē-s* *īsse-t* *īssē-mus* *īssē-tis* *īsse-nt*
Imp. Sg.	*ī!*	**PPA**	*i-ē-ns, e-u-ntis*
Imp. Pl.	*ī-te!*	**PPP**	*i-tum*

11.3.4 *ferre* – „tragen, bringen; ertragen"

	Aktiv	Passiv		Aktiv	Passiv
Inf. Präs.	*fer-re*	*fer-rī*	**Inf. Perf.**	*tul-isse*	*lātum esse*
Präs.	*fer-ō* *fer-s* *fer-t* *fer-i-mus* *fer-tis* *fer-u-nt*	*fer-or* *fer-ris* *fer-tur* *fer-i-mur* *fer-i-minī* *fer-u-ntur*	**Perf.**	*tul-ī* *tul-istī* *tul-it* *tul-imus* *tul-istis* *tul-ērunt*	*lātus, -a, -um* sum *lātus, -a, -um* es *lātus, -a, -um* est *lātī, -ae, -a* sumus *lātī, -ae, -a* estis *lātī, -ae, -a* sunt
Imperf.	*fer-ēba-m* *fer-ēbā-s* *fer-ēba-t* *fer-ēbā-mus* *fer-ēbā-tis* *fer-ēba-nt*	*fer-ēba-r* *fer-ēbā-ris* *fer-ēbā-tur* *fer-ēbā-mur* *fer-ēbā-minī* *fer-ēba-ntur*	**Plqupf.**	*tul-era-m* *tul-erā-s* *tul-era-t* *tul-erā-mus* *tul-erā-tis* *tul-era-nt*	*lātus, -a, -um* eram *lātus, -a, -um* erās *lātus, -a, -um* erat *lātī, -ae, -a* erāmus *lātī, -ae, -a* erātis *lātī, -ae, -a* erant
Fut. I	*fer-a-m* *fer-ē-s* *fer-e-t* *fer-ē-mus* *fer-ē-tis* *fer-e-nt*	*fer-a-r* *fer-ē-ris* *fer-ē-tur* *fer-ē-mur* *fer-ē-minī* *fer-e-ntur*	**Fut. II**	*tul-er-ō* *tul-eri-s* *tul-eri-t* *tul-eri-mus* *tul-eri-tis* *tul-eri-nt*	*lātus, -a, -um* erō *lātus, -a, -um* eris *lātus, -a, -um* erit *lātī, -ae, -a* erimus *lātī, -ae, -a* eritis *lātī, -ae, -a* erunt
Konj. Präs.	*fer-a-m* *fer-ā-s* *fer-a-t* *fer-ā-mus* *fer-ā-tis* *fer-a-nt*	*fer-a-r* *fer-ā-ris* *fer-ā-tur* *fer-ā-mur* *fer-ā-minī* *fer-a-ntur*	**Konj. Perf.**	*tul-eri-m* *tul-eri-s* *tul-eri-t* *tul-eri-mus* *tul-eri-tis* *tul-eri-nt*	*lātus, -a, -um* sim *lātus, -a, -um* sīs *lātus, -a, -um* sit *lātī, -ae, -a* sīmus *lātī, -ae, -a* sītis *lātī, -ae, -a* sint
Konj. Imperf.	*fer-re-m* *fer-rē-s* *fer-re-t* *fer-rē-mus* *fer-rē-tis* *fer-re-nt*	*fer-re-r* *fer-rē-ris* *fer-rē-tur* *fer-rē-mur* *fer-rē-minī* *fer-re-ntur*	**Konj. Plqupf.**	*tul-isse-m* *tul-issē-s* *tul-isse-t* *tul-issē-mus* *tul-issē-tis* *tul-isse-nt*	*lātus, -a, -um* essem *lātus, -a, -um* essēs *lātus, -a, -um* esset *lātī, -ae, -a* essēmus *lātī, -ae, -a* essētis *lātī, -ae, -a* essent
Imp. Sg.	*fer!*	–			
Imp. Pl.	*fer-te!*	–			
PPA	*fer-ē-ns, -ntis*	–	**PPP**	–	*lātus, -a, -um*

11.3.5 *fierī* – „gemacht werden, werden; enstehen, geschehen“

Inf. Präs.	*fie-rī*	**Inf. Perf.**	*factum esse*
Präs.	*fī-ō* *fī-s* *fi-t* *fī-mus* *fī-tis* *fī-u-nt*	**Perf.**	*factus, -a, -um sum* *factus, -a, -um es* *factus, -a, -um est* *factī, -ae, -a sumus* *factī, -ae, -a estis* *factī, -ae, -a sunt*
Imperf.	*fī-ēba-m* *fī-ēbā-s* *fī-ēba-t* *fī-ēbā-mus* *fī-ēbā-tis* *fī-ēba-nt*	**Plqupf.**	*factus, -a, -um eram* *factus, -a, -um erās* *factus, -a, -um erat* *factī, -ae, -a erāmus* *factī, -ae, -a erātis* *factī, -ae, -a erant*
Fut. I	*fī-a-m* *fī-ē-s* *fī-e-t* *fī-ē-mus* *fī-ē-tis* *fī-e-nt*	**Fut. II**	*factus, -a, -um erō* *factus, -a, -um eris* *factus, -a, -um erit* *factī, -ae, -a erimus* *factī, -ae, -a eritis* *factī, -ae, -a erunt*
Konj. Präs.	*fī-a-m* *fī-ā-s* *fī-a-t* *fī-ā-mus* *fī-ā-tis* *fī-a-nt*	**Konj. Perf.**	*factus, -a, -um sim* *factus, -a, -um sīs* *factus, -a, -um sit* *factī, -ae, -a sīmus* *factī, -ae, -a sītis* *factī, -ae, -a sint*
Konj. Imperf.	*fie-re-m* *fie-rē-s* *fie-re-t* *fie-rē-mus* *fie-rē-tis* *fie-re-nt*	**Konj. Plqupf.**	*factus, -a, -um essem* *factus, -a, -um essēs* *factus, -a, -um esset* *factī, -ae, -a essēmus* *factī, -ae, -a essētis* *factī, -ae, -a essent*
Imp. Sg.	*fī!*	**PPA**	–
Imp. Pl.	*fī-te!*	**PPP**	*factus, -a, -um*

11.4 Stammformen

a-Konjugation

v-Perfekt

1.	*vocāre*	*vocō*	*vocāvī*	*vocātum*	rufen; (*m. dopp. Akk.*) nennen, bezeichnen ... als

In gleicher Weise werden die Stammformen der meisten Verben der a-Konjugation gebildet.

u-Perfekt

2.	*cubāre*	*cubō*	*cubuī*	*cubitum*	liegen, schlafen; zu Tische liegen, speisen
3.	*increpāre*	*increpō*	*increpuī*	*increpitum*	krachen, lärmen; schimpfen
4.	*secāre*	*secō*	*secuī*	*sectum*	schneiden; abschneiden, abtrennen
5.	*vetāre*	*vetō*	*vetuī*	*vetitum*	verbieten

Reduplikationsperfekt

6.	*dare*	*dō*	*dedī*	*datum*	geben
	circumdare	*circumdō*	*circumdedī*	*circumdatum*	umgeben, umzingeln, umschließen
7.	*stāre*	*stō*	*stetī*	–	stehen, dastehen
	īnstāre	*īnstō*	*īnstitī*	–	bevorstehen, drohen, bedrängen
	praestāre	*praestō*	*praestitī*	–	(*m. Dat.*) übertreffen (*m. Abl.* an); (*m. Akk.*) erweisen, geben
	restāre	*restō*	*restitī*	–	übrig bleiben; widerstehen

Dehnungsperfekt

8.	*iuvāre* (m. Akk.)	*iuvō*	*iūvī*	*iūtum*	helfen, unterstützen; erfreuen
	adiuvāre (m. Akk.)	*adiuvō*	*adiūvī*	*adiūtum*	helfen, unterstützen

e-Konjugation

v-Perfekt

9.	*complēre*	*compleō*	*complēvī*	*complētum*	ausfüllen, anfüllen (mit); erfüllen
	implēre	*impleō*	*implēvī*	*implētum*	anfüllen, erfüllen
10.	*dēlēre*	*dēleō*	*dēlēvī*	*dēlētum*	zerstören, vernichten
11.	*flēre*	*fleō*	*flēvī*	*flētum*	weinen (über); beweinen; beklagen

u-Perfekt

12.	*monēre*	*moneō*	*monuī*	*monitum*	(er)mahnen, erinnern

In gleicher Weise werden die Stammformen der meisten Verben der e-Konjugation gebildet.

13.	*cēnsēre*	*cēnseō*	*cēnsuī*	*cēnsum*	meinen, schätzen, einschätzen
14.	*docēre*	*doceō*	*docuī*	*doctum*	lehren, beibringen, unterrichten
15.	*latēre* (m. Akk.)	*lateō*	*latuī*	–	verborgen sein (vor)
16.	*tenēre*	*teneō*	*tenuī*	–	halten, festhalten

continēre (m. Abl.)	*contineō*	*continuī*	*contentum*	zusammenhalten; festhalten, im Zaum halten; enthalten
obtinēre	*obtineō*	*obtinuī*	*obtentum*	innehaben, in Besitz haben; besetzt halten
pertinēre	*pertineō*	*pertinuī*	*pertentum*	sich erstrecken, sich beziehen
retinēre	*retineō*	*retinuī*	*retentum*	zurückhalten, behalten, festhalten
sustinēre	*sustineō*	*sustinuī*	*sustentum*	aushalten, ertragen

s-Perfekt

17. *ārdēre*	*ārdeō*	*arsī*	–	brennen, glühen
18. *augēre*	*augeō*	*auxī*	*auctum*	vermehren, vergrößern; fördern
19. *fulgēre*	*fulgeō*	*fulsī*	–	blitzen, leuchten, strahlen
20. *haerēre*	*haereō*	*haesī*	*(haesūrus)*	hängen (an), stecken bleiben
21. *iubēre* (m. Akk.)	*iubeō*	*iūssī*	*iussum*	befehlen, anordnen
22. *manēre*	*maneō*	*mānsī*	–	bleiben, warten (auf), erwarten
remanēre	*remaneō*	*remānsī*	–	zurückbleiben
23. *rīdēre*	*rīdeō*	*rīsī*	*rīsum*	lachen (über); auslachen
24. *suādēre*	*suādeō*	*suāsī*	*suāsum*	raten, empfehlen
persuādēre (m. Dat.)	*persuādeō*	*persuāsī*	*persuāsum*	(m. *ut*) überreden; (m. AcI) überzeugen
25. *torquēre*	*torqueō*	*torsī*	*tortum*	foltern, quälen; drehen

Reduplikationsperfekt

26. *pendēre*	*pendeō*	*pepēndī*	–	hängen
27. *spondēre*	*spondeō*	*spopondī*	*spōnsum*	geloben, versprechen
respondēre	*respondeō*	*respondī*	*respōnsum*	antworten

Dehnungsperfekt

28. *cavēre* (m. Akk.)	*caveō*	*cāvī*	*cautum*	sich hüten (vor), sich in Acht nehmen (vor)
29. *movēre*	*moveō*	*mōvī*	*mōtum*	bewegen; erregen
commovēre	*commoveō*	*commōvī*	*commōtum*	bewegen, beunruhigen, veranlassen
30. *sedēre*	*sedeō*	*sēdī*	*sessum*	sitzen, dasitzen
possidēre	*possideō*	*possēdī*	*possessum*	besitzen
31. *vidēre*	*videō*	*vīdī*	*vīsum*	sehen
invidēre (m. Dat.)	*invideō*	*invīdī*	*invīsum*	beneiden
prōvidēre	*prōvideō*	*prōvīdī*	*prōvīsum*	(*m. Dat.*) sorgen für; (*m. Akk.*) vorhersehen

i-Konjugation

v-Perfekt

32. *audīre*	*audiō*	*audīvī*	*audītum*	hören, anhören

In gleicher Weise werden die Stammformen der meisten Verben der i-Konjugation gebildet.

33. *sepelīre*	*sepeliō*	*sepelīvī*	*sepultum*	bestatten

u-Perfekt

34. *aperīre*	*aperiō*	*aperuī*	*apertum*	öffnen; aufmachen
operīre	*operiō*	*operuī*	*opertum*	verschließen, bedecken

s-Perfekt

35. *sentīre*	*sentiō*	*sēnsī*	*sēnsum*	fühlen, spüren; meinen
cōnsentīre	*cōnsentiō*	*cōnsēnsī*	*cōnsēnsum*	übereinstimmen, einverstanden sein

Reduplikationsperfekt

36. *comperīre**	*comperiō*	*cómperī*	*compertum*	erfahren, in Erfahrung bringen
*reperīre**	*reperiō*	*répperī*	*repertum*	finden, wiederfinden, entdecken

* Das Verbum Simplex ist nicht gebräuchlich. Vgl. aber Stamm von *parēre*.

Dehnungsperfekt

37. *venīre*	*veniō*	*vēnī*	*ventum*	kommen
advenīre	*adveniō*	*advēnī*	*adventum*	ankommen
convenīre	*conveniō*	*convēnī*	*conventum*	passen; zusammenkommen; treffen
ēvenīre	*ēveniō*	*ēvēnī*	*ēventum*	geschehen, sich ereignen
invenīre	*inveniō*	*invēnī*	*inventum*	finden, auffinden; erfinden
pervenīre	*perveniō*	*pervēnī*	*perventum*	kommen zu/nach, gelangen

Kons. Konjugation

v-Perfekt

38. *arcessere*	*arcessō*	*arcessīvī*	*arcessītum*	herbeirufen, holen, holen lassen
39. *cernere*	*cernō*	–	–	sehen, erkennen
dēcernere	*dēcernō*	*dēcrēvī*	*dēcrētum*	beschließen, entscheiden
discernere	*discernō*	*discrēvī*	*discrētum*	trennen, unterscheiden
40. *crēscere*	*crēscō*	*crēvī*	–	wachsen; zunehmen
41. *cōnsuēscere*	*cōnsuēscō*	*cōnsuēvī*	*cōnsuētum*	sich gewöhnen an; *Perf.* gewohnt sein
42. *nōscere*	*nōscō*	*nōvī*	*nōtum*	kennenlernen; erkennen; *Perf.* kennen
cōgnōscere	*cōgnōscō*	*cōgnōvī*	*cōgnitum*	kennenlernen, erkennen; erfahren; *Perf. auch:* wissen, kennen
īgnōscere	*īgnōscō*	*īgnōvī*	–	verzeihen
43. *petere*	*petō*	*petīvī*	*petītum*	(er)bitten; verlangen, streben nach, erreichen wollen; aufsuchen; angreifen
appetere	*appetō*	*appetīvī*	*appetītum*	begehren, anstreben, streben nach
repetere	*repetō*	*repetīvī*	*repetītum*	zurückverlangen; wieder aufsuchen; wiederholen
44. *quaerere*	*quaerō*	*quaesīvī*	*quaesītum*	suchen; (*ē/ex*) (jemanden) fragen
conquīrere	*conquīrō*	*conquīsīvī*	*conquīsītum*	suchen; fahnden (nach)
requīrere	*requīrō*	*requīsīvī*	*requīsītum*	fragen, nachfragen (nach)
45. *quiēscere*	*quiēscō*	*quiēvī*	–	ruhen, sich ausruhen
46. *sinere*	*sinō*	*sīvī*	*situm*	lassen, zulassen, erlauben
dēsinere	*dēsinō*	*dēsiī*	*dēsitum*	ablassen, aufhören

47. *spernere*	*spernō*	*sprēvī*	*sprētum*	verachten, verschmähen
48. *terere*	*terō*	*trīvī*	*trītum*	reiben, abreiben; verbringen, vergeuden

u-Perfekt

49. *alere*	*alō*	*aluī*	*al(i)tum*	aufziehen, (er)nähren
50. *colere*	*colō*	*coluī*	*cultum*	bebauen, pflegen; verehren
51. *cōnsulere*	*cōnsulō*	*cōnsuluī*	*cōnsultum*	(*m. Dat.*) sorgen für; (*m. Akk.*) um Rat fragen; (*dē*) beraten (über)
52. *convalēscere*	*convalēscō*	*convaluī*	–	gesund werden, zu Kräften kommen
53. *dēserere*	*dēserō*	*dēseruī*	*dēsertum*	verlassen, im Stich lassen
54. *gemere*	*gemō*	*gemuī*	–	seufzen, stöhnen
55. *gīgnere*	*gīgnō*	*genuī*	*genitum*	zeugen; gebären, hervorbringen
56. *pertimēscere*	*pertimēscō*	*pertimuī*	–	in große Furcht geraten
57. *pōnere*	*pōnō*	*posuī*	*positum*	setzen, stellen, legen
compōnere	*compōnō*	*composuī*	*compositum*	zusammenstellen; verfassen; ordnen
dēpōnere	*dēpōnō*	*dēposuī*	*dēpositum*	ablegen, niederlegen
dispōnere	*dispōnō*	*disposuī*	*dispositum*	verteilen, ordnen
impōnere	*impōnō*	*imposuī*	*impositum*	hineinstellen, auferlegen
prōpōnere	*prōpōnō*	*prōposuī*	*prōpositum*	vorschlagen, vor Augen stellen, in Aussicht stellen
58. *tremere* (m. Akk.)	*tremō*	*tremuī*	–	zittern (vor)

s-Perfekt

59. *afflīgere*	*afflīgō*	*afflīxī*	*afflīctum*	niederschlagen; entmutigen
60. *cēdere*	*cēdō*	*cessī*	*cessum*	(weg-)gehen, weichen; nachgeben
accēdere	*accēdō*	*accessī*	*accessum*	herbeikommen, herantreten, sich nähern
antecēdere	*antecēdō*	*antecessī*	*antecessum*	vorangehen; übertreffen
concēdere	*concēdō*	*concessī*	*concessum*	weichen, nachgeben; erlauben, zugestehen
dēcēdere	*dēcēdō*	*dēcessī*	*dēcessum*	(weg-)gehen; sterben
discēdere	*discēdō*	*discessī*	*discessum*	auseinandergehen; weggehen
excēdere	*excēdō*	*excessī*	*excessum*	herausgehen, hinausgehen
incēdere	*incēdō*	*incessī*	*incessum*	einherschreiten; eintreten
prōcēdere	*prōcēdō*	*prōcessī*	*prōcessum*	vorwärtsschreiten, vorrücken; Fortschritte machen
succēdere	*succēdō*	*successī*	*successum*	nachfolgen; glücken
61. *cingere*	*cingō*	*cīnxī*	*cīnctum*	umgeben, umzingeln
62. *claudere*	*claudō*	*clausī*	*clausum*	schließen, einschließen, versperren
63. *contemnere*	*contemnō*	*contempsī*	*contemptum*	verachten, gering schätzen
64. *dīcere*	*dīcō*	*dīxī*	*dictum*	sagen, sprechen, reden; (*m. dopp. Akk.*) nennen/bezeichnen als …
ēdīcere	*ēdīcō*	*ēdīxī*	*ēdictum*	bekannt machen, erlassen
65. *dīligere*	*dīligō*	*dīlēxī*	*dīlēctum*	lieben, (sehr) schätzen
intellegere	*intéllegō*	*intellēxī*	*intellēctum*	erkennen, verstehen
neglegere	*néglegō*	*neglēxī*	*neglēctum*	vernachlässigen, gering schätzen, nicht beachten
66. *dūcere*	*dūcō*	*dūxī*	*ductum*	führen, ziehen; (*m. dopp. Akk.*) halten für

	abdūcere	*abdūcō*	*abdūxī*	*abductum*	wegführen, wegbringen, entführen
	addūcere	*addūcō*	*addūxī*	*adductum*	heranführen; veranlassen
	dēdūcere	*dēdūcō*	*dēdūxī*	*dēductum*	hinabführen, wegführen; geleiten
	indūcere	*indūcō*	*indūxī*	*inductum*	hineinführen; veranlassen
	prōdūcere	*prōdūcō*	*prōdūxī*	*prōductum*	hervorbringen, vorführen, ausdehnen
	redūcere	*redūcō*	*redūxī*	*reductum*	zurückführen
67.	*exstinguere*	*exstinguō*	*exstīnxī*	*exstīnctum*	löschen, auslöschen; vernichten
68.	*exstruere*	*exstruō*	*exstrūxī*	*exstrūctum*	errichten, bauen, erbauen
	īnstruere	*īnstruō*	*īnstrūxī*	*īnstrūctum*	einrichten; unterweisen; erbauen
69.	*fingere*	*fingō*	*fīnxī*	*fictum*	formen, gestalten; sich ausdenken, erfinden
70.	*flectere*	*flectō*	*flexī*	*flexum*	biegen, beugen; umstimmen
71.	*fluere*	*fluō*	*flūxī*	–	fließen
72.	*gerere*	*gerō*	*gessī*	*gestum*	tragen; führen, ausführen
73.	*invādere*	*invādō*	*invāsī*	*invāsum*	eindringen; angreifen
74.	*iungere*	*iungō*	*iūnxī*	*iūnctum*	verbinden, vereinen
	adiungere	*adiungō*	*adiūnxī*	*adiūnctum*	anbinden, anfügen, anschließen
	coniungere	*coniungō*	*coniūnxī*	*coniūnctum*	verbinden, vereinigen
75.	*laedere*	*laedō*	*laesī*	*laesum*	verletzen; beschädigen
76.	*lūdere*	*lūdo*	*lūsī*	*lūsum*	spielen
77.	*mittere*	*mittō*	*mīsī*	*missum*	schicken; loslassen, laufen lassen; werfen
	āmittere	*āmittō*	*āmīsī*	*āmissum*	verlieren
	committere	*committō*	*commīsī*	*commissum*	zusammenbringen; begehen; beginnen; anvertrauen
	dēmittere	*dēmittō*	*dēmīsī*	*dēmissum*	hinabschicken, sinken lassen
	dīmittere	*dīmittō*	*dīmīsī*	*dīmissum*	entsenden, wegschicken, entlassen
	omittere	*omittō*	*omīsī*	*omissum*	aufgeben, unterlassen
	permittere	*permittō*	*permīsī*	*permissum*	erlauben, überlassen
	praemittere	*praemittō*	*praemīsī*	*praemissum*	vorausschicken
	prōmittere	*prōmittō*	*prōmīsī*	*prōmissum*	versprechen
78.	*nūbere* (m. Dat.)	*nūbō*	*nūpsī*	*nūptum*	(einen Mann) heiraten
79.	*premere*	*premō*	*pressī*	*pressum*	drücken, unterdrücken, bedrängen
	opprimere	*opprimō*	*oppressī*	*oppressum*	überfallen, überwältigen; unterdrücken
80.	*regere*	*regō*	*rēxī*	*rēctum*	lenken, leiten; beherrschen
	ērigere	*ērigō*	*ērēxī*	*ērēctum*	aufrichten
	pergere	*pergō*	*perrēxī*	–	fortsetzen (zu tun), weitermachen; aufbrechen
	porrigere	*porrigō*	*porrēxī*	*porrēctum*	ausstrecken, hinstrecken, darreichen
	surgere	*surgō*	*surrēxī*	*surrēctum*	aufstehen, sich erheben
81.	*scrībere*	*scrībō*	*scrīpsī*	*scrīptum*	schreiben
	cōnscrībere	*cōnscrībō*	*cōnscrīpsī*	*cōnscrīptum*	verfassen; anwerben, ausheben
	dēscrībere	*dēscrībō*	*dēscrīpsī*	*dēscrīptum*	beschreiben
	īnscrībere	*īnscrībō*	*īnscrīpsī*	*īnscrīptum*	auf/in etwas schreiben; betiteln
82.	*spargere*	*spargō*	*sparsī*	*sparsum*	streuen, ausstreuen; bespritzen
83.	*sūmere*	*sūmō*	*sūmpsī*	*sūmptum*	nehmen
	cōnsūmere	*cōnsūmō*	*cōnsūmpsī*	*cōnsūmptum*	aufbrauchen, verwenden; verbringen

84. *tegere*	*tegō*	*tēxī*	*tēctum*	bedecken, schützen, verbergen
prōtegere	*prōtegō*	*prōtēxī*	*prōtēctum*	bedecken, schützen
85. *trahere*	*trahō*	*trāxī*	*tractum*	ziehen, schleppen
86. *vīvere*	*vīvō*	*vīxī*	–	leben

Reduplikationsperfekt

87. *abdere*	*abdō*	*abdidī*	*abditum*	verstecken, verbergen
addere	*addō*	*addidī*	*additum*	hinzufügen
condere	*condō*	*condidī*	*conditum*	gründen; bestatten
crēdere	*crēdō*	*crēdidī*	*crēditum*	glauben; vertrauen
dēdere	*dēdō*	*dēdidī*	*dēditum*	ausliefern, übergeben
ēdere	*ēdō*	*ēdidī*	*ēditum*	herausgeben; äußern; gebären
perdere	*perdō*	*perdidī*	*perditum*	vernichten, verderben; verlieren
prōdere	*prōdō*	*prōdidī*	*prōditum*	verraten, preisgeben; überliefern
reddere	*reddō*	*reddidī*	*redditum*	zurückgeben; (*m. dopp. Akk.*) machen zu
trādere	*trādō*	*trādidī*	*trāditum*	übergeben; überliefern
vendere	*vendō*	*vendidī*	*venditum*	verkaufen
88. *cadere*	*cadō*	*cécidī*	–	fallen
incidere	*íncidō*	*íncidī*	–	geraten (in), stoßen (auf); sich ereignen
occidere	*óccidō*	*óccidī*	–	untergehen; umkommen, sterben
89. *caedere*	*caedō*	*cecīdī*	*caesum*	fällen; niederschlagen, töten
occīdere	*occīdō*	*occīdī*	*occīsum*	niederschlagen, töten
90. *currere*	*currō*	*cucurrī*	*cursum*	laufen, rennen
accurrere	*accurrō*	*accucurrī*	*accursum*	hinzulaufen, herbeieilen
concurrere	*concurrō*	*concurrī*	*concursum*	zusammenlaufen
occurrere	*occurrō*	*occurrī*	*occursum*	entgegenlaufen, -treten, begegnen
succurrere	*succurrō*	*succurrī*	*succursum*	zu Hilfe eilen
91. *discere*	*discō*	*didicī*	–	lernen
92. *fallere*	*fallō*	*fefellī*	–	täuschen; unbemerkt bleiben
93. *parcere* (m. Dat.)	*parcō*	*pepercī*	–	(ver)schonen, sparen
94. *pellere*	*pellō*	*pepulī*	*pulsum*	schlagen, stoßen; treiben, vertreiben
expellere (m. Abl.)	*expellō*	*expulī*	*expulsum*	vertreiben, verjagen, verbannen
impellere	*impellō*	*impulī*	*impulsum*	in Bewegung setzen; antreiben, veranlassen
repellere	*repellō*	*reppulī*	*repulsum*	zurückstoßen, abwehren, zurückweisen
95. *pōscere*	*pōscō*	*popōscī*	–	fordern
96. *sistere*	*sistō*	*stitī*	–	stehen bleiben; jemanden/etwas hinstellen, sich hinstellen
cōnsistere	*cōnsistō*	*cōnstitī*	–	stehen bleiben; sich aufstellen
resistere	*resistō*	*restitī*	–	sich widersetzen, Widerstand leisten
97. *tangere*	*tangō*	*tétigī*	*tāctum*	berühren; erreichen
attingere	*attingō*	*attigī*	*attāctum*	berühren; grenzen an; gelangen an/nach
contingere	*contingō*	*contigī*	*contāctum*	berühren; gelingen
98. *tendere*	*tendō*	*tetendī*	*tentum*	spannen; (aus)strecken, richten; streben

	contendere	*contendō*	*contendī*	*contentum*	sich anstrengen; kämpfen; eilen; (*m. AcI*) behaupten
	ostendere	*ostendō*	*ostendī*	*ostentum*	zeigen, erklären, offenbaren

Dehnungsperfekt

99.	*agere*	*agō*	*ēgī*	*āctum*	tun; handeln, verhandeln; treiben
	cōgere	*cōgō*	*coēgī*	*coāctum*	versammeln; zwingen
	exigere	*exigō*	*exēgī*	*exāctum*	vollenden; einfordern, eintreiben
100.	*cōnsīdere*	*cōnsīdō*	*cōnsēdī*	*cōnsessum*	sich setzen, sich niederlassen
101.	*corrumpere*	*corrumpō*	*corrūpī*	*corruptum*	verderben; bestechen
102.	*emere*	*emō*	*ēmī*	*ēmptum*	kaufen
103.	*frangere*	*frangō*	*frēgī*	*frāctum*	brechen, (etwas) zerbrechen
104.	*fundere*	*fundō*	*fūdī*	*fūsum*	(ver)gießen, ausschütten
	diffundere	*diffundō*	*diffūdī*	*diffūsum*	zerstreuen; verbreiten
105.	*legere*	*legō*	*lēgī*	*lēctum*	lesen
	colligere	*colligō*	*collēgī*	*collēctum*	sammeln
	ēligere	*ēligō*	*ēlēgī*	*ēlēctum*	auslesen, auswählen
106.	*relinquere*	*relinquō*	*relīquī*	*relictum*	verlassen, zurücklassen
107.	*vincere*	*vincō*	*vīcī*	*victum*	siegen, besiegen
	convincere	*convincō*	*convīcī*	*convictum*	überführen

Perfekt ohne Veränderung

108.	*ascendere*	*ascendō*	*ascendī*	*ascēnsum*	hinaufsteigen, besteigen
	dēscendere	*dēscendō*	*dēscendī*	*dēscēnsum*	herabsteigen, hinabsteigen
	trānscendere	*trānscendō*	*trānscendī*	*trānscēnsum*	hinübergehen; überqueren
109.	*bibere*	*bibō*	*bibī*	–	trinken
110.	*dēfendere (ā/ab)*	*dēfendō*	*dēfendī*	*dēfēnsum*	verteidigen (gegen)
	offendere	*offendō*	*offendī*	*offēnsum*	beleidigen, kränken
111.	*incendere*	*incendō*	*incendī*	*incēnsum*	entflammen, in Brand setzen
112.	*metuere*	*metuō*	*metuī*	–	fürchten, sich fürchten
113.	*minuere*	*minuō*	*minuī*	*minūtum*	vermindern, verringern
114.	*prehendere*	*prehendō*	*prehendī*	*prehēnsum*	ergreifen
	comprehendere	*comprehendō*	*comprehendī*	*comprehēnsum*	ergreifen, festnehmen; erfassen
	reprehendere	*reprehendō*	*reprehendī*	*reprehēnsum*	tadeln, kritisieren
115.	*ruere*	*ruō*	*ruī*	–	(sich) stürzen, eilen, rennen
116.	*solvere*	*solvō*	*solvī*	*solūtum*	lösen, auflösen
117.	*statuere*	*statuō*	*statuī*	*statūtum*	aufstellen; festsetzen; beschließen
	cōnstituere	*cōnstituō*	*cōnstituī*	*cōnstitūtum*	aufstellen; festsetzen, einrichten; (*m. Inf.*) beschließen (zu tun)
	īnstituere	*īnstituō*	*īnstituī*	*īnstitūtum*	unterrichten; einführen; errichten
	restituere	*restituō*	*restituī*	*restitūtum*	wiederherstellen
118.	*tribuere*	*tribuō*	*tribuī*	*tribūtum*	zuteilen
119.	*vertere*	*vertō*	*vertī*	*versum*	drehen, (um)wenden
	animadvertere	*animadvertō*	*animadvertī*	*animadversum*	wahrnehmen, bemerken; (*in m. Akk.*) vorgehen gegen, einschreiten
	āvertere	*āvertō*	*āvertī*	*āversum*	abwenden, fernhalten
	convertere	*convertō*	*convertī*	*conversum*	wenden, verwandeln, (ver)ändern

ēvertere	*ēvertō*	*ēvertī*	*ēversum*	umstürzen, zerstören
120. *vīsere*	*vīsō*	*vīsī*	–	besuchen, besichtigen
121. *volvere*	*volvō*	*volvī*	*volūtum*	wälzen, rollen

Kons. Konjugation (ĭ)

v-Perfekt

122. *cupere* (m. Inf.)	*cupiō*	*cupīvī*	*cupītum*	wünschen (zu tun), (haben) wollen, begehren
123. *sapere*	*sapiō*	*sapīvī*	–	Verstand haben, weise sein

u-Perfekt

124. *rapere*	*rapiō*	*rapuī*	*raptum*	rauben
arripere	*arripiō*	*arripuī*	*arreptum*	an sich reißen
corripere	*corripiō*	*corripuī*	*correptum*	packen, (gewaltsam) ergreifen
ēripere	*ēripiō*	*ēripuī*	*ēreptum*	entreißen

s-Perfekt

125. *aspicere*	*aspiciō*	*aspexī*	*aspectum*	ansehen, erblicken
circumspicere	*circumspiciō*	*circumspexī*	*circumspectum*	umherblicken
cōnspicere	*cōnspiciō*	*cōnspexī*	*cōnspectum*	erblicken, sehen
dēspicere	*dēspiciō*	*dēspexī*	*dēspectum*	herabsehen (auf), verachten
perspicere	*perspiciō*	*perspexī*	*perspectum*	durchschauen, untersuchen, erkennen
prōspicere	*prōspiciō*	*prōspexī*	*prōspectum*	*(m. Dat.)* sorgen für; *(m. Akk.)* vor sich erblicken; vorhersehen
respicere	*respiciō*	*respexī*	*respectum*	zurückblicken auf, berücksichtigen

Reduplikationsperfekt

126. *parere*	*pariō*	*peperī*	*partum*	zur Welt bringen, erzeugen; erwerben

Dehnungsperfekt

127. *adicere*	*adiciō*	*adiēcī*	*adiectum*	hinzufügen
conicere	*coniciō*	*coniēcī*	*coniectum*	werfen; vermuten
ēicere	*ēiciō*	*ēiēcī*	*ēiectum*	hinauswerfen, vertreiben
obicere	*obiciō*	*obiēcī*	*obiectum*	entgegenwerfen, vorwerfen
subicere	*subiciō*	*subiēcī*	*subiectum*	unterwerfen
128. *capere*	*capiō*	*cēpī*	*captum*	nehmen, fangen, ergreifen; einnehmen
accipere	*accipiō*	*accēpī*	*acceptum*	annehmen, empfangen, erhalten; vernehmen
dēcipere	*dēcipiō*	*dēcēpī*	*dēceptum*	täuschen, betrügen
excipere	*excipiō*	*excēpī*	*exceptum*	(her)ausnehmen, aufnehmen
incipere	*incipiō*	*coepī*	*coeptum*	anfangen, beginnen
praecipere	*praecipiō*	*praecēpi*	*praeceptum*	vorschreiben, lehren
recipere	*recipiō*	*recēpī*	*receptum*	zurücknehmen, aufnehmen (in etwas)

	suscipere	*suscipiō*	*suscēpī*	*susceptum*	aufnehmen; auf sich nehmen; unternehmen
129.	*facere*	*faciō*	*fēcī*	*factum*	machen, tun, ausführen
	afficere (m. Abl.)	*afficiō*	*affēcī*	*affectum*	versehen (mit)
	cōnficere	*cōnficiō*	*cōnfēcī*	*cōnfectum*	anfertigen, vollenden; aufbrauchen; erschöpfen
	dēficere	*dēficiō*	*dēfēcī*	*dēfectum*	ausgehen; (m. Akk.) fehlen; (*ā/ab* m. Abl.) abfallen (von)
	efficere	*efficiō*	*effēcī*	*effectum*	durchsetzen, bewirken, vollenden
	interficere	*interficiō*	*interfēcī*	*interfectum*	töten, vernichten
	perficere	*perficiō*	*perfēcī*	*perfectum*	durchsetzen, vollenden
	reficere	*reficiō*	*refēcī*	*refectum*	erneuern, wiederherstellen
130.	*fugere* (m. Akk.)	*fugiō*	*fūgī*	–	fliehen (vor); meiden
	effugere (m. Akk.)	*effugiō*	*effūgī*	–	(jemandem) entkommen

Deponentien

a-Konjugation

131.	*arbitrārī*	*arbitror*	*arbitrātus sum*	glauben; meinen
132.	*cōnārī*	*cōnor*	*cōnātus sum*	versuchen
133.	*contemplārī*	*contemplor*	*contemplātus sum*	betrachten, bedenken
134.	*hortārī*	*hortor*	*hortātus sum*	ermuntern, auffordern
135.	*indīgnārī* (m. Akk.)	*indīgnor*	*indīgnātus sum*	sich empören (über)
136.	*minārī*	*minor*	*minātus sum*	drohen, androhen
137.	*mīrārī* (m. Akk.)	*mīror*	*mīrātus sum*	bewundern, sich wundern (über), staunen
	admīrārī (m. Akk.)	*admīror*	*admīrātus sum*	bewundern, sich wundern (über)
138.	*morārī*	*moror*	*morātus sum*	aufhalten; sich aufhalten, verweilen; zögern
139.	*opīnārī*	*opīnor*	*opīnātus sum*	glauben; meinen
140.	*percontārī* (m. Akk.)	*percontor*	*percontātus sum*	ausforschen, sich erkundigen (bei)
141.	*philosophārī*	*philosophor*	*philosophātus sum*	philosophieren
142.	*precārī*	*precor*	*precātus sum*	beten, bitten, anflehen
143.	*vagārī*	*vagor*	*vagātus sum*	umherstreifen
144.	*venerārī*	*veneror*	*venerātus sum*	verehren, anbeten
145.	*versārī* (*in* m. Abl.)	*versor*	*versātus sum*	sich aufhalten, sich befinden (in); sich beschäftigen (mit)

e-Konjugation

146.	*fatērī*	*fateor*	*fassus sum*	gestehen, bekennen; offenbaren
	cōnfitērī	*cōnfiteor*	*cōnfessus sum*	gestehen, bekennen
147.	*miserērī* (m. Gen.)	*misereor*	*miseritus sum*	sich (jemandes) erbarmen, Mitleid haben (mit)
148.	*pollicērī*	*polliceor*	*pollicitus sum*	versprechen
149.	*rērī*	*reor*	*ratus sum*	glauben, meinen
150.	*tuērī*	*tueor*	–	betrachten; bewahren; schützen
	intuērī	*intueor*	*intuitus sum*	(genau) betrachten
151.	*verērī*	*vereor*	*veritus sum*	fürchten; verehren

152. *vidērī*	*videor*	*vīsus sum*		scheinen

i-Konjugation

153. *experīrī*	*experior*	*expertus sum*	versuchen; erfahren, kennenlernen
154. *mentīrī*	*mentior*	*mentītus sum*	lügen
155. *orīrī*	*orior*	*ortus sum*	geboren werden, entstehen; aufgehen, aufsteigen

Kons. Konjugation

156. *adipīscī*	*adipīscor*	*adeptus sum*	erreichen, erlangen
157. *fruī* (m. Abl.)	*fruor*	*frūctus sum*	genießen
158. *fungī* (m. Abl.)	*fungor*	*fūnctus sum*	erledigen, vollziehen, verwalten
159. *invehī* (*in* m. Akk.)	*invehor*	*invectus sum*	hineinfahren (in); losgehen (auf)
160. *īrāscī*	*īrāscor*	*īrātus sum*	zornig werden, zürnen
161. *loquī*	*loquor*	*locūtus sum*	sprechen
alloquī	*alloquor*	*allocūtus sum*	ansprechen
162. *proficīscī*	*proficīscor*	*profectus sum*	aufbrechen; marschieren; reisen
163. *querī* (m. Akk.)	*queror*	*questus sum*	klagen (über), sich beklagen
164. *sequī* (m. Akk.)	*sequor*	*secūtus sum*	folgen
cōnsequī (m. Akk.)	*cōnsequor*	*cōnsecūtus sum*	(ver)folgen, erreichen
īnsequī (m. Akk.)	*īnsequor*	*īnsecūtus sum*	unmittelbar folgen, verfolgen; (mit Worten) angreifen
obsequī	*obsequor*	*obsecūtus sum*	gehorchen
165. *nāscī*	*nāscor*	*nātus sum*	geboren werden, entstehen
166. *ūtī* (m. Abl.)	*ūtor*	*ūsus sum*	gebrauchen, benutzen

Kons. Konjugation (ĭ)

167. *morī*	*morior*	*mortuus sum*	sterben
168. *patī*	*patior*	*passus sum*	leiden, ertragen; zulassen

Semideponentien

e-Konjugation

169. *audēre*	*audeō*	*ausus sum*	wagen
170. *gaudēre*	*gaudeō*	*gāvīsus sum*	sich freuen, froh sein (über)
171. *solēre*	*soleō*	*solitus sum*	gewohnt sein, pflegen

Kons. Konjugation

172. *cōnfīdere* (m. Abl.)	*cōnfīdō*	*cōnfīsus sum*		vertrauen (auf)
173. *revertī*	*revertor*	*revertī*	*reversum*	zurückkehren

Unpersönliche Ausdrücke

174. *(accidere)*	*áccidit*	*áccidit*	es geschieht, es ereignet sich; es stößt zu

175. *(cōnstāre)*	*cōnstat*	*cōnstitit*		es steht fest, es ist bekannt
176. *(decēre)*	*decet* (m. Akk.)	*decuit*		es schickt sich (für jemanden), es steht (jemandem)
177. *(ēvenīre)*	*ēvenit*	*ēvēnit*		es geschieht, es ereignet sich
178. *(ferre)*	*fertur/feruntur* (m. Ncl)	*latum est*		er/sie/es soll (angeblich) ..., sie sollen (angeblich) ...; man sagt, dass ...
179. *(interesse)*	*interest* (m. Gen.)	*interfuit*		es ist wichtig (für)
180. *(libēre)*	*libet*	*libuit*		es beliebt, es gefällt
181. *(licēre)*	*licet*	*licuit*		es ist möglich (, zu tun); es ist erlaubt (, zu tun)
182. *(oportēre)*	*oportet*	*oportuit*		es gehört sich, man muss
183. *(placēre)*	*mihi placet*	*mihi placuit*		mir gefällt; ich beschließe
184. *(pudēre)*	*pudet* (m. Akk.)	*puduit*		es beschämt (jemanden)

Perfektopräsentien

185. *meminisse* (m. Gen./Akk.)	–	*meminī*		sich erinnern (an)
186. *ōdisse*	–	*ōdī*		hassen

Sonderkonjugationen

187. *esse*	*sum*	*fuī*	*(futūrus)*	sein
abesse	*absum*	*āfuī*	–	fort sein, weg sein; fehlen
adesse	*adsum*	*affuī*	–	da sein; helfen
dēesse	*dēsum*	*dēfuī*	–	fehlen
interesse (m. Dat.)	*intersum*	*interfuī*	–	dazwischen sein; teilnehmen (an)
posse	*possum*	*potuī*	–	können; vermögen
praeesse (m. Dat.)	*praesum*	*praefuī*	–	an der Spitze stehen, leiten
prōdesse	*prōsum*	*prōfuī*	–	nützen
superesse	*supersum*	*superfuī*	–	übrig sein; im Überfluss vorhanden sein; überleben *(m. Dat.)*
188. *ferre*	*ferō*	*tulī*	*lātum*	tragen, bringen; ertragen
afferre	*afferō*	*attulī*	*allātum*	herbeibringen, bringen; melden
auferre	*auferō*	*abstulī*	*ablātum*	wegtragen, wegbringen, wegnehmen
cōnferre	*cōnferō*	*contulī*	*collātum*	zusammentragen, zusammenbringen; vergleichen
dēferre	*dēferō*	*dētulī*	*dēlātum*	(weg)bringen; abführen; melden, übertragen
differre	*differō*	*distulī*	*dīlātum*	aufschieben, verschieben; sich unterscheiden
efferre	*efferō*	*extulī*	*ēlātum*	hinaustragen, hinausbringen; beerdigen
īnferre	*īnferō*	*intulī*	*illātum*	hineintragen, einflößen
offerre	*offerō*	*obtulī*	*oblātum*	entgegenbringen, anbieten
perferre	*perferō*	*pertulī*	*perlātum*	überbringen; ertragen
praeferre	*praeferō*	*praetulī*	*praelātum*	vorantragen; vorziehen; zur Schau stellen
prōferre	*prōferō*	*prōtulī*	*prōlātum*	hervorbringen, vorbringen

	referre	*referō*	*rettulī*	*relātum*	zurückbringen, berichten
	tollere	*tollō*	*sustulī*	*sublātum*	hochheben, aufheben, erheben; beseitigen, wegnehmen; vernichten
189.	*fierī*	*fīō*	*factus sum*		gemacht werden, werden; entstehen, geschehen
190.	*īre*	*eō*	*iī*	*itum*	gehen
	abīre	*abeō*	*abiī*	*abitum*	weggehen
	adīre	*adeō*	*adiī*	*aditum*	herangehen (an), aufsuchen; auf sich nehmen; in Angriff nehmen, angehen
	exīre	*exeō*	*exiī*	*exitum*	herausgehen, verlassen
	inīre	*ineō*	*iniī*	*initum*	hineingehen, betreten; beginnen
	obīre (m. Akk.)	*obeō*	*obiī*	*obitum*	entgegengehen; sterben
	perīre	*pereō*	*periī*	–	zugrunde gehen, umkommen
	praeterīre (m. Akk.)	*praetereō*	*praeteriī*	*praeteritum*	vorbeigehen; vergehen; übergehen
	prōdīre	*prōdeō*	*prōdiī*	*prōditum*	vortreten, auftreten
	redīre	*redeō*	*rediī*	*reditum*	zurückgehen, zurückkehren
	subīre	*subeō*	*subiī*	*subitum*	daruntertreten; auf sich nehmen
	trānsīre	*trānseō*	*trānsiī*	*trānsitum*	hinübergehen, überqueren; überschreiten
191.	*velle*	*volō*	*voluī*	–	wollen
	mālle	*mālō*	*māluī*	–	lieber wollen
	nōlle	*nōlō*	*nōluī*	–	nicht wollen

Hier ist immer die Nummer verzeichnet, unter der du das Verb in der Liste der Stammformen (S. 145–156) findest.

Gr Gr: Grammatikalische Grundbegriffe (S. 121 f.);
L: Lektion des Grammatik-Teils (S. 101–120);
T: Tabelle (S. 123–144)

A

ā/ab *(m. Abl.)*	von, von … her, von … weg	10
abdere, abdō, abdidī, abditum	verstecken, verbergen	9, 15, 30
in lectum sē abdere	sich im Bett verstecken	9
abdūcere, abdūcō, abdūxī, abductum	wegführen, wegbringen, entführen	35
abesse, absum, āfuī, –	fort sein, weg sein; fehlen	5, 13
abīre, abeō, abiī, abitum	weggehen	44
ac	und, und auch	30
accēdere, accēdō, accessī, accessum	herbeikommen, herantreten, sich nähern	13, 15, 34
accidere, áccidit, áccidit	geschehen, sich ereignen; zustoßen	43
accipere, accipiō, accēpī, acceptum	annehmen, empfangen, erhalten; vernehmen	40
accurrere, accurrō, accucurrī, accursum	hinzulaufen, herbeieilen	24, 37
accūsāre, accūsō	anklagen, beschuldigen	30
ācer, ācris, ācre	scharf; heftig, wild	19
acerbus, -a, -um	bitter; schmerzlich, rücksichtslos	42
aciēs, aciēī *f*	die Schärfe; der Scharfsinn; die Schlachtreihe	24
aciēs mentis	der Scharfsinn, die Aufmerksamkeit	24
aciem īnstituere	eine Schlachtreihe aufstellen	24
āctiō, āctiōnis *f*	die Tätigkeit, die Handlung; die Gerichtsverhandlung	68
ad *(m. Akk.)*	zu (… hin); bei, an	9
addere, addō, addidī, additum	hinzufügen	40
adipīscī, adipīscor, adeptus sum	erreichen, erlangen	69
addūcere, addūcō, addūxī, adductum	heranführen; veranlassen	43
adeō	so sehr	37
adesse, adsum, affuī, –	da sein; helfen	5, 13
adhūc	bis jetzt, immer noch	6
adicere, adiciō, adiēcī, adiectum	hinzufügen	34
adipīscī, adipīscor, adeptus sum	erreichen, erlangen	69
adīre, adeō, adiī, aditum	herangehen (an), aufsuchen; auf sich nehmen; in Angriff nehmen, angehen	44

adiungere, adiungō, adiūnxī, adiūnctum	anbinden, anfügen, anschließen	55
sē ad aliōs adiungere	sich anderen anschließen	55
adiuvāre, adiuvō, adiūvī, adiūtum *(m. Akk.)*	helfen, unterstützen	27, 34
tē adiuvō	ich helfe dir/ unterstütze dich	27
admīrārī, admīror, admīrātus sum *(m. Akk.)*	bewundern, sich wundern (über)	70
adulēscēns, adulēscentis *m; Gen. Pl.* adulēscentium	der Jugendliche, der junge Mann	7
advenīre, adveniō, advēnī, adventum	ankommen	58
adversus *(m. Akk.)*	gegen	65
aedificāre, aedificō	bauen, erbauen	30
aedificium, -ī *n*	das Gebäude, das Bauwerk	31
aedis, aedis *f; Gen. Pl.* aedium	der Tempel; *Pl.* das Haus	43
aeger, aegra, aegrum	krank	75
aequus, -a, -um	gleich, gerecht	59
aequō animō	mit Gelassenheit	59
āēr, āeris *m; Akk. Sg. auch* āera	die Luft	35
aes, aeris *n*	das Erz, die Bronze, das Geld	61
aes mīlitāre, aeris mīlitāris *n*	der Sold	61
aestimāre	schätzen, einschätzen, meinen	42
māgnī, parvī, nihilī aestimāre	hoch/sehr, gering/ wenig, für nichts wert achten, schätzen	42
aestus, aestūs *m*	die Hitze	37
aetās, aetātis *f*	das Lebensalter, das Zeitalter; die Zeit	52
aeternus, -a, -um	ewig	60
in aeternum	ewig, für immer	60
afferre, afferō, attulī, allātum	herbeibringen, bringen; melden	51
gaudium afferre	Freude bereiten	51
timōrem afferre	Angst machen	51
vim afferre	Gewalt antun	55
afficere, afficiō, affēcī, affectum *(m. Abl.)*	versehen (mit)	8, 17, 31
dolōribus afficere	Schmerzen zufügen	8
gaudiō afficere	erfreuen	8
honōre afficere	Ehre erweisen	8
suppliciō afficere	hinrichten	8
afflīgere, afflīgō, afflīxī, afflīctum	niederschlagen; entmutigen	74
ager, agrī *m*	der Acker, das Feld; *Pl.* das Land	16

agere, agō, ēgī, āctum	tun; handeln, verhandeln; treiben	6, 18, 38
negōtia agere	Geschäfte betreiben	6
bestiam agere	ein (wildes) Tier treiben	6 6
fābulam agere	ein (Theater-)Stück aufführen	6
quid agis?	wie geht es dir?	6
vītam agere	sein Leben verbringen	6
agmen, agminis *n*	der Heereszug; die Schar	30
āiō (āis, āit, āiunt)	ich sage, ich behaupte	48
ut āiunt	wie man sagt	52
albus, -a, -um	weiß	41
alere, alō, aluī, al(i)tum	aufziehen, (er)nähren	16, 43
aliēnus, -a, -um	fremd	45
aliquandō	einst, (irgendwann) einmal	24
aliquī, aliqua, aliquod *(adj.)*	irgendein, irgendeine, irgendein	59
aliquis, aliquid *(subst.)*	irgendjemand, irgendetwas	59
aliter	auf andere Weise, sonst	65
alius, alia, aliud; *Gen.* alterīus, *Dat.* aliī	ein anderer, eine andere, ein anderes	24
aliī ... aliī ...	die einen ... die anderen ...	24
Alius aliud facit.	Jeder macht etwas anderes.	24
alloquī, alloquor, allocūtus sum	ansprechen	70
alter, altera, alterum; *Gen.* alterīus, *Dat.* alterī	der eine (von beiden); der andere	28
alter ... alter ...	der eine ... der andere ...	28
altus, -a, -um	hoch; tief	15
amāre, amō	lieben, (gerne) mögen	3
ambō, ambae, ambō (*Dekl. wie* duō)	beide	55
ambrosia, -ae *f*	die Ambrosia, die Götterspeise	75
ambulāre, ambulō	spazieren gehen	54
amīca, -ae *f*	die Freundin	1
amīcitia, -ae *f*	die Freundschaft	65
amīcus, -ī *m*	der Freund	1
āmittere, āmittō, āmīsī, āmissum	verlieren	9, 19, 30
amor, amōris *m*	die Liebe	5
amplexus, amplexūs *m*	die Umarmung	72
amplus, -a, -um	weit, geräumig; bedeutend	52
an *(im Fragesatz)*	oder	28
an? *(im Fragesatz)*	etwa?; oder?	67
ancilla, -ae *f*	die Dienerin, die Sklavin	73

angustiae, -ārum *f Pl.*	die Enge, die Engstelle	70
angustus, -a, -um	eng	45
anima, -ae *f*	der Lufthauch; der Atem, die Seele, das Leben	63
animadvertere, animadvertō, animadvertī, animadversum	wahrnehmen, bemerken; (in *m. Akk.*) vorgehen gegen, einschreiten	30
animal, animālis *n*; *Abl. Sg.* animālī, *Nom./Akk. Pl.* animālia, *Gen. Pl.* animālium	das Lebewesen, das Tier	66
animus, -ī *m*	der Geist, die Gesinnung; der Sinn; der Mut	13
bonō animō esse	guten Mutes sein	43
in animō habēre	im Sinn haben, beabsichtigen	13 13
māgnō animō	mit großem Mut	
annus, -ī *m*	das Jahr	19
ante *(m. Akk.)*	vor	21
anteā	vorher, früher	16
antecēdere, antecēdō, antecessī, antecessum	vorangehen; übertreffen	38
antīquus, -a, -um	alt	33
aperīre, aperiō, aperuī, apertum	öffnen; aufmachen	2, 16, 43
apertus, -a, -um	offen, offenkundig	25
appārēre, appāreō	erscheinen, sich zeigen	58
appellāre, appellō	ansprechen; benennen; *(m. dopp. Akk.)* nennen/bezeichnen ... als	40
appetere, appetō, appetīvī, appetītum	begehren, anstreben, streben nach	43
appropinquāre, appropinquō	sich nähern, näher kommen	6
apud *(m. Akk.)*	bei	35
aqua, -ae *f*	das Wasser	2
aquaeductus, -ūs *m*	die Wasserleitung, der Aquädukt	54
aquila, -ae *f*	der Adler; der Legionsadler	59
āra, -ae *f*	der Altar	4
arbitrārī, arbitror, arbitrātus sum	glauben, meinen	60
arbor, arboris *f*	der Baum	65
arcēre, arceō	abwehren, abhalten, fernhalten, hindern	64
arcessere, arcessō, arcessīvī, arcessītum	herbeirufen, holen, holen lassen	12, 13, 33
arcus, arcūs *m*	der Bogen	73
ārdēre, ārdeō, ārsī, –	brennen, glühen	21
amōre ārdēre	vor Liebe brennen	21
īrā ārdēre	vor Zorn glühen	21
argentum, -ī *n*	das Silber; das Geld	34

arma, -ōrum *n (Pl.)*	die Waffen	8
armātus, -a, -um	bewaffnet	65
arripere, arripiō, arripuī, arreptum	an sich reißen	74
ars, artis *f*; *Gen. Pl.* artium	die Kunst; die (Kunst-) Fertigkeit, die Geschicklichkeit	31
arx, arcis *f*; *Gen. Pl.* arcium	die Burg	42
ascendere, ascendō, ascendī, ascēnsum	hinaufsteigen, besteigen	35
aspectus, aspectūs *m*	der Anblick	58
asper, aspera, asperum	rau, grob, hart	56
aspicere, aspiciō, aspexī, aspectum	ansehen, erblicken	28, 30
assiduus, -a, -um	unermüdlich, unablässig, ununterbrochen	75
at	aber, jedoch	37
āter, ātra, ātrum	schwarz, finster	41
atque	und, und auch	30
atrōx; *Gen.* atrōcis	schrecklich, wild	56
attingere, attingō, attigī, attāctum	berühren; grenzen an; gelangen an/nach	58
auctor, auctōris *m*	der Urheber, der Gründer, der Schriftsteller	7
auctōritās, auctōritātis *f*	das Ansehen, der Einfluss	25
audācia, -ae *f*	der Wagemut, die Kühnheit; die Frechheit	33
audēre, audeō, ausus sum	wagen	62
audīre, audiō	hören, anhören	2
auferre, auferō, abstulī, ablātum	wegtragen, wegbringen, wegnehmen	51
augēre, augeō, auxī, auctum	vermehren, vergrößern; fördern	19, 30
aura, -ae *f*	der Lufthauch, die Luft	37
aureus, -a, -um	golden; vergoldet	17
auris, auris *f*; *Gen. Pl.* aurium	das Ohr	47
aurum, -ī *n*	das Gold	34
aut	oder	37
aut … aut …	entweder … oder …	37
autem *(nachgestellt)*	aber, jedoch	3
auxilium, -ī *n*	die Hilfe	20
avāritia, -ae *f*	die Habgier; der Geiz	34
āvertere, āvertō, āvertī, āversum	abwenden, fernhalten	50
avia, -ae *f*	die Großmutter	74
avunculus, -ī *m*	der Onkel	26
avus, -ī *m*	der Großvater	74

B

barbarus, -a, -um	fremd; barbarisch; *Subst.* der Barbar	39
beātus, -a, -um	glücklich	62
bellum, -ī *n*	der Krieg	16
bene	gut	3
beneficium, -ī *n*	die Wohltat, die Gefälligkeit	40
beneficia dare	eine Gefälligkeit erweisen	40
bestia, -ae *f*	das (wilde) Tier	5
bibere, bibō, bibī, –	trinken	12, 19
blandus, -a, -um	schmeichelnd; freundlich; angenehm	43
bonus, -a, -um	gut	11
bonum, -ī *n*	das Gute	11
bona, -ōrum *n (Pl.)*	die Güter	11
bōs, bovis *m/f*	das Rind; der Ochse, die Kuh	36
brevis, breve	kurz	25
brevī (tempore)	in Kürze, in kurzer Zeit	25

C

cadere, cadō, cécidī, –	fallen	37
caedere, caedō, cecīdī	fällen; niederschlagen, töten	28, 42
caedēs, caedis *f*; *Gen. Pl.* caedium	der Mord; das Blutbad	43
caelestis, -e	himmlisch	70
caelum, -ī *n*	der Himmel	15
calamitās, calamitātis *f*	das Unglück, das Unheil; der Schaden	34
campus, -ī *m*	das Feld	46
canis, canis *m/f*	der Hund/die Hündin	46
cantāre, cantō	singen	38
capere, capiō, cēpī, captum	nehmen, fangen, ergreifen; einnehmen	21, 30
captāre, captō	fangen, fassen	63
captīvus, -ī *m/f*	gefangen; *Subst.* der/die Gefangene	61
caput, capitis *n*	das Haupt, der Kopf; die Hauptstadt	19
carēre, careō *(m. Abl.)*	entbehren, nicht haben; frei sein (von)	8
carmen, carminis *n*	das Lied, das Gedicht	31
cārus, -a, -um	lieb, teuer, wertvoll	38
castra, -ōrum *n (Pl.)*	das Lager, das Kriegslager	28
castra pōnere/movēre	das Lager aufschlagen/abbrechen	28
cāsus, cāsūs *m*	der Fall; der Zufall; der Unglücksfall	45
causa, -ae *f*	der Grund, die Ursache	22

causā *(m. Gen.; nachgestellt)*	um ... willen, wegen	63
glōriae causā	um der Ehre willen, wegen der Ehre	63
cavēre, caveō, cāvī, cautum *(m. Akk.)*	sich hüten (vor), sich in Acht nehmen (vor)	37
Cavē bestiam!	Hüte dich vor dem wilden Tier!/Nimm dich vor dem wilden Tier in Acht!	37
cēdere, cēdō, cessī, cessum	(weg-)gehen, weichen; nachgeben	20, 34
celebrāre, celebrō	feiern	14
celer, celeris, celere	schnell	19
celeritās, celeritātis *f*	die Schnelligkeit	59
cella, -ae *f*	die Kammer; das Tempelinnere	52
cēna, -ae *f*	die (Haupt-)Mahlzeit, das Essen; das Gastmahl	14
cēnāre, cēnō	essen, speisen	2
cēnsēre, cēnseō, cēnsuī, cēnsum	meinen, schätzen, einschätzen	32
centum	hundert	29
cernere, cernō, –	sehen, erkennen	39
certāmen, certāminis *n*	der Streit, der Wettkampf	57
certāre, certō	streiten, kämpfen,	14
certē *(Adv.)*	sicher, gewiss	4
certō *(Adv.)*	sicher, gewiss	65
certus, -a, -um	sicher, gewiss, bestimmt	59
cervīx, cervīcis *f*	der Nacken, der Hals	61
cessāre, cessō	zögern (zu tun), sich Zeit lassen	2
cēterī, -ae, -a	die übrigen, die anderen	22
Chrīstiānus, -a, -um	christlich; *Subst.* der Christ	62
cibus, -ī *m*	die Speise, das Essen; die Nahrung	2
cingere, cingō, cīnxī, cīnctum	umgeben, umzingeln	65
cinis, cineris *m*	die Asche	26
circum *(m. Akk.)*	rings um, um ... herum	42
circumdare, circumdō, circumdedī, circumdatum	umgeben, umzingeln	49
circumspicere, circumspiciō, circumspexī, circumspectum	umherblicken	70
citō *(Adv.)*	schnell	58
cīvis, cīvis *m/f*; *Gen. Pl.* cīvium	der Bürger/die Bürgerin	27
cīvitās, cīvitātis *f*	der Staat; die Bürgerschaft; das Bürgerrecht	45
clādēs, clādis *f*; *Gen. Pl.* clādium	die Niederlage; der Verlust	61
clam	heimlich	13
clāmāre, clāmō	(laut) rufen, schreien	1
clāmor, clāmōris *m*	der Schrei; das Geschrei; der Lärm	5
clārus, -a, -um	berühmt; klar	13
classis, classis *f*; *Gen. Pl.* classium	die Flotte, die Abteilung	47
claudere, claudō, clausī, clausum	schließen, einschließen, versperren	5, 23, 30
coërcēre, coerceō	bändigen, einschränken	54
cōgere, cōgō, coēgī, coāctum	versammeln; zwingen	38
cōgitāre, cōgitō	(nach)denken; beabsichtigen (zu tun)	36
puellam cōgitāre	an ein Mädchen denken	36
sēcum cōgitāre	bei sich/im Stillen denken	36
cōgnōscere, cōgnōscō, cōgnōvī, cōgnitum	kennenlernen, erkennen; erfahren; *Perf. auch:* wissen, kennen	11, 21, 39
colere, colō, coluī, cultum	bebauen, pflegen; verehren	4, 13, 35
colligere, colligō, collēgī, collēctum	sammeln	29, 32
collocāre, collocō	aufstellen, errichten; ansiedeln	59
columna, -ae *f*	die Säule	64
comes, comitis *m/f*	der Gefährte/die Gefährtin; der Begleiter/die Begleiterin	28
commercium, -ī *n*	der Handel, der Verkehr, der Austausch	64
committere, committō, commīsī, commissum	zusammenbringen; begehen; beginnen; anvertrauen	40
scelus committere	ein Verbrechen begehen	40
proelium committere	eine Schlacht beginnen	40
commodum, -ī *n*	der Vorteil, die Annehmlichkeit	66
commodus, -a, -um	vorteilhaft, günstig, bequem	54
commovēre, commoveō, commōvī, commōtum	bewegen, beunruhigen, veranlassen	42
commūnis, commūne	allgemein, gemeinsam	41
comperīre, comperiō, cómperī, compertum	erfahren, in Erfahrung bringen	35

complēre, compleō, complēvī, complētum *(m. Abl.)*	ausfüllen, anfüllen (mit); erfüllen	34
Nāvis opibus complētur.	Das Schiff wird mit Gütern angefüllt.	34
complūrēs, complūra *(Pl.)*; *Gen.* complūrium	mehrere	55
compōnere, compōnō, composuī, compositum	zusammenstellen; verfassen; ordnen	13, 14, 35
comprehendere, comprehendō, comprehendī, comprehēnsum	ergreifen, festnehmen; erfassen	7, 15, 31
cōnārī, cōnor, cōnātus sum	versuchen	60
concēdere, concēdō, concessī, concessum	weichen, nachgeben; erlauben, zugestehen	45
conciliāre, conciliō	(für sich) gewinnen	60
concilium, -ī *n*	die Versammlung	75
concurrere, concurrō, concurrī, concursum	zusammenlaufen	39
condere, condō, condidī, conditum	gründen; bestatten	20, 30
condiciō, condiciōnis *f*	die Bedingung, die Lage	38
cōnferre, cōnferō, contulī, collātum	zusammentragen, zusammenbringen; vergleichen	51
sē cōnferre	sich begeben	51
cōnficere, cōnficiō, cōnfēcī, cōnfectum	anfertigen, vollenden; aufbrauchen; erschöpfen	35
cōnfīdere, cōnfīdō, cōnfīsus sum *(m. Dat.)*	vertrauen (auf)	62
Deō cōnfīsus	im Vertrauen auf Gott	62
cōnfīrmāre, cōnfīrmō	(be)kräftigen, verstärken; ermutigen	34
cōnfitērī, cōnfiteor, cōnfessus sum	gestehen, bekennen	62
conicere, coniciō, coniēcī, coniectum	werfen; vermuten	39
coniugium, -ī *n*	die Ehe	40
coniungere, coniungō, coniūnxī, coniūnctum	verbinden, vereinigen	37
coniūnx, coniugis *m/f*	der Ehemann/ die Ehefrau, der Gatte/die Gattin	14
conquīrere, conquīrō, conquīsīvī, conquīsītum	suchen; fahnden (nach)	62
cōnscius, -a, -um *(m. Gen.)*	mitwissend, eingeweiht; sich bewusst; *Subst.* der Mitwisser	43

cōnscrībere, cōnscrībō, cōnscrīpsī, cōnscrīptum	verfassen; anwerben, ausheben	53
mīlitēs cōnscrībere	Soldaten (für den Krieg) anwerben	53
cōpiās cōnscrībere	Truppen ausheben	53
cōnsentīre, cōnsentiō, cōnsēnsī, cōnsēnsum	übereinstimmen, einverstanden sein	70
cōnsequī, cōnsequor, cōnsecūtus sum *(m. Akk.)*	(ver)folgen, erreichen	61
cōnservāre, cōnservō	retten (vor); bewahren, beschützen (vor)	59
cōnsīdere, cōnsīdō, cōnsēdī, cōnsessum	sich setzen, sich niederlassen	36
cōnsilium, -ī *n*	der Rat, der Ratschlag; der Plan; der Beschluss	29
cōnsilium capere	einen Plan fassen	29
cōnsilium habēre	eine (Rats-)Versammlung (ab)halten	34
cōnsistere, cōnsistō, cōnstitī, –	stehen bleiben; sich aufstellen	15
cōnspectus, -ūs *m*	der Anblick; das Blickfeld	51
cōnspicere, cōnspiciō, cōnspēxī, cōnspectum	erblicken, sehen	15, 30
cōnspicuus, -a, -um	auffallend; ansehnlich	71
cōnstat, cōnstitit	es steht fest, es ist bekannt	18
cōnstituere, cōnstituō, cōnstituī, cōnstitūtum	aufstellen; festsetzen, einrichten; *(m. Inf.)* beschließen (zu tun)	45
poenam cōnstituere	eine Strafe festsetzen	45
Patrem quaerere cōnstituī.	Ich habe beschlossen, (meinen) Vater zu suchen.	45
cōnsuēscere, cōnsuēscō, cōnsuēvī, cōnsuētum	sich gewöhnen an; *Perf.* gewohnt sein	67
cōnsul, -is *m*	der Konsul	9
cōnsulere, cōnsulō, cōnsuluī, cōnsultum	*(m. Dat.)* sorgen für; *(m. Akk.)* um Rat fragen; *(dē)* beraten (über)	41
cōnsūmere, cōnsūmō, cōnsūmpsī, cōnsūmptum	aufbrauchen, verwenden; verbringen	60
Labōrem in religiōne cōnsūmō.	Ich verwende Mühe auf die Götterverehrung.	60
Tempus in religiōne cōnsūmō.	Ich verbringe Zeit bei der Götterverehrung.	60
contemnere, contemnō, contempsī, contemptum	verachten, gering schätzen	59
contemplārī, contemplor	betrachten, bedenken	70

contendere, contendō, contendī, contentum	sich anstrengen; kämpfen; eilen; *(m. AcI)* behaupten	46
contentus, -a, -um	zufrieden	68
continēre, contineō, continuī, contentum *(m. Abl.)*	zusammenhalten; festhalten, im Zaum halten; enthalten	59
contingere, contingō, contigī, contāctum	berühren; gelingen	50
contingit, ut	es gelingt/es glückt, dass	50
contrā *(m. Akk.)*	gegen	18
contrōversia, -ae *f*	der Streit, die Streitfrage	63
convalēscere, convalēscō, convaluī, –	gesund werden, genesen	58
convenīre, conveniō, convēnī, conventum	passen; zusammenkommen; treffen	10, 19, 31
amīcam convenīre	eine Freundin treffen	10
amīcae convenit	es passt (zu) der Freundin	10
in tabernam convenīre	im Wirtshaus zusammenkommen	10
convertere, convertō, convertī, conversum	wenden, verwandeln, (ver)ändern	36
sē convertere	sich verwandeln	36
convincere, convincō, convīcī, convictum	überführen	7, 19, 31
convīvium, -ī *n*	das Gastmahl, das Gelage	54
convocāre, convocō	herbeirufen, zusammenrufen, versammeln	55
cōpia, -ae *f*	die Menge, der Vorrat; *Pl. auch:* die Truppen	12
cōpia amīcōrum	eine Menge (an) Freunde(n)	12
cor, cordis *n*	das Herz	31
cornū, cornūs *n*	das Horn; der Heeresflügel	36
corpus, corporis *n*	der Körper; der Leichnam	8
corripere, corripiō, corripuī, correptum	packen, (gewaltsam) ergreifen	46
corrumpere, corrumpō, corrūpī, corruptum	verderben; bestechen	43
cottīdiē *(Adv.)*	täglich	54
creāre, creō	wählen; erschaffen	70
crēber, crēbra, crēbrum	zahlreich, häufig	63
crēdere, crēdō, crēdidī, crēditum	glauben; vertrauen	7, 17, 32
sē nāvī crēdere	sich einem Schiff anvertrauen	37
crēscere, crēscō, crēvī, –	wachsen; zunehmen	37

crīmen, crīminis *n*	das Verbrechen; der Vorwurf; die Anklage	41
crīminī dare (, quod)	zum Vorwurf machen (, dass)	41
crūdēlis, crūdēle	grausam, hartherzig	38
crux, crucis *f*	das Kreuz	53
cubāre, cubō, cubuī, cubitum	liegen, schlafen; zu Tische liegen, speisen	54
cubiculum, -ī *n*	das Schlafzimmer	73
culpa, -ae *f*	die Schuld	30
culter, -trī *m*	das Messer	72
cultus, cultūs *m*	die Pflege, die Verehrung	25
cum *(m. Abl.)*	(zusammen) mit	9
cum *(m. Ind.)*	(damals,) als/(dann,) wenn; (immer) wenn; als (plötzlich); sobald	36
cum *(m. Konj.)*	als, nachdem; da, weil; obwohl; während (dagegen)	38
cum (prīmum) *(m. Ind. Perf.)*	sobald	36
cunctī, -ae, -a	alle	42
cupere, cupiō, cupīvī, cupītum *(m. Inf.)*	wünschen (zu tun), (haben) wollen, begehren	4, 13, 33
cupiditās, cupiditātis *f*	die Begierde, das Verlangen, die Leidenschaft	49
cupīdō, cupīdinis *f*	die Gier, das Verlangen, die Leidenschaft	53
cupidus, -a, -um *(m. Gen.)*	gierig, begierig (nach)	43
cūr?	warum?	1
cūra, -ae *f*	die Sorge; die Pflege	35
cūrāre, cūrō *(m. Akk.)*	sich kümmern (um), sorgen (für); pflegen	3
cūrāre *(m. Gerundivum im Akk.)*	lassen	65
cūria, -ae *f*	die Kurie, das Rathaus	6
cūriōsitās, cūriōsitātis *f*	die Neugier	72
cūriōsus, -a, -um	neugierig	71
currere, currō, cucurrī, cursum	laufen, rennen	9, 15, 37
currus, currūs *m*	der Wagen	35
cursus, cursūs *m*	der Lauf; der Kurs; die Fahrt	57
custōdīre, custōdiō	bewachen, behüten	18
custōs, custōdis *m*	der Wächter	11

D

damnāre, damnō	verurteilen	32
dare, dō, dedī, datum	geben	6, 15, 32
dare *(m. Gerundivum im Akk.)*	geben	65
locum dare	Platz machen	6

dē *(m. Abl.)*	von ... herab; von, über; um/wegen	9
dē amīcō nārrāre	vom/über den Freund erzählen	9
dē amīcīs timēre	um die Freunde Angst haben	9
dea, -ae *f*	die Göttin	4
dēbēre, dēbeō	müssen; schulden	1
nōn dēbēre	nicht müssen; nicht dürfen	2
dēcēdere, dēcēdō, dēcessī, dēcessum	(weg-)gehen; sterben	8, 20, 34
dē vītā dēcēdere	aus dem Leben scheiden, sterben	21
decem	zehn	19
dēcernere, dēcernō, dēcrēvī, dēcrētum	beschließen, entscheiden	37
decet, decuit *(m. Akk.)*	es schickt sich (für jemanden), es steht (jemandem)	54
vestis mē decet	das Kleid steht mir	54
Senātōrem decet togam gerere.	Für einen Senator schickt es sich, die Toga zu tragen.	54
dēcipere, dēcipiō, dēcēpī, dēceptum	täuschen, betrügen	74
dēdere, dēdō, dēdidī, dēditum	ausliefern, übergeben	49
sē dēdere	sich hingeben, sich widmen	49
Caesar bellō sē dēdit.	Caesar widmete sich dem Krieg.	49
Caesar cupiditātī sē dēdit.	Caesar gab sich seinem Verlangen hin.	49
dēditiō, -ōnis *f*	die Unterwerfung, die Kapitulation	65
Saxonēs in dēditiōnem accipere	die Sachsen unterwerfen	65
dēdūcere, dēdūcō, dēdūxī, dēductum	hinabführen, wegführen; geleiten	62
dēesse, dēsum, dēfuī, –	fehlen	50
dēfendere, dēfendō, dēfendī, dēfēnsum (ā/ab)	verteidigen (gegen)	20, 36
dēferre, dēferō, dētulī, dēlātum	(weg)bringen; abführen; melden, übertragen	53
dēficere, dēficiō, dēfēcī, dēfectum *(m. Akk.*; ā/ab *m. Abl.)*	ausgehen; *(m. Akk.)* fehlen; *(ā/ab m. Abl.)* abfallen (von)	60
vīrēs mē dēficiunt	die Kräfte verlassen mich	60
ā duce dēficiunt	sie fallen vom Anführer ab	60
deinde	hierauf, dann	45
dēlectāre, dēlectō	erfreuen	32
dēlēre, dēleō, dēlēvī, dēlētum	zerstören, vernichten	30
dēlīberāre, dēlīberō	überlegen; abwägen	64
dēmittere, dēmittō, dēmīsī, dēmissum	hinabschicken, sinken lassen	19, 30
animum dēmittere	den Mut sinken lassen	19
dēmōnstrāre, dēmōnstrō	zeigen, beweisen	48
dēmum	endlich, erst	45
dēnique	schließlich	7
dēpōnere, dēpōnō, dēposuī, dēpositum	ablegen, niederlegen	11, 14, 35
dēscendere, dēscendō, dēscendī, dēscēnsum	herabsteigen, hinabsteigen	12, 16, 36
dēscrībere, dēscrībō, dēscrīpsī, dēscrīptum	beschreiben	71
dēserere, dēserō, dēseruī, dēsertum	verlassen, im Stich lassen	37
dēsīderāre, dēsīderō	sich sehnen nach, vermissen; *(m. Inf.)* ersehnen (zu tun)	37
dēsinere, dēsinō, dēsiī, dēsitum	ablassen, aufhören	11, 14, 35
timēre dēsinō	ich höre auf, mich zu fürchten	11
dēspērāre (dē), dēspērō	verzweifeln (über), die Hoffnung aufgeben	2
dēspicere, dēspiciō, dēspexī, dēspectum	herabsehen (auf), verachten	49
dēstināre, dēstinō	festsetzen, bestimmen	59
dēterrēre, dēterreō	abschrecken; abbringen	58
tē ā/dē cōnsiliō dēterreō	ich bringe dich von deinem Plan ab	58
deus, -ī *m*	der Gott	4
dī *(Nom./Vok. Pl.)* = deī	Götter!	41
dext(e)r, dext(e)ra, dext(e)rum	rechts	36
dext(e)ra, -ae *f*	die rechte Hand	36
dīcere, dīcō, dīxī, dictum	sagen, sprechen, reden	4, 15, 33
dīcere *(m. dopp. Akk.)*	nennen/bezeichnen ... als	39
dictum, -ī *n*	der Spruch, das Wort	60
diēs, diēī *m*	der Tag	24
diēs noctēsque	Tag und Nacht	35
differre, differō, distulī, dīlātum	aufschieben, verschieben; sich unterscheiden	67
difficilis, difficile	schwer, schwierig	58
difficultās, difficultātis *f*	die Schwierigkeit	74
diffundere, diffundō, diffūdī, diffūsum	zerstreuen; verbreiten	71
digitus, -ī *m*	der Finger, die Zehe	73
dīgnitās, dīgnitātis *f*	die Würde, das Ansehen	49

dīgnus, -a, -um (*m. Abl.*)	würdig, wert (einer Sache)	52
laude dīgnus, -a, -um	würdig/wert des Lobes/lobenswert	52
dīligēns; *Gen.* dīligentis	sorgfältig, gewissenhaft	52
dīligentia, -ae *f*	die Sorgfalt, die Gewissenhaftigkeit	62
dīligere, dīligō, dīlēxī, dīlēctum	lieben, (sehr) schätzen	10, 23, 32
dīmittere, dīmittō, dīmīsī, dīmissum	entsenden, wegschicken, entlassen	32
discēdere, discēdō, discessī, discessum	auseinandergehen; weggehen	39
discere, discō, didicī, –	lernen	31
discernere, discernō, discrēvī, discrētum	trennen, unterscheiden	74
dispōnere, dispōnō, disposuī, dispositum	verteilen, ordnen	68
disputāre, disputō	diskutieren, sprechen über	54
diū	lange (Zeit)	13
dīversus, -a, -um	entgegengesetzt; verschieden	69
dīves; *Gen.* dīvitis	reich; kostbar	31
dīvīnus, -a, -um	göttlich	58
dīvitiae, -ārum *f (Pl.)*	der Reichtum	72
dīvus, -a, -um	göttlich	25
docēre, doceō, docuī, doctum	lehren, beibringen, unterrichten	3, 31
amīcōs fābulam docēre	die Freunde eine Geschichte lehren	3
dolēre, doleō, doluī, –	schmerzen; Schmerz empfinden (über)	58
Pēs dolet.	Der Fuß schmerzt.	58
Mortem eius doleō.	Mich schmerzt sein Tod.	58
dolor, dolōris *m*	der Schmerz	5
dolus, -ī *m*	die List, die Täuschung	16
domī	daheim, zu Hause	10
domicilium, -ī *n*	das Haus, die Wohnung	73
domina, -ae *f*	die Herrin; die Hausherrin	1
dominus, -ī *m*	der Herr; der Hausherr	1
domum	heim, nach Hause	8
domus, domūs *f*	das Haus	25
domō	von zu Hause weg	25
dōnāre, dōnō	schenken; beschenken	31
dōnum, -ī *n*	das Geschenk	10
dormīre, dormiō	schlafen	2
dōs, dōtis *f*	die Gabe, die Mitgift	70
dracō, dracōnis *m*	der Drache, die Schlange	72
dubitāre, dubitō	zweifeln, unschlüssig sein; (*m. Inf.*) zögern (zu tun)	34
dubitāre dē fidē	an der Treue zweifeln	34
dūcere, dūcō, dūxī, ductum	führen, ziehen	15, 33
dūcere (*m. dopp. Akk.*)	halten ... für	39
māgnī, parvī, nihilī dūcere	hoch/sehr, gering/wenig, für nichts wert achten, schätzen	42
dulcis, dulce	süß, lieblich	38
dum	(solange) bis; solange; (*m. Ind. Präs.*) während	23
duo, duae, duo	zwei	19
dūrus, -a, -um	hart, hartherzig	56
dux, ducis *m/f*	der Anführer/die Anführerin	28

E

ē/ex (*m. Abl.*)	aus, aus ... heraus; von ... her	9
ex eō tempore	seit dieser Zeit	21
ecce!	sieh da!, schau!/seht da!, schaut!	14
ecclēsia, -ae *f*	die Kirche	64
ēdere, ēdō, ēdidī, ēditum	herausgeben; äußern; gebären	43
(līberōs) ēdere	(Kinder) gebären	45
(verba) ēdere	(Worte) äußern	45
ēdīcere, ēdīcō, ēdīxī, ēdictum	bekannt machen, erlassen	65
efferre, efferō, extulī, ēlātum	hinaustragen, hinausbringen; beerdigen	56
victōriā ēlātus, -a, -um	stolz auf den Sieg/hochmütig wegen des Siegs	56
efficere, efficiō, effēcī, effectum	durchsetzen, bewirken, vollenden	63
effugere, effugiō, effūgī, – (*m. Akk.*)	(jemandem) entkommen	5, 18
ego	ich	3
ēgregius, -a, -um	hervorragend, ausgezeichnet	43
ēicere, ēiciō, ēiēcī, ēiectum	hinauswerfen, vertreiben	55
ēiusmodī	derartig, solche	12
elephantus, -ī *m*	der Elefant	29
ēligere, ēligō, ēlēgī, ēlēctum	auslesen, auswählen	75
emere, emō, ēmī, ēmptum	kaufen	4, 22, 37
enim (*nachgestellt*)	denn, nämlich	3
eō	deswegen; dorthin	55
eō magis	umso mehr	60
epistula, -ae *f*	der Brief	56
eques, equitis *m*	der Reiter, der Ritter	29

equidem	(ich) allerdings, freilich	48
equus, -ī *m*	das Pferd	7
ergō	also, folglich	13
ērigere, ērigō, ērēxī, ērēctum	aufrichten	65
ēripere, ēripiō, ēripuī, ēreptum	entreißen	32
errāre, errō	sich irren, (umher)irren	21
esse, sum, fuī, –	sein	5, 13
māgnī/parvī/nihilī esse	viel/wenig/nichts wert sein, gelten	42
tantī … quantī esse	so viel wert sein wie …	42
est	er/sie/es ist; es gibt/findet statt	1
et	und; auch	1
et … et …	sowohl … als auch	21
etiam	auch; sogar	1
etsī	auch wenn	62
ēvenīre, ēveniō, ēvēnī, ēventum	geschehen, sich ereignen	36
ēvenit, ēvēnit	es geschieht, es ereignet sich	36
rēs bene ēvenit	die Sache geht gut aus	41
ēvertere, ēvertō, ēvertī, ēversum	umstürzen, zerstören	65
excēdere, excēdō, excessī, excessum	herausgehen, hinausgehen	57
domō excēdere	aus dem Haus hinausgehen	57
excēdere modum	das rechte Maß überschreiten	57
excelsus, -a, -um	hoch; herausragend	74
excipere, excipiō, excēpī, exceptum	(her)ausnehmen, aufnehmen	63
excitāre, excitō	antreiben, erregen, ermuntern, aufwecken	30
exclāmāre, exclāmō	ausrufen; aufschreien	24
exemplum, -ī *n*	das Beispiel; das Vorbild	30
exercēre, exerceō	üben, trainieren	8
sē exercēre	sich üben, trainieren	8
exercitus, exercitūs *m*	das Heer	25
exigere, exigō, exēgī, exāctum	vollenden; einfordern, eintreiben	67
exilium, -ī *n*	die Verbannung, das Exil	27
eximius, -a, -um	außerordentlich	71
exīre, exeō, exiī, exitum	herausgehen, verlassen	47
exīstimāre, exīstimō	einschätzen, meinen	57
exitus, exitūs *m*	der Ausgang; der Untergang	41
expellere, expellō, expulī, expulsum	vertreiben, verjagen, verbannen	34
experīrī, experior, expertus sum	versuchen; erfahren, kennenlernen	63
explicāre, explicō	erklären	6
expūgnāre, expūgnō	erobern	61
exspectāre, exspectō	warten (auf), erwarten	6
exstinguere, exstinguō, exstīnxī, exstīnctum	löschen, auslöschen; vernichten	28, 36
exstruere, exstruō, exstrūxī, exstrūctum	errichten, bauen, erbauen	64
exter(us), -era, -erum	auswärtig, ausländisch	65
extrēmus, -a, -um	der äußerste, der entfernteste	59
extrēmus orbis terrārum	das Ende der Welt	59

F

fābula, -ae *f*	die Geschichte, die Erzählung; das Theaterstück	3
facere, faciō, fēcī, factum	tun, machen, ausführen	4, 15, 31
certiōrem facere	benachrichtigen	73
facere *(m. dopp. Akk.)*	machen … zu	39
māgnī, parvī, nihilī facere	hoch/sehr, gering/wenig, für nichts wert achten, schätzen	42
sacra facere	opfern	4
faciēs, faciēī *f*	das Gesicht, das Aussehen	24
faciē cōgnōscere	am Gesicht erkennen	24
facile *(Adv.)*	einfach, leicht, mühelos	43
facilis, facile; *Superlativ* facillimus, -a, -um	einfach, leicht	58
facinus, facinoris *n*	die Tat; die Untat	40
facultās, facultātis *f*	die Fähigkeit; die Möglichkeit, die Gelegenheit	66
fallere, fallō, fefellī	täuschen; unbemerkt bleiben	27
falsus, -a, -um	falsch	59
falsum dīcere	die Unwahrheit sagen	59
fāma, -ae *f*	das Gerücht; der (gute oder schlechte) Ruf	24
famēs, famis *f*	der Hunger	14
familia, -ae *f*	die Familie	1
familiāris, familiāre	freundschaftlich, verwandt; *Subst.* der Freund, der Verwandte	45
fatērī, fateor, fassus sum	gestehen, bekennen; offenbaren	60
fātum, -ī *n*	das Schicksal; das Verhängnis	20
fēlīx; *Gen.* fēlīcis	glücklich; erfolgreich	52
fēmina, -ae *f*	die Frau	28
ferē	fast, ungefähr	27

ferre, ferō, tulī, lātum	tragen, bringen; ertragen	51
fertur/feruntur *(m. NcI)*	er/sie/es soll (angeblich) ..., sie sollen (angeblich) ...; man sagt, dass ...	67
ferrum, -ī *n*	das Eisen; die Waffe, das Schwert	8
ferus, -a, -um	wild	46
fessus, -a, -um	müde, erschöpft	72
festīnāre, festīnō	eilen, sich beeilen	58
fidēs, fideī *f*	das Vertrauen; die Treue, die Zuverlässigkeit	24
fidem dare	sein Wort geben	24
fidem habēre	Vertrauen schenken	24
fīdūcia, -ae *f*	das Vertrauen, die Zuversicht	57
fierī, fīō, factus sum	gemacht werden, werden; entstehen, geschehen	66
fit, ut	es geschieht/es kommt vor, dass	66
factum est, ut	es geschah/es kam vor, dass	66
figūra, -ae *f*	die Gestalt, die Form; die Schönheit	67
fīlia, -ae *f*	die Tochter	24
fīlius, -ī *m*	der Sohn	5
fingere, fingō, finxī, fictum	formen, gestalten; sich ausdenken, erfinden	16, 36
fīnīre, fīniō	beenden; begrenzen	55
fīnis, fīnis *m*; *Gen. Pl.* fīnium	das Ende; die Grenze; das Ziel; *Pl.* das Gebiet	30
fīnitimus, -a, -um	benachbart; *Subst.* der Nachbar	25
firmus, -a, -um	stark, fest	64
flāgitium, -ī *n*	die Schandtat, die Gemeinheit	45
flamma, -ae *f*	die Flamme	6
flectere, flectō, flexī, flexum	biegen, beugen; umstimmen	28, 42
flēre, fleō, flēvī, flētum	weinen (über); beweinen; beklagen	33
flētus, flētūs *m*	das Weinen	72
flōs, flōris *m*	die Blume, die Blüte	35
flūctus, flūctūs *m*	die Flut	55
fluere, fluō, flūxī, –	fließen	74
flūmen, flūminis *n*	der Fluss	47
foedus, foederis *n*	das Bündnis, der Vertrag	65
fōns, fontis *m*; *Gen. Pl.* fontium	die Quelle, der Ursprung	74
fōrma, -ae *f*	die Form, die Gestalt; die Schönheit	33
fōrmāre, fōrmō	formen, gestalten	68
fōrmōsitās, fōrmōsitātis *f*	die Schönheit	75
fōrmōsus, -a, -um	schön, wohlgestalt	73
fortasse	vielleicht	15
forte	zufällig	7
fortis, forte	tapfer; stark; tatkräftig	28
fortūna, -ae *f*	das Schicksal; das Glück	10
forum, -ī *n*	das Forum, der (Markt-)Platz, das Stadtzentrum	6
fossa, -ae *f*	der Graben	59
frangere, frangō, frēgī, frāctum	brechen, (etwas) zerbrechen	32
frāter, frātris *m*	der Bruder	14
frīgus, frīgoris *n*	die Kälte, der Frost	56
frōns, frontis *f*	die Vorderseite, die Stirn	52
frūctus, frūctūs *m*	die Frucht; der Ertrag, der Gewinn	67
frūctum ferre	Frucht tragen, Gewinn bringen	67
fruī, fruor, frūctus sum *(m. Abl.)*	genießen	69
ōtiō fruī	die Ruhe genießen	69
frūmentum, -ī *n*	das Getreide; der Weizen	74
frūstrā	vergeblich, umsonst	7
fuga, -ae *f*	die Flucht	29
in fugam vertere	in die Flucht schlagen	29
fugere, fugiō, fūgī, – *(m. Akk.)*	fliehen (vor); meiden	6, 18
mē fugit	es entgeht mir	49
fulgēre, fulgeō, fulsī, –	blitzen, leuchten, strahlen	72
fulmen, fulminis *n*	der Blitz	63
fundere, fundō, fūdī, fūsum	(ver)gießen, ausschütten	35
lacrimās fundere	Tränen vergießen	35
fungī, fungor, fūnctus sum *(m. Abl.)*	erledigen, vollziehen, verwalten	73
mūnere fungī	ein Amt verwalten	73
fūnus, fūneris *n*	die Bestattung	56
fūr, fūris *m/f*	der Dieb/die Diebin	5
furor, -ōris *m*	der Wahnsinn, das Wüten, die Wut	42
futūrus, -a, -um	künftig, zukünftig	43
futūra, futūrōrum *n (Pl.)*	die Zukunft	43
rēs futūrae, rērum futūrārum *f (Pl.)*	die Zukunft	43

G

gaudēre, gaudeō, gāvīsus sum *(m. Abl.)*	sich freuen, froh sein (über)	1, 62
gaudium, -ī *n*	die Freude	8

gemere, gemō, gemuī, –	seufzen, stöhnen	73
gemitus, gemitūs *m*	das Seufzen, das Stöhnen	50
gēns, gentis *f*; *Gen. Pl.* gentium	das Geschlecht, der Stamm, das Volk	33
genus, generis *n*	die Art, das Geschlecht, die Abstammung	64
gerere, gerō, gessī, gestum	tragen; führen, ausführen	24, 31
negōtia gerere	seinen Geschäften nachgehen	24
bellum gerere (cum)	Krieg führen (mit)	24
vestem gerere	ein Kleidungsstück tragen	24
sē gerere	sich benehmen	24
dum haec geruntur	währenddessen	36
gīgnere, gīgnō, genuī, genitum	zeugen; gebären, hervorbringen	71
gladiātor, gladiātōris *m*	der Gladiator	5
gladius, -ī *m*	das Schwert	8
globus, -ī *m*	die Kugel; die Erdkugel	64
glōria, -ae *f*	der Ruhm, die Ehre	19
grandis, grande	groß; großartig; wichtig	31
grātia, -ae *f*	der Dank; die Anmut	10
grātiās agere	danken	10
grātus, -a, -um	dankbar; willkommen	57
gravis, grave	schwer; gewichtig; ernst, bedeutend	37
gubernāre, gubernō	das Steuerruder halten; lenken, leiten	68
H		
habēre, habeō	haben; halten	4
habēre *(m. dopp. Akk.)*	halten ... für	39
māgnī, parvī habēre	hoch/sehr, gering/wenig schätzen	42
habitāre, habitō	wohnen, bewohnen	9
haerēre, haereō, haesī, (haesūrus)	hängen (an), stecken bleiben	69
In latere meō haeret.	Er weicht mir nicht von der Seite.	69
haud	nicht	10
hīc	hier	1
hic, haec, hoc	dieser (hier), diese (hier), dieses (hier)	28
hinc	von hier; hierauf; daher	70
hodiē	heute	11
homō, hominis *m*	der Mensch	16
homō dē plēbe	ein Mensch aus dem Volk	34
honestus, -a, -um	ehrenhaft, angesehen	28
honor, honōris *m*	die Ehre; das Ehrenamt	7
hōra, -ae *f*	die Stunde	18
horribilis, horribile	schaurig, furchtbar	71
hortārī, hortor, hortātus sum	ermuntern, auffordern	63
hortus, -ī *m*	der Garten	69
hospes, hospitis *m*	der Gast; der Gastgeber	14
hostis, hostis *m/f*	der (Landes-)Feind, die Feindin	25
hūc	hierher	15
hūmānitās, hūmānitātis *f*	die Menschlichkeit, die Bildung	25
hūmānus, -a, -um	menschlich; gebildet	47
humum *(Adv.)*	auf die Erde, auf den Boden	60
humus, -ī *f*	die Erde, der (Erd-)Boden	46
I		
iacēre, iaceō	liegen	11
iactāre, iactō	werfen; (hin und her) schleudern	68
auctōritātem iactāre	mit seinem Einfluss prahlen	68
iam	schon, bereits	2
nōn iam	nicht mehr	5
ibi	dort	1
ictus, ictūs *m*	der Stoß, der Schlag	75
īdem, eadem, idem	derselbe, dieselbe, dasselbe	40
īdem ... ac ...	derselbe ... wie ...	40
ideō	dadurch, deshalb	75
idōneus, -a, -um	geeignet	39
igitur	also	34
īgnārus, -a, -um *(m. Gen.)*	unwissend, ohne Wissen	43
īgnis, īgnis *m*	das Feuer	16
īgnōminia, -ae *f*	die Schande, die Schmach	61
īgnōrāre, īgnōrō	nicht wissen, nicht kennen	4
nōn īgnōrāre	genau wissen, gut kennen	4
īgnōscere, īgnōscō, īgnōvī	verzeihen	27
īgnōtus, -a, -um	unbekannt	41
ille, illa, illud	jener, jene, jenes; dieser (dort), diese (dort), dieses (dort)	28
Herculēs ille	der berühmte Herkules	28
illūc	dorthin	40
imāgō, imāginis *f*	das Bild, das Gemälde	51
imber, imbris *m*; *Gen. Pl.* imbrium	der Regen, der Regenguss	24
immānis, immāne	riesig, ungeheuerlich, entsetzlich	53

immēnsus, -a, -um	riesig, gewaltig, ungeheuerlich	53
immō	im Gegenteil; ja sogar	19
immortālis, immortāle	unsterblich; *Subst.* der Unsterbliche, der Gott	20
impedīre, impediō (ā/ab)	hindern (an), verhindern	37
impellere, impellō, impulī, impulsum	in Bewegung setzen; antreiben, veranlassen	34
imperāre, imperō *(m. Dat.)*	befehlen, anordnen; herrschen (über)	2
imperātor, imperātōris *m*	der Feldherr; der Kaiser	30
imperium, -ī *n*	der Befehl; die Herrschaft; das Reich	30
impetrāre	durchsetzen, erreichen	62
impetus, impetūs *m*	der Schwung, der Angriff, der Ansturm	39
impius, -a, -um	gottlos, frevelhaft	41
implēre, impleō, implēvī, implētum	anfüllen, erfüllen	42
impōnere, impōnō, imposuī, impositum	hineinstellen, auferlegen	18, 35
umerīs impōnere	(jemandem etwas) auf die Schulter legen, aufbürden	18
imprīmīs *(Adv.)*	hauptsächlich, besonders	54
improbus, -a, -um	schlecht, unanständig, niederträchtig	50
in	*(m. Akk.)* in; auf; nach; gegen (wohin?); *(m. Abl.)* in, an, auf, bei (wo?)	9
inānis, ināne	sinnlos, wertlos; leer	58
inaudītus, -a, -um	unerhört, beispiellos	53
incēdere, incēdō, incessī, incessum	einherschreiten; eintreten	49
Caesar ut rēx incēdit.	Caesar schreitet wie ein König (einher).	49
incendere, incendō, incendī, incēnsum	entflammen, in Brand setzen	4, 20, 33
incendium, -ī *n*	der Brand, das Feuer	7
inceptum, -ī *n*	das Vorhaben	64
incidere, íncidō, íncidī, –	geraten (in), stoßen (auf); sich ereignen	73
incipere, incipiō, coepī, coeptum	anfangen, beginnen	5, 21, 38
incitāre, incitō	antreiben, anfeuern; reizen	55
incola, -ae *m/f*	der Einwohner/die Einwohnerin	61
incolumis, incolume	heil, unversehrt	41
incrēdibilis, incrēdibile	unglaublich	19

increpāre, increpō, increpuī, increpitum	krachen, lärmen; schimpfen	73
inde	von dort; von da an; daher; daraufhin	48
indicāre, indicō	anzeigen, melden, verraten	25
indicium, -ī *n*	der Beweis	13
indīgnārī, indīgnor, indīgnātus sum *(m. Akk.)*	sich empören (über)	72
indīgnus, -a, -um *(m. Abl.)*	unwürdig, empörend	55
indūcere, indūcō, indūxī, inductum	hineinführen; veranlassen	53
cupīdine inductus, -a, -um	aus Begierde	53
īnfēlīx; *Gen.* īnfēlīcis	unglücklich	22
īnferī, -ōrum *m*	die (Bewohner der) Unterwelt	15
īnferior, īnferius	der untere, der geringere	70
īnfernus, -a, -um	zur Unterwelt gehörig, Höllen-	75
īnferre, īnferō, intulī, illātum	hineintragen, einflößen	51
bellum īnferre *(m. Dat.)*	Krieg anfangen (mit)	51
mortem sibi īnferre	sich das Leben nehmen	51
timōrem īnferre	Furcht einflößen	51
īnfēstus, -a, -um	feindselig, kampfbereit	47
ingenium, -ī *n*	die Begabung; der Geist; der Charakter	43
ingēns; *Gen.* ingentis	riesig, gewaltig	19
inimīcus, -a, -um	feindlich; *Subst.* der (persönliche) Feind	40
inīquus, -a, -um	ungleich, ungerecht	53
inīre, ineō, iniī, initum	hineingehen, betreten; beginnen	44
initium, -ī *n*	der Eingang, der Anfang	55
iniūria, -ae *f*	das Unrecht, die Beleidigung	55
innocēns; *Gen.* innocentis	unschuldig	53
inopia, -ae *f*	die Armut, die Not, der Mangel	68
inquam/inquīs/inquit/inquiunt	sag(t)e ich/sag(te)st du/sagt(e) er, sie, es/sag(t)en sie	30
īnscrībere, īnscrībō, īnscrīpsī, īnscrīptum	auf/in etwas schreiben; betiteln	69
īnsequī, īnsequor, īnsecūtus sum *(m. Akk.)*	unmittelbar folgen, verfolgen; (mit Worten) angreifen	69
īnsidiae, -ārum *f (Pl.)*	der Hinterhalt, die Falle	27

īnstāre, īnstō, īnstitī, –	bevorstehen, drohen, bedrängen	17
īnstituere, īnstituō, īnstituī, īnstitūtum	unterrichten; einführen; errichten	14, 20, 39
īnstruere, īnstruō, īnstrūxī, īnstrūctum	einrichten; unterweisen; erbauen	67
īnsula, -ae *f*	die Insel; das (mehrstöckige) Mietshaus	37
intellegere, intéllegō, intellēxī, intellēctum	erkennen, verstehen	7, 16, 32
inter *(m. Akk.)*	zwischen; während	22
inter sē	untereinander	22
interdum	manchmal	69
intereā	inzwischen	18
interesse, intersum, interfuī *(m. Dat.)*	dazwischen sein; teilnehmen (an)	39
bellō interest	er nimmt am Krieg teil	39
interest *(m. Gen.)*	es ist wichtig (für) *(m. Gen.)*; es besteht ein Unterschied	39
rēgis interest	es ist wichtig für den König	39
inter ōtium et gaudium interest	zwischen Muße und Freude besteht ein Unterschied	39
interficere, interficiō, interfēcī, interfectum	töten, vernichten	40
interrogāre, interrogō	fragen	43
intrā *(m. Akk.)*	innerhalb	28
intrāre, intrō	betreten, eintreten (in)	2
intuērī, intueor, intuitus sum	(genau) betrachten	60
intus	innen, im Inneren	5
invādere, invādō, invāsī, invāsum	eindringen; angreifen	15, 42
invehī, invehor, invectus sum (in *m. Akk.*)	hineinfahren (in); losgehen (auf)	74
invenīre, inveniō, invēnī, inventum	finden, auffinden; erfinden	12, 15, 31
invidēre, invideō, invīdī, invīsum *(m. Dat.)*	beneiden	17, 41
invidia, -ae *f*	der Neid, die Missgunst; die Anfeindung	67
invītus, -a, -um	unwillig, gegen den Willen	48
ipse, ipsa, ipsum	selbst; gerade; persönlich	39
īra, -ae *f*	der Zorn, die Wut	14
īrāscī, īrāscor, īrātus sum	zornig werden, zürnen	66
īrātus, -a, -um	zornig, erzürnt	35
īre, eō, iī, itum	gehen	44
is, ea, id	dieser; der(jenige); er	10
iste, ista, istud	dieser, dieser da	43
ita	so	12
ita est	so ist es, ja	12
itaque	daher, deshalb	10
iter, itíneris *n*	die Reise; der Weg; der Marsch	15
iter facere	reisen	15
iterum	wiederum, ein zweites Mal	4
iterum atque iterum	immer wieder	38
iubēre, iubeō, iūssī, iussum *(m. Akk.)*	befehlen, anordnen	17, 34
iūcundus, -a, -um	angenehm, erfreulich	68
iūdex, iūdicis *m*	der Richter	32
iūdicāre, iūdicō	urteilen, beurteilen, entscheiden	53
iūdicium, -ī *n*	das Urteil, die Entscheidung; das Gericht	57
iungere, iungō, iūnxī, iūnctum	verbinden, vereinen	57
equum ad currum iungere	ein Pferd vor den Wagen spannen	57
iūrāre, iūrō	schwören	22
per deōs iūrāre	bei den Göttern schwören	22
iūs, iūris *n*	das Recht	50
iūre	mit Recht	50
iussū *(Adv.)*	auf Befehl	56
iūstitia, -ae *f*	die Gerechtigkeit	32
iūstus, -a, -um	gerecht, rechtschaffen	32
iuvāre, iuvō, iūvī, iūtum *(m. Akk.)*	helfen, unterstützen; erfreuen	46
tē iuvō	ich helfe dir / unterstütze dich	46
iuvenis, iuvenis *m*	der junge Mann	17
iuventūs, iuventūtis *f*	die Jugend	60
iūxtā *(m. Akk.)*	neben	72

L

labor, labōris *m*	die Arbeit, die Mühe	8
labōrāre, labōrō	arbeiten; leiden	1
lacrima, -ae *f*	die Träne	21
cum lacrimīs	unter Tränen	21
lacrimās tenēre	die Tränen zurückhalten	22
lacus, lacūs *m*	der See	25
laedere, laedō, laesī, laesum	verletzen; beschädigen	45
laetitia, -ae *f*	die Freude; die Fröhlichkeit	63
laetus, -a, -um	froh, fröhlich	29
lapis, lapidis *m*	der Stein	59
latēre, lateō, latuī, – *(m. Akk.)*	verborgen sein (vor)	74

lātus, -a, -um	breit, weit, ausgedehnt	52
longē lātēque *(Adv.)*	weit und breit	52
latus, lateris *n*	die Seite; die Flanke	58
laudāre, laudō	loben	3
laus, laudis *f*	das Lob; der Ruhm	42
lectus, -ī *m*	das Bett, die Liege	2
lēgātus, -ī *m*	der Gesandte; der Offizier, der Unterfeldherr	32
legere, legō, lēgī, lēctum	lesen	31
legiō, legiōnis *f*	die Legion	51
lēnis, lēne	sanft, mild	72
leō, leōnis *m*	der Löwe	19
levis, leve	leicht; leichtsinnig, wankelmütig	66
lēx, lēgis *f*	das Gesetz	25
libellus, -ī *m*	das Büchlein	62
libenter	gern	10
līber, lībera, līberum *(m. Abl./ā/ab m. Abl.)*	frei (von)	50
liber, librī *m*	das Buch	31
līberālitās, līberālitātis *f*	die Freigebigkeit, der Edelmut	70
līberāre, līberō *(m. Abl.)*	befreien (von)	8
servum līberāre	einen Sklaven freilassen	8
līberī, -ōrum *m (Pl.)*	die Kinder	5
lībertās, lībertātis *f*	die Freiheit	10
libet, libuit	es beliebt, es gefällt	67
libīdō, libīdinis *f*	die Begierde; die Hemmungslosigkeit	33
licet *(m. Dat. und Inf.)*	es ist (jemandem) möglich (, zu tun); es ist (jemandem) erlaubt (, zu tun)	8
līmes, -itis *m*	die Grenze; die Grenzbefestigung	63
lingua, -ae *f*	die Zunge; die Sprache	31
littera, -ae *f*	der Buchstabe; *Pl.* der Brief; die Literatur; die Wissenschaft(en)	31
lītus, lītoris *n*	die Küste, der Strand	29
locus, -ī *m*	der Ort, der Platz, die Stelle	6
longus, -a, -um	lang	51
loquī, loquor, locūtus sum	sprechen	61
lucerna, -ae *f*	die (Öl-)Lampe	72
lūctus, lūctūs *m*	die Trauer	41
lūdere, lūdo, lūsī, lūsum	spielen	36
lūdus, -ī *m*	das Spiel; die Schule; *Pl.* die (Zirkus-)Spiele	5
lūmen, lūminis *n*	das Licht; das Augenlicht, das Auge	39
lūna, -ae *f*	der Mond	66
lupus, -ī *m*	der Wolf	56
lūx, lūcis *f*	das Licht, das Tageslicht	19
prīmā lūce	bei Tagesanbruch	21
lūxuria, -ae *f*	die Ausschweifung, der Luxus	75

M

maerēre, maereō	trauern, betrauern	71
magis	mehr	13
magister, magistrī *m*	der Lehrer	11
magistrātus, magistrātūs *m*	der Beamte, das Amt	28
māgnitūdō, māgnitūdinis *f*	die Größe, die Erhabenheit	29
māgnopere	sehr	75
māgnus, -a, -um	groß; wichtig	11
māgnā vōce	mit lauter Stimme	11
māior nātū, māiōris nātū	älter	71
māiōrēs, māiōrum *m (Pl.)*	die Vorfahren	30
mālle, mālō, māluī, –	lieber wollen	14
mālum, -ī *n*	der Apfel	17
malus, -a, -um	böse, schlecht, schlimm	11
malum, -ī *n*	das Böse, das Übel, das Leid	11
mandāre, mandō	übergeben, anvertrauen; auftragen	28
māne *(Adv.)*	morgens	74
manēre, maneō, mānsī, –	bleiben, warten (auf), erwarten	40
manifestus, -a, -um	offenbar, offenkundig	50
manus, manūs *f*	die Hand; die Schar	25
mare, maris *n*; *Abl. Sg.* marī, *Nom./Akk. Pl.* maria, *Gen. Pl.* marium	das Meer	21
terrā marīque	zu Wasser und zu Lande	51
marītus, -ī *m*	der Ehemann, der Gatte	12
māter, mātris *f*	die Mutter	14
mātrimōnium, -ī *n*	die Ehe	71
in mātrimōnium dūcere	heiraten	71
maximē	am meisten; ganz besonders	31
mē *(Akk.)*	mich	6
medicus, -ī *m*	der Arzt	8
medius, -a, -um	der mittlere; mitten in ...	37
membrum, -ī *n*	das (Körper-)Glied; *Pl.* die Gliedmaßen	40

meminisse, meminī *(m. Gen./Akk.)*	sich erinnern (an)	67
memor *(m. Gen.)*	eingedenk, in Erinnerung (an), (sich einer Sache) bewusst	43
memorāre, memorō	(an etwas) erinnern; erwähnen, erzählen	50
memoria, -ae *f*	die Erinnerung; das Gedächtnis	11
memoriā comprehendere	im Gedächtnis behalten	11
mēns, mentis *f*	der Geist, der Verstand	19
mentem āmittere	den Verstand verlieren	20
in mentem venīre	in den Sinn kommen	21
mentem mūtāre	(seine) Meinung ändern	44
mēnsa, -ae *f*	der Tisch	2
mentīrī, mentior, mentītus sum	lügen	72
mercātor, mercātōris *m*	der Händler, der Kaufmann	5
mercēs, mercēdis *f*	der Lohn, die Zahlung	58
merēre, mereō	verdienen, erwerben, gewinnen	64
metuere, metuō, metuī, –	fürchten, sich fürchten	42
metus, -ūs *m*	die Angst, die Furcht	35
meus, -a, -um	mein	20
meī, -ōrum *m (Pl.)*	die Meinen; meine Leute	21
migrāre, migrō	wandern; auswandern	31
mihi *(Dat.)*	mir	10
mīles, mīlitis *m*	der Soldat	24
mīlitāris, mīlitāre	militärisch, soldatisch	24
rēs mīlitāris	das Kriegswesen, die Kriegskunst	24
mīlitia, -ae *f*	der Kriegsdienst	61
mīlle; *Pl.* mīlia, -ium	tausend	4
minārī, minor, minātus sum	drohen, androhen	62
minister, ministrī *m*	der Diener	25
minuere, minuō, minuī, minūtum	vermindern, verringern	60
mīrāculum, -ī *n*	das Wunder	70
mīrārī, mīror, mīrātus sum *(m. Akk.)*	bewundern, sich wundern (über), staunen	60
templa mīror	ich bewundere die Tempel	60
mīrus, -a, -um	erstaunlich, sonderbar, wunderbar	12
miser, misera, miserum	arm, unglücklich, erbärmlich	11
miserērī, misereor, miseritus sum *(m. Gen.)*	sich (jemandes) erbarmen, Mitleid haben (mit)	73
misereor pauperis	ich erbarme mich des Armen	73
miseria, -ae *f*	das Elend, das Unglück	70, 71
mittere, mittō, mīsī, missum	schicken; loslassen, laufen lassen; werfen	6, 16, 30
modo	nur; eben noch, gerade	27
modus, -ī *m*	die Art, die Weise; das Maß	12
ēiusmodī	derartig, solche	12
ēiusmodī arma	solche Waffen	12
nūllo modō	auf keine Weise	21
moenia, moenium *n (Pl.)*	die Mauer(n), die Stadtmauer(n)	28
molestus, -a, -um	beschwerlich, lästig	67
monēre, moneō	(er)mahnen, erinnern	3
mōns, montis *m*; *Gen. Pl.* montium	der Berg	15
mōnstrāre, mōnstrō	zeigen	69
mōnstrum, -ī *n*	das Ungeheuer	71
monumentum, -ī *n*	das Denkmal; das Grabmal	47
mora, -ae *f*	die Verzögerung, der Aufenthalt	35
morārī, moror, morātus sum	aufhalten; sich aufhalten, verweilen; zögern	63
morbus, -ī *m*	die Krankheit	16
morī, morior, mortuus sum	sterben	62
mors, mortis *f*	der Tod	17
mortālis, mortāle	sterblich; *Subst.* der Sterbliche, der Mensch	19
mortuus, -a, -um	tot	24
mōs, mōris *m*	die Sitte, der Brauch; *Pl. auch:* der Charakter	11
mōre Graecōrum	nach Art der Griechen	31
mōtus, mōtūs *m*	die Bewegung	66
movēre, moveō, mōvī, mōtum	bewegen; erregen	15, 33
mox	bald; dann	22
mulier, mulieris *f*	die (erwachsene) Frau	12
multī, -ae, -a	viele	11
multitūdō, multitūdinis *f*	die Vielzahl, die Menge	50
multō *(m. Komparativ)*	viel, um vieles	54
multō pulchrior	viel schöner	54
mundus, -ī *m*	die Welt, das Weltall	59
mūnus, mūneris *n*	die Aufgabe, das Amt; das Geschenk	73
mūnere fungī	ein Amt verwalten	73
mūrus, -ī *m*	die Mauer	23

mūs, mūris *m/f*	die Maus	69
mūtāre, mūtō	ändern, wechseln, verwandeln	9

N

nam	denn, nämlich	1
namque	denn, nämlich	40
nārrāre, nārrō	erzählen, berichten	3
nāscī, nāscor, nātus sum	geboren werden, entstehen	69
nātiō, nātiōnis *f*	das Volk, der Volksstamm	52
nātūra, -ae *f*	die Natur; das Wesen	40
nātus, -a, -um	geboren; *Subst.* Sohn/Tochter	57
nāvigāre, nāvigō	(mit dem Schiff) fahren, segeln	39
nāvis, nāvis *f*; *Gen. Pl.* nāvium	das Schiff	29
-ne	– *(unübersetzte Fragepartikel)*	22
nē *(m. Konj.)*	dass nicht; damit nicht, um nicht ... zu; *(nach Ausdrücken des Fürchtens und Hinderns)* dass	37
nē ... quidem	nicht einmal	19
necāre, necō	töten	18
necessārius, -a, -um	nötig, notwendig; *Subst.* der Freund, der Verwandte	56
necesse est	es ist nötig	20
nefārius, -a, -um	frevelhaft; verbrecherisch	40
negāre, negō	leugnen; *(m. AcI)* sagen, dass nicht	17
Amīcus mihi auxilium negat.	Der Freund verweigert mir Hilfe.	29
neglegere, néglegō, neglēxī, neglēctum	vernachlässigen, gering schätzen, nicht beachten	15, 32
negōtium, -ī *n*	die Aufgabe; das Geschäft	1
nēmō *(Dekl. → T3.6.3)*	niemand	34
nepōs, nepōtis *m*	der Neffe, der Enkel; der Nachfahre	12
neque/nec	und nicht, auch nicht	28
neque ... neque .../ nec ... nec ...	weder ... noch ...	28
nescīre, nesciō	nicht wissen, nicht kennen	16
nex, necis *f*	der Mord; der (gewaltsame) Tod	43
nihil	nichts	10
nimis	zu, allzu	57
nisī	wenn nicht; außer	28
nōn ... nisī	nur ... wenn	28
Nōn redibō nisī mihi aderis.	Ich werde nur zurückkehren, wenn du mir hilfst.	28
nōbilis, nōbile	vornehm, adelig; berühmt	28
nōbīs *(Dat.)*	uns	10
noctū *(Adv.)*	nachts	64
nocturnus, -a, -um	nächtlich	66
nōlle, nōlō, nōluī, –	nicht wollen	14
velim/nōlim	(erfüllbar) hoffentlich; doch bitte/hoffentlich nicht; doch bitte nicht	58
vellem/nōllem	(unerfüllbar) wenn doch/wenn doch nicht	58
nōmen, nōminis n	der Name	16
nōmināre, nōminō	nennen; *(m. dopp. Akk.)* bezeichnen ... als	53
nōn	nicht	1
nōndum	noch nicht	6
nōnne?	etwa nicht?, denn nicht?	14
nōnnūllī, -ae, -a	einige, manche	18
nōnnumquam	manchmal	66
nōs	*Nom.* wir; *Akk.* uns	10
nōscere, nōscō, nōvī, nōtum	kennenlernen; erkennen; *Perf.* kennen	38
nōvisse	wissen, kennen	38
noster, nostra, nostrum	unser	20
nōtus, -a, -um	bekannt	38
novem	neun	4
novus, -a, -um	neu, neuartig	20
nox, noctis *f*; *Gen. Pl.* noctium	die Nacht	21
diēs noctēsque	Tag und Nacht	35
multā nocte	tief in der Nacht	21
prīmā nocte	zu Beginn der Nacht	21
nūbere, nūbō, nūpsī, nūptum *(m. Dat.)*	(einen Mann) heiraten	72
nūbēs, nūbis *f*; *Gen. Pl.* nūbium	die Wolke	24
nūllō pactō	auf keine Weise	65
nūllus, -a, -um; *Gen.* nūllīus, *Dat.* nūllī	kein	19
num?	etwa?	2
num (indirekte Frage)	ob	49
Rogō, num veniat.	Ich frage, ob er kommt.	49
nūmen, nūminis *n*	die Gottheit; der göttliche Wille, die göttliche Macht	38

numerus, -ī *m*	die Zahl, die Anzahl	29
nummus, -ī *m*	die Münze	4
numquam	niemals	27
nunc	nun, jetzt	1
nūntiāre, nūntiō	melden, mitteilen	28
nūntius, -ī *m*	der Bote; die Nachricht	33
nūper	neulich	6
nūptiae, -ārum *f (Pl.)*	die Hochzeit, die Heirat	71
nympha, -ae *f*	die Nymphe	25

O

ob *(m. Akk.)*	wegen; entgegen	60
obicere, obiciō, obiēcī, obiectum	entgegenwerfen, vorwerfen	50
obīre, obeō, obiī, obitum *(m. Akk.)*	entgegengehen; sterben	55
mortem obīre	sterben	55
obsecrāre, obsecrō	anflehen, beschwören	33
obsequī, obsequor, obsecūtus sum	Folge leisten; gehorchen	74
obtinēre, obtineō, obtinuī, obtentum	innehaben, in Besitz haben; besetzt halten	68
occāsiō, occāsiōnis *f*	die Gelegenheit, die Möglichkeit	50
occidere, óccidō, óccidī, –	untergehen; umkommen, sterben	32
occīdere, occīdō, occīdī, occīsum	niederschlagen, töten	30
occultus, -a, -um	verborgen, geheim, versteckt	39
occupāre, occupō	einnehmen, besetzen; beschäftigen	33
occurrere, occurrō, occurrī, occursum	entgegenlaufen, -treten, begegnen	6, 20, 37
octāvus, -a, -um	der achte	19
octō	acht	19
oculus, -ī *m*	das Auge	9
ōdisse, ōdī	hassen	67
odium, -ī *n*	der Hass	28
offendere, offendō, offendī, offēnsum	anstoßen; beleidigen	73
offerre, offerō, obtulī, oblātum	entgegenbringen, anbieten	69
officium, -ī *n*	die Pflicht, die Aufgabe	54
officium praestāre	(seine) Pflicht erfüllen	54
oleum, -ī *n*	das Öl	72
ōlim	einst; (früher/später) einmal	64
olīva, -ae *f*	die Olive; der Olivenbaum; der Olivenzweig	57
omittere, omittō, omīsī, omissum	aufgeben, unterlassen	57
spem omittere	die Hoffnung aufgeben	57
omnīnō *(Adv.)*	insgesamt, überhaupt, völlig	58
omnis, omne	jeder; all; ganz	19
onus, oneris *n*	die Last	29
opera, -ae *f*	die Mühe, die Arbeit	64
operam dare, ut	sich Mühe geben, dass	64
operam dare *(m. Dat.)*	sich Mühe geben bei, sich bemühen um	64
operam ponere *(in m. Abl.)*	Mühe verwenden (auf etwas)	64
operīre, operiō, operuī, opertum	verschließen, bedecken	72
opīnārī, opīnor, opīnātus sum	glauben, meinen	60
opīniō, opīniōnis *f*	die Meinung; die Erwartung	54
mea opīniōne	meiner Meinung nach	54
oportet, oportuit	es gehört sich, man muss	17
oppidum, -ī *n*	die Stadt, die Befestigung	31
opportūnus, -a, -um	günstig	64
opprimere, opprimō, oppressī, oppressum	überfallen, überwältigen; unterdrücken	27, 32
oppūgnāre, oppūgnō	angreifen	46
ops, opis *f*; *Pl.* opēs, opum	die Hilfe, die Kraft, die Macht; *Pl.* der Reichtum	33
optāre, optō	wünschen	56
opus, operis *n*	das Werk, die Arbeit	52
opus est *(m. Abl.)*	*(m. Dat.)* es ist nötig (für jemanden); *(m. Abl.)* jemand braucht, benötigt (etwas)	39
mihi opus est + *Abl.*	für mich ist etwas nötig, ich brauche etwas	39
ōrāculum, -ī *n*	das Orakel, der Orakelspruch	59
ōrāre, ōrō	beten (zu), bitten	24
ōrātiō, ōrātiōnis *f*	die Rede	13
ōrātiōnem habēre	eine Rede halten	24
ōrātor, ōrātōris *m*	der Redner	6
orbis, orbis *m*; *Gen. Pl.* orbium	der Kreis, die Scheibe	27
orbis terrārum	der Erdkreis	27
ōrdō, ōrdinis *m*	die Ordnung, die Reihe, der (gesellschaftliche) Stand	51
orīrī, orior, ortus sum	geboren werden, entstehen; aufgehen	61
ōrnāmentum, -ī *n*	das Schmuckstück, der Schmuck	34

ōrnāre, ōrnō	schmücken; auszeichnen, ausstatten	33
ōs, ōris *n*	der Mund, das Gesicht	39
os, ossis *n*; *Gen. Pl.* ossium	der Knochen	42
ostendere, ostendō, ostendī, ostentum	zeigen, erklären, offenbaren	33
ōtium, -ī *n*	die Freizeit, die Ruhe, die Muße	1

P

paene	beinahe, fast	10
palam *(Adv.)*	offen, öffentlich; offenkundig	49
palūs, palūdis *f*	der Sumpf	74
pānis, -is *m*	das Brot	69
pār; *Gen.* paris	gleich, ebenbürtig	42
parāre, parō	bereiten; vorbereiten; erwerben; *(m. Inf.)* vorhaben (, zu tun)	12
cēnāre parō	ich habe vor, zu essen	12
parātus, -a, -um	bereit	74
parcere, parcō, pepercī, – *(m. Dat.)*	(ver)schonen, sparen	14, 15
īrae parcere	(seinen) Zorn zurückhalten	14
furī parcere	den Dieb verschonen	14
pecūniae parcere	Geld sparen	14
parentēs, parent(i)um *m (Pl.)*	die Eltern	10
pārēre, pāreō	gehorchen, folgen	2
parĕre, pariō, peperī, partum	zur Welt bringen, erzeugen; erwerben	28, 36
pariter *(Adv.)*	in gleicher Weise	49
pariter atque/ac	in gleicher Weise wie	49
pars, partis *f*; *Gen. Pl.* partium	der Teil, die Seite; die Richtung	35
parvus, -a, -um	klein; gering	11
parvā vōce	mit leiser Stimme	11
pater, patris m	der Vater	13
patī, patior, passus sum	leiden, ertragen; zulassen	65
patrēs, patrum *m (Pl.)*	die Senatoren	34
patria, -ae *f*	das Vaterland, die Heimat	21
patrius, -a, -um	väterlich, heimisch	59
paucī, -ae, -a	wenige	18
paulātim	allmählich	37
paulum/paulō *(Adv.)*	ein wenig, ein bisschen	55
paulō post	etwas später, kurz darauf	55
pauper; *Gen.* pauperis	arm; armselig	31
pāx, pācis *f*	der Friede	14
pācem facere	Frieden schließen	24
pectus, pectoris *n*	die Brust, das Herz	75
pecūnia, -ae *f*	das Geld	9
pecus, pecoris *n*	das Vieh; *Pl.* die Viehherde	16
pellere, pellō, pepulī, pulsum	schlagen, stoßen; treiben, vertreiben	27, 34
pellis, pellis *f*; *Gen. Pl.* pellium	das Fell, das Vlies	39
pendēre, pendeō, pepēndī, –	hängen	17
per *(m. Akk.)*	durch (... hindurch)	9
percontārī, percontor, percontātus sum *(m. Akk.)*	ausforschen, sich erkundigen (bei)	71
perdere, perdō, perdidī, perditum	vernichten; verderben; verlieren	13, 17, 32
perferre, perferō, pertulī, perlātum	überbringen; ertragen	51
perficere, perficiō, perfēcī, perfectum	durchsetzen, vollenden	47
pergere, pergō, perrēxī, –	fortsetzen (zu tun), weitermachen; aufbrechen	13, 17
perīculum, -ī *n*	die Gefahr	11
perīre, pereō, periī, –	zugrunde gehen, umkommen	74
perītus, -a, -um *(m. Gen.)*	erfahren, kundig (in)	59
iūris perītus	rechtskundig	59
permittere, permittō, permīsī, permissum	erlauben, überlassen	20, 30
perniciēs, perniciēī *f*	das Verderben, der Untergang	63
perpetuus, -a, -um	ununterbrochen, dauerhaft, ewig	47
perspicere, perspiciō, perspexī, perspectum	durchschauen, untersuchen, erkennen	50
persuādēre, persuādeō, persuāsī, persuāsum *(m. Dat.)*	*(m. ut)* überreden; *(m. AcI)* überzeugen	40
mihi persuāsum est *(m. AcI)*	ich bin überzeugt (davon), dass	61
Tibi persuādeō, ut mē adiuvēs.	Ich überrede dich, mir zu helfen.	40
Tibi persuādeō tē mihi adesse dēbēre.	Ich überzeuge dich davon, dass du mir helfen musst.	40
perterrēre, perterreō	(jemanden) heftig erschrecken; einschüchtern	30
pertimēscere, pertimēscō, pertimuī, –	in große Furcht geraten; etwas sehr fürchten	75
pertinēre, pertineō	sich erstrecken, sich beziehen	69
ad mare pertinēre	sich bis zum Meer erstrecken	69
ad rem pūblicam pertinēre	sich auf den Staat beziehen	69

perturbāre, perturbō	durcheinanderbringen, verwirren	32
pervenīre, perveniō, pervēnī, perventum	kommen zu/nach, gelangen	29, 31
pēs, pedis *m*	der Fuß	45
petere, petō, petīvī, petītum	(er)bitten; verlangen, streben nach, erreichen wollen; aufsuchen; angreifen	7, 13, 33
philosophārī, philosophor	philosophieren	66
philosophia, -ae *f*	die Philosophie	63, 68
philosophus, -ī *m*	der Philosoph	62, 66
pietās, pietātis *f*	die Frömmigkeit; das Pflichtgefühl, das Verantwortungsbewusstsein	25
pinna, -ae *f*	die Feder	71
pius, -a, -um	fromm; verantwortungsbewusst, pflichtbewusst	21
placēre, placeō	gefallen	14
mihi placet	mir gefällt/ ich beschließe	14
placidus, -a, -um	sanft, ruhig, friedlich	52
plēbs, plēbis *f*	das (einfache) Volk	9
plēnus, -a, -um *(m. Gen.)*	voll (von/mit)	56
plēnus timōris	voller Angst	56
plērīque, plēraeque, plēraque	die meisten, sehr viele	30
pōculum, -ī *n*	der Becher	75
poena, -ae *f*	die Strafe	10
poenā/poenīs afficere	bestrafen	10
poēta, -ae *m*	der Dichter	18
pollicērī, polliceor, pollicitus sum	versprechen	60
pōnere, pōnō, posuī, positum *(in m. Abl.)*	setzen, stellen, legen (auf)	18, 35
populus, -ī *m*	das Volk	8
porrigere, porrigō, porrēxī, porrēctum	ausstrecken, hinstrecken, darreichen	60
porta, -ae *f*	die Tür, das Tor, der Eingang	5
portāre, portō	tragen, bringen	29
portus, portūs *m*	der Hafen	37
pōscere, pōscō, popōscī, –	fordern	4, 19
posse, possum, potuī, –	können; vermögen	6, 13
possidēre, possideō, possēdī, possessum	besitzen	10, 22, 37
post *(Adv.)*	später	55
multō post	viel später	55
duōbus annīs post	zwei Jahre später	55
post *(m. Akk.)*	nach; hinter	9
posteā	nachher, später	27
posterus, -a, -um	der nachfolgende, der nächste	32
posterī, posterōrum *m (Pl.)*	die Nachfahren, die Nachkommen	32
posthāc *(Adv.)*	nachher, seitdem	65
postquam *(m. Ind. Perf.)*	nachdem	23
postrēmō *(Adv.)*	schließlich, zuletzt	56
postrīdiē	am nächsten Tag	72
pōstulāre, pōstulō	fordern, verlangen	62
potēns; *Gen.* potentis	mächtig, stark	34
potentia, -ae *f*	die Macht	15
potestās, potestātis *f*	die Macht, die Amtsgewalt; die Möglichkeit	67
potestās tēcum loquendī	die Möglichkeit, mit dir zu sprechen	67
praebēre, praebeō	geben, gewähren	44
sē praebēre, mē praebeō *(m. dopp. Akk.)*	sich erweisen (als)	57
sē fortem praebēre	sich als tapfer erweisen	57
praeceps; *Gen.* praecipitis	Hals über Kopf, kopfüber, überstürzt	41
praeceptum, -ī *n*	die Vorschrift, die Lehre	71
praecipere, praecipiō, praecēpī, praeceptum	vorschreiben, lehren	64
praeclārus, -a, -um	vortrefflich, ausgezeichnet	31
praeda, -ae *f*	die Beute, die Kriegsbeute	33
praedicāre, praedicō	rühmen, verkünden; predigen	46
praeditus, -a, -um *(m. Abl.)*	ausgestattet (mit), versehen (mit)	71
praeesse, praesum, praefuī, – *(m. Dat.)*	an der Spitze stehen, leiten	30
exercituī praeest	er steht an der Spitze des Heeres/leitet das Heer	30
praeferre, praeferō, praetulī, praelātum	vorantragen; vorziehen; zur Schau stellen	67
praemittere, praemittō, praemīsī, praemissum	vorausschicken	39
praemium, -ī *n*	die Belohnung, der Lohn; der Preis	7
praesēns; *Gen.* praesentis	gegenwärtig, anwesend	65
praesidium, -ī *n*	der Schutz, die Schutztruppe; die Besatzungstruppe	63

praestāre, praestō, praestitī, –	*(m. Dat.)* übertreffen *(m. Abl.* an); *(m. Akk.)* erweisen, geben	42
cēterīs vī praestō	ich übertreffe die anderen an Kraft	42
prōmissum praestāre	ein Versprechen einlösen	52
Populus rēgī honōrēs praestat.	Das Volk erweist dem König Ehren.	42
sē (pārem) praestāre *(m. dopp. Akk.)*	sich (als ebenbürtig) erweisen, zeigen	42
praeter *(m. Akk.)*	an ... vorbei; außer, gegen	32
praetereā	außerdem	44
praeterīre, praetereō, praeteriī, praeteritum *(m. Akk.)*	vorbeigehen; vergehen; übergehen	44
bestiās praetereō	ich gehe an den Tieren vorbei	44
fābulam praetereō	ich übergehe die Geschichte	44
mē praeterit	es entgeht mir	73
praetor, praetōris *m*	der Prätor	48, 53
precārī, precor, precātus sum	beten, bitten, anflehen	60
precēs, precum *f (Pl.)*	die Bitten	35
prehendere, prehendō, prehendī, prehēnsum	ergreifen	30
premere, premō, pressī, pressum	drücken, unterdrücken, bedrängen	69
pretium, -ī *n*	der Lohn; der Preis	57
prīmō	zuerst	37
prīmum	zuerst, zum ersten Mal, erstmals	36
ubī (prīmum) *(m. Ind. Perf.)*	sobald	36
ut (prīmum) *(m. Ind. Perf.)*	sobald	36
prīmus, -a, -um	der erste	19
prīnceps, prīncipis *m*	der Erste, der führende Mann; der Kaiser	61
prīncipātus, -ūs *m*	das Prinzipat	62
prīstinus, -a, -um	der frühere, der ehemalige	57
priusquam	ehe, bevor	27
prīvāre, prīvō *(m. Abl.)*	(einer Sache) berauben	39
Iāsōn rēgem pelle prīvat.	Jason beraubt den König des Vlieses.	39
prō *(m. Abl.)*	vor; für; statt, an Stelle von	32
probāre, probō	billigen, für gut befinden; prüfen	52
probus, -a, -um	anständig, gut	54
prōcēdere, prōcēdō, prōcessī, prōcessum	vorrücken; Fortschritte machen	47

procul	in die Ferne, aus der Ferne, fern	18
procul ab urbe	weit entfernt von der Stadt, fern der Stadt	23
prōdere, prōdō, prōdidī, prōditum	verraten, preisgeben; überliefern	39
prōdesse, prōsum, *aber:* prōdes (-d- *nur vor Formen, die mit* -e- *beginnen*), prōfuī, –	nützen	10, 13
prōdīre, prōdeō, prōdiī, prōditum	vortreten, auftreten	57
in scaenam prōdīre	auf der Bühne auftreten	57
in pūblicum prōdīre	in der Öffentlichkeit auftreten	57
prōdūcere, prōdūcō, prōdūxī, prōductum	hervorbringen, vorführen, ausdehnen	70
proelium, -ī *n*	die Schlacht, das Gefecht	34
profectō	in der Tat, tatsächlich	18
prōferre, prōferō, prōtulī, prōlātum	hervorbringen, vorbringen	72
proficīscī, proficīscor, profectus sum	aufbrechen; marschieren; reisen	61
prohibēre, prohibeō *(m. Abl.)*	abhalten (von), hindern (an), verhindern	20
proinde	deshalb	39
prōmittere, prōmittō, prōmīsī, prōmissum	versprechen	27, 30
prope	*(Adv.)* nahe, in der Nähe; *(Präp. m. Akk.)* nahe (bei), in der Nähe von	15
properāre, properō	eilen, sich beeilen	1
propinquus, -a, -um	nahe, benachbart; *Subst.* der Verwandte	12
propius	näher	66
prōpōnere, prōpōnō, prōposuī, prōpositum	vorschlagen, vor Augen stellen, in Aussicht stellen	62
proprius, -a, -um	eigen, charakteristisch	70
propter *(m. Akk.)*	wegen	45
prōspicere, prōspiciō, prōspexī, prōspectum	*(m. Dat.)* sorgen für; *(m. Akk.)* vor sich erblicken; vorhersehen	41
prōtegere, prōtegō, prōtēxī, prōtēctum	bedecken, schützen	24, 38
prōtinus	sofort, auf der Stelle	73
prōvidentia, -ae *f*	die Voraussicht; die Fürsorge; die Vorsehung	74
prōvidēre, prōvideō, prōvīdī, prōvīsum	*(m. Dat.)* sorgen für; *(m. Akk.)* vorhersehen	41
prōvincia, -ae *f*	die Provinz	34
proximus, -a, -um	der nächste	56

pūblicus, -a, -um	öffentlich, staatlich	27
pudet, puduit *(m. Akk. + Gen.)*	es beschämt (jemanden)	49
mē pudet sceleris	ich schäme mich für das Verbrechen	49
pudor, pudōris *m*	die Scham, das Ehrgefühl; der Anstand	45
puella, -ae *f*	das Mädchen	3
puer, puerī *m*	der Junge	11
pūgna, -ae *f*	der Kampf, die Schlacht	29
pūgnāre, pūgnō	kämpfen	12
pulcher, pulchra, pulchrum	schön	11
pulchritūdō, pulchritūdinis *f*	die Schönheit	70
pūnīre, pūniō	strafen, bestrafen	54
putāre, putō	glauben, meinen	17
putāre *(m. dopp. Akk.)*	halten ... für	39
māgnī, parvī, nihilī putāre	hoch/sehr, gering/wenig, für nichts wert achten, schätzen	42
pyxis, -idis *f*	die Büchse, die Dose	75

Q

quaerere, quaerō, quaesīvī, quaesītum	suchen; *(ē/ex)* (jemanden) fragen	12, 14, 33
amīcum quaerere	den Freund suchen	12
ex amīcō quaerere	den Freund fragen	12
quaesō/quaesumus	(ich) bitte/wir bitten	3
quālis, quāle	welch, von welcher Art, wie (beschaffen)	66
quam	wie, als *(bei Vergleichen)*	13, 34
magis ... quam	mehr ... als	13
tam ... quam	so ... wie	34
quamobrem	weswegen?, deswegen	64
quamquam	obwohl	23
quamvīs *(m. Konj.)*	wenn auch; wenn auch noch so	68
quandō?	wann?	46
quantus, -a, -um	wie groß, wie viel	40
quārē	weswegen?; deswegen *(rel. Satzanschluss)*	41
quasi	wie; gleichsam als	65
-que	und	19
querī, queror, questus sum *(m. Akk.)*	klagen (über), sich beklagen	61
fātum queritur	er beklagt sein Schicksal	61
quī, quae, quod	der, die, das; welcher, welche, welches	12
quī, quae, quod?	welcher, welche, welches?	49
quia	weil	14

quīcumque, quaecumque, quodcumque	jeder, der; welcher/welche/welches auch immer	68
quid?	was?	2
quīdam, quaedam, quoddam *(adj.)*; quīdam, quaedam quiddam *(subst.)*	ein gewisser, *Pl.* einige; *(abschwächend)* eine Art von, *(verstärkend)* geradezu	62
quidem	zwar, freilich	19
quiēscere, quiēscō, quiēvī, –	ruhen, sich ausruhen	36
quīn *(m. Konj.)*	dass	63
nōn dubitare, quīn	nicht (daran) zweifeln, dass (nicht)	63
quīntus, -a, -um	der fünfte	19
quippe	freilich, ja	68
quippe quī, quae, quod *(im Relativsatz im Konj.)*	der/die/das ja	68
quis?	wer?	3
quisnam, quidnam	wer denn, was denn	41
quisquam, quicquam	irgendjemand, irgendetwas	69
neque quisquam	und niemand	69
neque quicquam	und nichts	69
quisque, quidque *(subst.)*/quisque, quaeque, quodque *(adj.); Gen.* cuiusque, *Dat.* cuique	jeder (einzelne)	67
quisquis, quidquid	jeder, der; wer/was auch immer; alles, was	68
quō	wohin?; dorthin *(rel. Satzanschluss)*	40
quō *(m. Konj. + m. Komparativ)*	damit umso	69
Oportet lēgem brevem esse, quō facilius intellegātur.	Ein Gesetz muss kurz sein, damit es umso leichter verstanden wird.	69
quō ..., eō	je ..., desto	66
quō facilius, eō melius	je einfacher, desto besser	66
quod	weil; dass	36
bene ēvenit, quod	es trifft sich gut, dass	36
bene/male facere, quod	gut/schlecht daran tun, dass	36
quōmodo	wie; auf welche Weise	13
quondam	einmal, einst	14
quoniam	weil ja, da ja	36
quoque (nachgestellt)	auch	8
quot (indekl.)	wie viele	60
quotiēns	wie oft	54

R

radius, -ī *m*	der Strahl	64
rapere, rapiō, rapuī, raptum	rauben	16, 33
rārō *(Adv.)*	selten	8
ratiō, ratiōnis *f*	die Vernunft; die Art und Weise, die Methode; die Rechnung, Berechnung; die Überlegung	58
recipere, recipiō, recēpī, receptum	zurücknehmen, aufnehmen (in etwas)	42
sē recipere	sich zurückziehen	42
recitāre, recitō	vorlesen, vortragen	67
recreāre, recreō	erholen	8
sē recreāre	sich erholen	8
rēctus, -a, -um	richtig; gerade	26
rēctā viā	direkt, geradewegs	26
recūsāre, recūsō	zurückweisen, sich weigern	60
reddere, reddō, reddidī, redditum	zurückgeben	38
reddere *(m. dopp. Akk.)*	machen ... zu	39
redīre, redeō, rediī, reditum	zurückgehen, zurückkehren	44
redūcere, redūcō, redūxī, reductum	zurückführen	40
in memoriam redūcere	ins Gedächtnis/ in Erinnerung zurückrufen	40
referre, referō, rettulī, relātum	zurückbringen, berichten	51
victōriam referre (ē/ex)	den Sieg davontragen (über)	51
victōriam ad cīvēs referre	den Sieg den Bürgern melden	51
reficere, reficiō, refēcī, refectum	erneuern, wiederherstellen	75
regere, regō, rēxī, rēctum	lenken, leiten; beherrschen	27, 35
rēgīna, -ae *f*	die Königin	43
regiō, regiōnis *f*	das Gebiet, die Gegend; die Richtung	56
rēgius, -a, -um	königlich	48
rēgnāre, rēgnō	König sein, herrschen, regieren	24
rēgnum, -ī *n*	die Herrschaft, die Königsherrschaft; das Reich	23
rēgnum tenēre	die Herrschaft erlangen, innehaben	23
religiō, religiōnis *f*	die Götterverehrung, die religiöse Scheu; die Religion, der Glaube	59
relinquere, relinquō, relīquī, relictum	verlassen, zurücklassen	6, 18, 30

remanēre, remaneō, remānsī, –	zurückbleiben	38
repellere, repellō, reppulī, repulsum	zurückstoßen, abwehren, zurückweisen	35
repente	plötzlich	53
reperīre, reperiō, répperī, repertum	finden, wiederfinden, entdecken	41
repetere, repetō, repetīvī, repetītum	zurückverlangen; wieder aufsuchen; wiederholen	38
reportāre, reportō	zurücktragen, zurückbringen; überbringen	75
reprehendere, reprehendō, reprehendī, reprehēnsum	tadeln, kritisieren	13, 15, 31
requīrere, requīrō, requīsīvī, requīsītum	fragen, nachfragen	66
rērī, reor, ratus sum	glauben, meinen	61
rēs, reī *f*	die Sache, das Ding; die Angelegenheit	24
rēs pūblica, reī pūblicae *f*	der Staat, die Republik	27
rēs gestae, rērum gestārum *f (Pl.)*	die Taten; die Geschichte	48
resistere, resistō, restitī, –	sich widersetzen, Widerstand leisten	6, 18
respicere, respiciō, respexī, respectum	zurückblicken auf, berücksichtigen	36
respondēre, respondeō, respondī, respōnsum	antworten	3, 16, 42
restāre, restō, restitī, –	übrig bleiben; widerstehen	49
(id/hoc) restat, ut ...	es fehlt noch, dass ...	49
Id restat, ut Caesar rēgnum teneat	Es fehlt noch, dass Caesar die Königsherrschaft erlangt.	49
restituere, restituō, restituī, restitūtum	wiederherstellen	27, 39
retinēre, retineō, retinuī, retentum	zurückhalten, behalten, festhalten	5, 40
revertī, revertor, revertī, reversum	zurückkehren	62
rēx, rēgis *m*	der König	17
rīdēre, rīdeō, rīsī, rīsum	lachen (über); auslachen	2, 15, 41
rogāre, rogō	fragen; bitten (um)	3
Rōmānus, -a, -um	römisch; *Subst.* der Römer	4
ruere, ruō, ruī, –	(sich) stürzen, eilen, rennen	20
rūrsus	wieder; zurück	38
rūsticus, -a, -um	ländlich, Land-	69

S

sacer, sacra, sacrum	heilig	52
sacerdōs, sacerdōtis *m/f*	der Priester/ die Priesterin	59
sacrum, -ī *n*	das Opfer(tier), *Pl.* die Opferhandlung	4
saeculum, -ī *n*	das Jahrhundert; das Zeitalter	18
saepe	oft	12
saevīre, saeviō	wüten, toben	68
saevus, -a, -um	wild, wütend, grimmig	14
sagitta, -ae *f*	der Pfeil	73
salūs, salūtis *f*	die Rettung; das Wohl(ergehen); der Gruß	41
salūtem dīcere	grüßen	49
salūtāre, salūtō	grüßen, begrüßen	2
salvē!	sei gegrüßt!/grüß dich!	2
salvēte!	seid gegrüßt!/grüßt euch!	2
salvus, -a, -um	heil, unversehrt	29
sānāre, sānō	heilen	58
sānctus, -a, -um	heilig, geweiht	53
sanguis, sanguinis *m*	das Blut	48
sapere, sapiō, sapīvī, –	Verstand haben, weise sein	67
sapiēns; *Gen.* sapientis	weise; *Subst.* der Weise	57
sapientia, -ae *f*	die Weisheit	68
satis/sat	genug	62
saxum, -ī *n*	der Fels(brocken), der Stein	39
scelerātus, -a, -um	verbrecherisch, frevelhaft; *Subst.* der Verbrecher	13
scelus, sceleris *n*	das Verbrechen; der Frevel	12
scelus facere	ein Verbrechen begehen	12
scīlicet	selbstverständlich, natürlich	67
scīre, sciō	wissen, kennen	12
scrībere, scrībō, scrīpsī, scrīptum	schreiben	31
sē	sich *(Akk.)*	8
secāre, secō, secuī, sectum	schneiden; abschneiden, abtrennen	61
secundus, -a, -um	der zweite	19
sed	aber; sondern	1
sedēre, sedeō, sēdī, sessum	sitzen, dasitzen	1, 22, 37
sēdēs, sēdis *f*	der Sitz, der Wohnsitz	48
sēditiō, sēditiōnis *f*	der Aufstand	54
sēmen, sēminis *n*	der Same	74
semper	immer	3
senātor, senātōris *m*	der Senator	5
senātus, senātūs *m*	der Senat	32
senex, senis *m*	der alte Mann, der Greis	7
sēnsus, sēnsūs *m*	der Sinn, das Gefühl, die Empfindung	69
sententia, -ae *f*	der Satz; der Sinnspruch; die Meinung	68
sentīre, sentiō, sēnsī, sēnsum	fühlen, spüren; meinen	35
sepelīre, sepeliō, sepelīvī, sepultum	bestatten	46
septem	sieben	19
sepulcrum, -ī *n*	das Grab, das Grabmal	33
sequī, sequor, secūtus sum *(m. Akk.)*	folgen	64 64
hominem sequor	ich folge einem Menschen	
sermō, sermōnis *m*	das Gespräch; die Sprache	9
sermōnem habēre (cum)	ein Gespräch führen (mit)	9
sērō *(Adv.)*	spät, zu spät	55
serva, -ae *f*	die Dienerin, die Sklavin	1
servāre, servō	retten (vor); bewahren, beschützen	7
servīre, serviō	dienen, Sklave sein	17
servitūs, servitūtis *f*	die Sklaverei, die Knechtschaft	27
servus, -ī *m*	der Diener, der Sklave	1
seu/sīve	oder, beziehungsweise	68
seu ... seu .../sīve ... sīve ...	sei es (, dass) ... oder (dass ...)	68
sevērus, -a, -um	ernst, streng	25
sex	sechs	4
sextus, -a, -um	der sechste	19
sī	wenn, falls	4
sibi *(Dat.)*	sich	20
sīc	so, auf diese Weise	17
sīdus, sīderis *n*	der Stern, das Sternbild	66
sīgnificāre, sīgnificō	anzeigen; bedeuten	69
sīgnum, -ī *n*	das Zeichen; das Feldzeichen	7
similis, simile	ähnlich	65
simulācrum, -ī *n*	das Bild; das Götterbild, die Götterstatue	51
simulāre, simulō	vortäuschen, heucheln	35
sine *(m. Abl.)*	ohne	9
sinere, sinō, sīvī, situm	lassen, zulassen, erlauben	33
singulāris, -e	einzeln; einzigartig	70
sinister, sinistra, sinistrum	links	36

sinus, sinūs *m*	der Bogen; die Bucht; die Brust	51
sistere, sistō, stitī, –	stehen bleiben; jemanden/etwas hinstellen, sich hinstellen	71
sitis, -is *f*; *Akk. Sg.*: sitim; *Abl. Sg.*: sitī	der Durst	63
situs, -a, -um	gelegen	25
sīve/seu	oder, beziehungsweise	68
sīve ... sīve .../seu ... seu ...	sei es (, dass) ... oder (dass ...)	68
socius, -ī *m*	der Gefährte, der Kamerad; der Bundesgenosse	18
sōl, sōlis *m*	die Sonne	35
sōl (-is) oriēns (-entis) *m*	die aufgehende Sonne, der Sonnenaufgang; der Osten	59
sōl (-is) occidēns (-entis) *m*	die untergehende Sonne, der Sonnenuntergang; der Westen	59
solēre, soleō, solitus sum	gewohnt sein, pflegen (zu tun)	36, 62
sollicitāre, sollicitō	beunruhigen, erregen	7
sōlum	nur	8
nōn sōlum ..., sed etiam ...	nicht nur ..., sondern auch ...	8
sōlus, -a, -um; *Gen.* sōlīus, *Dat.* sōlī	einzig, allein	46
solvere, solvō, solvī, solūtum	lösen, auflösen	37
somnium, -ī *n*	der Traum	64
somnus, -ī *m*	der Schlaf	29
sonus, -ī *m*	der Ton, der Klang; die Sprache	72
sophista, -ae *m*	der Sophist, der Weisheitslehrer	67
soror, sorōris *f*	die Schwester	20
sors, sortis *f*; *Gen. Pl.* sortium	das Los, das Schicksal	42
spargere, spargō, sparsī, sparsum	streuen, ausstreuen; bespritzen	48
spatium, -ī *n*	der Raum; der Zeitraum	56
speciēs, -ēī *f*	der Anblick, das Aussehen, der Schein	70
spectāre, spectō	(an)schauen, betrachten	3
spērāre, spērō	hoffen, erhoffen	25
spernere, spernō, sprēvī, sprētum	verachten, verschmähen	59
spēs, speī *f*	die Hoffnung, die Erwartung	37
spem dēpōnere	die Hoffnung aufgeben	37
spīrāre, spīrō	atmen, hauchen	69
spīritus, spīritūs *m*	der Atem; das Leben, der Lebensgeist	40
splendēre, splendeō	glänzen	64
splendor, -ōris *m*	der Glanz	72
spoliāre, spoliō *(m. Abl.)*	(einer Sache) berauben, (aus)rauben	32
Hominēs pecūniā spoliat.	Er beraubt die Menschen ihres Geldes.	32
spondēre, spondeō, spopondī, spōnsum	geloben, versprechen	72
sponte meā (tuā, suā, nostrā, vestrā, suā)	von selbst, freiwillig, auf eigenen Entschluss	40
stāre, stō, stetī, –	stehen, dastehen	9, 18
statim	sofort, auf der Stelle	6
statua, -ae *f*	die Statue	57
statuere, statuō, statuī, statūtum	aufstellen; festsetzen; beschließen	46
lēgem statuere	ein Gesetz aufstellen	46
Frātrem sepelīre statuī.	Ich habe beschlossen, (meinen) Bruder zu bestatten	46
studēre, studeō	sich bemühen, (tun) wollen; sich (wissenschaftlich) beschäftigen mit, studieren	7
vincere studēre	siegen wollen	7
amīcō studēre	sich um den Freund bemühen	7
studium, -ī *n*	die Bemühung, das Streben; die (wissenschaftliche) Beschäftigung	10
stultitia, -ae *f*	die Dummheit	32
stultus, -a, -um	dumm	27
sub	*(m. Akk.)* unter *(wohin?)*; *(m. Abl.)* unter *(wo?)*	9
sub monte	am Fuß des Berges	35
subicere, subiciō, subiēcī, subiectum	unterwerfen	47
subīre, subeō, subiī, subitum	daruntertreten; auf sich nehmen	44
subitō	plötzlich	2
succēdere, succēdō, successī, successum	nachfolgen; glücken	29, 34
succurrere, succurrō, succurrī, succursum	zu Hilfe eilen	63
sūmere, sūmō, sūmpsī, sūmptum	nehmen	11, 15, 43
summus, -a, -um	der höchste, der oberste; der letzte	32
in summō monte	auf dem Gipfel des Berges	71
in summō templō	oben auf dem Tempel; am höchsten Punkt des Tempels	52
sunt	sie sind; es gibt/findet statt	1

super *(m. Akk.)*	über	9
superāre, superō	überwinden; besiegen	15
superāre *(m. Abl.)*	übertreffen (an)	29
vī superāre	an Kraft übertreffen	29
superbia, -ae *f*	der Hochmut, der Stolz	60
superbus, -a, -um	hochmütig; stolz	22
superesse, supersum, superfuī, –	übrig sein; im Überfluss vorhanden sein; überleben *(m. Dat.)*	55
superī, superōrum *m*	die (Götter der) Oberwelt	38
superior, superius	der höhere; der frühere	61
supplex; *Gen.* supplicis	demütig, flehentlich	42
supplicāre, supplicō *(m. Dat.)*	demütig bitten; Dankopfer darbringen	62
Deō supplicō	ich bitte Gott demütig	62
supplicium, -ī *n*	die Strafe; die Todesstrafe, die Hinrichtung; das Gebet	8
suprā *(m. Akk.)*	über	69
suprēmus, -a, -um	der oberste; der letzte, der äußerste	38
surgere, surgō, surrēxī, surrēctum	aufstehen, sich erheben	36
suscipere, suscipiō, suscēpī, susceptum	aufnehmen; auf sich nehmen; unternehmen	18, 38
suscipere *(m. Gerundivum im Akk.)*	auf sich nehmen	65
sustinēre, sustineō, sustinuī, sustentum	aushalten, ertragen	14, 40
suus, -a, -um	sein, ihr	20
suī, -ōrum *m (Pl.)*	die Seinen/die Ihren	20
T		
taberna, -ae *f*	der Laden; das Wirtshaus	7
tabula, -ae *f*	die (Wachs-)Tafel, das Brett	3
tacēre, taceō	still sein, schweigen; verschweigen	3
tacitus, -a, -um	schweigend; still	29
taedium, -ī *n*	der Ekel, der Überdruss	57
tālis, tāle	solch, von solcher Art, so (beschaffen)	48
tam *(bei Adj.)*	so	14
tamen	dennoch, jedoch	10
tamquam	wie, als ob	62
tandem	endlich, schließlich	3
tangere, tangō, tétigī, tāctum	berühren; erreichen	15, 37
tantum	nur	40
tantus, -a, -um	so groß	35
taurus, -ī *m*	der Stier	36
tē *(Akk.)*	dich	10

tēctum, -ī *n*	das Haus	16
tegere, tegō, tēxī, tēctum	bedecken, schützen, verbergen	46
tellūs, -ūris *f*	die Erde	71
tēlum, -ī *n*	das Geschoss; das Wurfgeschoss, der Pfeil	39
temerārius, -a, -um	unüberlegt, planlos	75
temperantia, -ae *f*	das Maßhalten, die Besonnenheit	69
temperāre, temperō	*(m. Dat.)* mäßigen; schonen; *(m. Akk.)* mischen; ordnen; *(ā/ab)* sich fernhalten (von)	33
īrae temperō	ich mäßige den Zorn	33
rem pūblicam temperō	ich ordne den Staat	33
ā malīs hominibus temperō	ich halte mich von bösen Menschen fern	33
tempestās, tempestātis *f*	das Unwetter, das Gewitter	24
templum, -ī *n*	der Tempel	4
temptāre, temptō	*(m. Inf.)* versuchen (zu tun); *(m. Akk.)* angreifen; betasten	38
oppidum temptāre	die Stadt angreifen	38
oppidum dēfendere temptāre	versuchen, die Stadt zu verteidigen	38
tempus, temporis *n*	die Zeit	11
tempus agere	seine Zeit verbringen	14
tendere, tendō, tetendī, tentum	spannen; (aus)strecken, richten; streben	38
tenebrae, -ārum *f (Pl.)*	die Dunkelheit, die Finsternis	56
tenēre, teneō	halten, festhalten	17
(in) memoriā tenēre	in Erinnerung haben, im Gedächtnis behalten	17
terere, terō, trīvī, trītum	reiben, abreiben; verbringen, vergeuden	75
tergum, -ī *n*	der Rücken	36
terra, -ae *f*	das Land; die Erde	15
terrā marīque	zu Wasser und zu Lande	51
terrēnus, -a, -um	irdisch	70
terrēre, terreō	(jemanden) erschrecken	16
terribilis, terribile	schrecklich	45
terror, terrōris *m*	der Schrecken, die Angst	42
testāmentum, -ī *n*	das Testament	34
testis, testis *m*; *Gen. Pl.* testium	der Zeuge	32
theātrum, -ī *n*	das Theater	5
thermae, -ārum *f (Pl.)*	die Thermen, die öffentlichen Badeanlagen	54
tibi *(Dat.)*	dir	10

timēre, timeō	fürchten, sich fürchten; Angst haben	4
timor, timōris *m*	die Angst, die Furcht	9
toga, -ae *f*	die Toga	9
tolerāre, tolerō	erdulden, ertragen	33
tollere, tollō, sustulī, sublātum	hochheben, aufheben; beseitigen, wegnehmen	19, 36
gladiō tollere	mit dem Schwert töten	19
torquēre, torqueō, torsī, tortum	foltern, quälen; drehen	17, 41
tot *(indekl.)*	so viele	43
totiēns	so oft	66
tōtus, -a, -um; *Gen.* tōtīus, *Dat.* tōtī	ganz	31
trādere, trādō, trādidī, trāditum	übergeben; überliefern	16, 32
trādere *(m. Gerundivum im Akk.)*	übergeben	65
trahere, trahō, trāxī, tractum	ziehen, schleppen	34
trānquillus, -a, -um	ruhig, gelassen	72
trāns *(m. Akk.)*	über ... hinüber; jenseits	55
trānscendere, trānscendō, trānscendī, trānscēnsum	hinübergehen; überqueren	29, 36
trānsīre, trānseō, trānsiī, trānsitum *(m. Akk.)*	hinübergehen, überqueren; überschreiten	47
Alpēs trānseō	ich überquere die Alpen	47
trānslātiō, -ōnis *f*	die Übertragung	65
tremere, tremō, tremuī, – *(m. Akk.)*	zittern (vor)	71
trēs, tria	drei	4
tribuere, tribuō, tribuī, tribūtum	zuteilen	34
tribūnus, -ī *m*	der Tribun	34
trīstis, trīste	traurig, düster	33
tū	du	3
tuērī, tueor, –	betrachten; bewahren; schützen	65
tum	dann, darauf, da; damals	2
tunc *(Adv.)*	dann, darauf; da; damals	58
tunica, -ae *f*	die Tunika	9
turba, -ae *f*	die (Menschen-)Menge; das Durcheinander, das Gedränge	5
turbāre, turbō	durcheinanderbringen, verwirren, stören	33
turpis, turpe	hässlich, schändlich	39
tūtus, -a, -um (ā/ab)	sicher (vor), geschützt (vor/gegen)	42
tuus, -a, -um	dein	20

U

ubī *(Subj.)*	sobald	29
ubī?	wo?	1
ūllus, -a, -um; *Gen.* ūllīus, Dat. ūllī *(nach Verneinung)*	irgendein	56
ultimus, -a, -um	der letzte, der entfernteste, der äußerste	47
ultrō *(Adv.)*	freiwillig; darüber hinaus	49
Rōmānī Caesarī ultrō honōribus afficiunt.	Die Römer erweisen Caesar freiwillig Ehren.	49
Ultrōque eī togam purpuream dant.	Und darüber hinaus geben sie ihm die Purpurtoga.	49
umbra, -ae *f*	der Schatten	22
umerus, -ī *m*	die Schulter	18
umquam	jemals	48
ūnā	zusammen	40
unda, -ae *f*	die Welle, die Woge	36
unde?	woher?	44
ūndecimus, -a, -um	der elfte	19
undique	von überall her, von allen Seiten	47
ūniversus, -a, -um	all, ganz, sämtlich	42
ūnus, -a, -um; *Gen.* ūnīus, *Dat.* ūnī	ein(er), ein einziger	13
ūnus ē virīs	einer von den Männern/der Männer	13
urbānus, -a, -um	städtisch, Stadt-	69
urbs, urbis *f*; *Gen. Pl.* urbium	die Stadt, die Großstadt; die Hauptstadt	13
ūsque ad *(m. Akk.)*	bis nach, bis zu	61
ūsus, ūsūs *m*	der Gebrauch, der Nutzen	53
ūsuī est *(Dat. d. Zwecks)*	es ist nützlich	53
ut	wie	10
ut dīcunt	wie man sagt	15
ut *(m. Konj.)*	dass; sodass; damit, um ... zu	37
uterque, utraque, utrumque; *Gen.* utrīusque, *Dat.* utrīque	jeder von beiden, beide	39
ūtī, ūtor, ūsus sum *(m. Abl.)*	gebrauchen, benutzen	61
ūtilis, ūtile	nützlich	29
utinam	(erfüllbar) hoffentlich, doch bitte; (unerfüllbar) wenn doch	58

(utrum) ... an ... *(indirekte Frage)*	ob ... oder ...	49
Rogō, utrum veniat an nōn. / Rogō, veniat an nōn.	Ich frage, ob er kommt oder nicht.	49
(utrum) ... an ...?	... oder ...?	49
uxor, uxōris *f*	die Ehefrau	35
uxōrem dūcere	(eine Frau) heiraten	35

V

vacāre, vacō *(m. Abl.)*	leer sein, frei sein (von etw.); Zeit haben	58
dolōribus vacat	er hat keine Schmerzen	58
vagārī, vagor, vagātus sum	umherstreifen	73
valdē	sehr	64
valēre, valeō	gesund sein; vermögen; Einfluss haben	20
valē!/valēte!	lebe wohl!/lebt wohl!	20
nihil valēre	keinen Einfluss haben, nichts vermögen	20
valētūdō, valētūdinis *f*	das Befinden; die Gesundheit, die Krankheit	58
vallis, vallis *f*; *Gen. Pl.* vallium	das Tal	72
varius, -a, -um	vielfältig, verschieden, bunt	51
vās, vāsis *n*; *Pl.* vāsa, vāsōrum	das Gefäß	16
vāstāre, vāstō	verwüsten	55
vāstus, -a, -um	öde, weit, unermesslich	56
vehemēns; *Gen.* vehementis	heftig, nachdrücklich, energisch	53
vel	oder	27
vel etiam	oder sogar	59
vel ... vel	entweder ... oder	27
velle, volō, voluī, –	wollen	14
velim/nōlim	(erfüllbar) hoffentlich; doch bitte/hoffentlich nicht; doch bitte nicht	58
vellem/nōllem	(unerfüllbar) wenn doch/wenn doch nicht	58
velut	wie, wie zum Beispiel	27
vendere, vendō, vendidī, venditum	verkaufen	4, 20, 32
venēnum, venēnī *n*	das Gift	55
venerārī, veneror	verehren, anbeten	62
venia, -ae *f*	die Nachsicht, die Verzeihung	6
veniam dare	verzeihen	6
venīre, veniō, vēnī, ventum	kommen	2, 15, 31
venter, ventris *m*	der Bauch, der Magen	74

ventus, -ī *m*	der Wind	36
verbum, -ī *n*	das Wort	3
verba facere	sprechen, reden	13
vērē	echt, wahrhaftig	67
verērī, vereor, veritus sum	fürchten; verehren	60
vērō	wirklich; aber	61
versārī, versor, versātus sum (in *m. Abl.*)	sich aufhalten, sich befinden (in); sich beschäftigen (mit)	60
in Italiā versor	ich halte mich in Italien auf/befinde mich in Italien	60
in artibus versor	ich beschäftige mich mit den Künsten	60
versus, -ūs *m*	die Zeile, der Vers	67
vertere, vertō, vertī, versum	drehen, (um)wenden	22, 36
ferrum in sē vertere	das Schwert gegen sich (selbst) richten	22
oculōs vertere (in)	seinen Blick wenden, seinen Blick richten (auf)	22
vērum	aber, sondern	70
vērus, -a, -um	echt, richtig, wahr	43
vester, vestra, vestrum	euer	20
vestīgium, -ī *n*	die Spur	57
vestis, vestis *f*; *Gen. Pl.* vestium	das Kleid, die Kleidung	9
vetāre, vetō, vetuī, vetitum	verbieten	35
vetus; *Gen.* veteris	alt	31
vexāre, vexō	quälen	67
via, -ae *f*	der Weg, die Straße	13
viam facere	eine Reise machen	13
victor, victōris *m*	der Sieger	33
victōria, -ae *f*	der Sieg	33
vīcus, -ī *m*	die Gasse; das Dorf	9
vidēre, videō, vīdī, vīsum	sehen	5, 15, 41
vidērī, videor, vīsus sum	scheinen	62
vīgintī	zwanzig	29
vīlla, -ae *f*	die Villa, das Landhaus	26
vincere, vincō, vīcī, victum	siegen, besiegen	7, 15, 31
vinculum, -ī *n*	die Fessel	12
in vincula dare	fesseln, in Fesseln legen	12
vindicāre, vindicō	in Anspruch nehmen; befreien, retten; bestrafen	34
in lībertātem vindicāre	befreien	34
vīnum, -ī *n*	der Wein	2

violāre, violō	verletzen, misshandeln	20
vir, virī *m*	der Mann	11
virgō, virginis *f*	die Jungfrau, die junge Frau, das Mädchen	43
virtūs, virtūtis *f*	die Tugend; die Tapferkeit; die Tüchtigkeit; *Pl.* die guten Taten, die Leistung; die guten Eigenschaften	32
vīs, –, –, vim, vī *f*; *Pl.* vīrēs, vīrium	die Kraft, die Gewalt; die Menge; *Pl. auch:* die Streitkräfte	17
vī et armīs	mit Waffengewalt	25
vīsere, vīsō, vīsī, –	besuchen, besichtigen	52
vīta, -ae *f*	das Leben, die Lebensweise	5
vītāre, vītō	meiden, vermeiden	45
vitium, -ī *n*	der Fehler, das Laster, die schlechte Eigenschaft	41
vīvere, vīvō, vīxī, –	leben	16
vīvus, -a, -um	lebend, lebendig; zu Lebzeiten	46
vix	kaum, nur mit Mühe	7
vōbīs *(Dat.)*	euch	10
vocāre, vocō	rufen	2
vocāre *(m. dopp. Akk.)*	nennen/bezeichnen ... als	39
volāre, volō	fliegen, eilen	37
voluntās, voluntātis *f*	der Wille	16
voluptās, voluptātis *f*	die Lust, das Vergnügen	69
volvere, volvō, volvī, volūtum	wälzen, rollen	54
librum volvere	ein Buch lesen	54
in animō volvere	überlegen, erwägen	54
vōs	*Nom.* ihr; *Akk.* euch	10
vōtum, -ī *n*	das Gelübde; das Gebet	70
vōx, vōcis *f*	die Stimme; das Wort	7
vulgus, -ī *n*	das Volk	58
vulnerāre, vulnerō	verwunden	73
vulnus, vulneris *n*	die Wunde	8
vulnus cūrāre	eine Wunde behandeln	8
vultus, vultūs *m*	das Gesicht; die Miene, der Gesichtsausdruck; *Pl.* die Gesichtszüge	25

A

Adam: erster von Gott (→ Deus) geschaffener Mensch

Aenēās, -ae *m*: trojanischer Held, Stammvater der Römer; nach seiner Flucht aus Troja gründete er eine neue Stadt in Italien

Aesōpus, -ī *m*, *Äsop:* griech. Fabeldichter, 6. Jh. v. Chr.

Agrippīna, -ae *f*, *Agrippina die Ältere:* Ehefrau des Kaisers → Germanicus, Mutter des späteren Kaisers → Caligula

Alexamenos, -ī *m*: griech. männlicher Vorname

Ambrosius (-ī) Calepīnus (-ī) *m*, *Ambrogio Calpino:* ital. Lexikograph der Renaissance (ca. 1440–1510), der das lateinische Wörterbuch *Dictionarium* verfasste

Amor, -ōris *m*: röm. Gott der Liebe, Sohn der → Venus. Als Vater wird bisweilen Mars, bisweilen auch Jupiter genannt.

Anaxagorās, -ae *m*: Naturphilosoph, ca. 450 v. Chr.

Anaximenēs, -is *m*, *Anaximenes von Milet:* Naturphilosoph, Vorsokratiker, ca. 550 v. Chr.

Aquae (-ārum) Granī *f (Pl.)*: Aachen

Archelāus, -ī *m*, *Archelaos:* sehr reicher König von Makedonien, Zeitgenosse des → Sokrates

Aristotelēs, -is *m*: bedeutender griech. Philosoph, Schüler Platons; 384–322 v. Chr.

Arntzen, Helmut: Literaturwissenschaftler, der auch Fabeln verfasste (1931–2014)

Athēnae, -ārum *f*: Athen

Athēniēnsēs, -ium *m*: die Athener

Augusta (-ae) Trēverōrum *f*: Trier

Augustus, -ī *m*, *Gaius Iulius Caesar Octavianus*: erster Kaiser Roms, 27 v. Chr. Ehrentitel „Augustus", gest. 14 n. Chr.

B

Bāioāriī, -ōrum *m*: die Bayern

Bīthynia (-ae *f*) et Pontus (-ī *m*), *Bithynien und Pontus:* röm. Provinz an der Südwestküste des Schwarzen Meeres

Bosporus, -ī *m*: Meerenge zwischen der griech. Landschaft Thrakien und Kleinasien; heute zwischen den beiden Teilen der türkischen Stadt Istanbul (ehemals: Konstantinopel, → Constantinopolis)

Britannī, -ōrum *m*: die Britannier; *Adj.:* **Britannus, -a, -um:** britannisch, aus Britannien

Britannia, -ae *f*: Britannien

Bȳzantium, -ī *n*, *Byzanz:* ehemaliger Name von Konstantinopel (→ Constantinopolis)

C

Caesar, -is *m*: 1. *Gaius Iulius Caesar:* 100–44 v. Chr. (ermordet); röm. Feldherr, Politiker und Schriftsteller; 2. Beiname röm. Kaiser

Caligula, -ae *m*, *Gaius Caesar Augustus Germanicus:* röm. Kaiser 37–41 n. Chr.

Campus (-ī) Mārtius (-ī) *m*, *Marsfeld:* → Mars geweihtes Gelände außerhalb der Stadtmauern Roms

Castra (-ōrum) Rēgīnā (-ōrum) *n (Pl.)*: Regensburg

Chrīstiānus, -ī *m*: der Christ; *Adj.:* **Chrīstiānus, -a, -um:** christlich

Chrīstus, -ī *m*: Beiname Jesu (→ Iesus)

Cicerō, -ōnis *m*, *Marcus Tullius Cicero:* Politiker, Redner und Schriftsteller; 106–43 v. Chr. (ermordet)

Claudius, -ī *m*, *Tiberius Claudius Caesar Augustus Germanicus:* röm. Kaiser 41–54 n. Chr.

Cleopatra, -ae *f*, *Kleopatra:* letzte Königin von Ägypten, Geliebte des → Caesar, gest. 30 v. Chr.

Cōnstantīnopolis, -is *f*, *Konstantinopel:* ab 330 n. Chr. Residenzstadt des Kaisers Konstantin (→ Constantinus); früher: Byzanz, heute: Istanbul

Cōnstantīnus, -ī *m*, *Flavius Valerius Constantinus, Konstantin der Große*: röm. Kaiser 306–337 n. Chr., besiegte → Maxentius in der Schlacht an der Milvischen Brücke (→ pons Mulvius) 312 n. Chr. und ab da Alleinherrscher

D

Darwin, Charles David: Naturwissenschaftler des 19. Jh., Begründer der Evolutionstheorie

Delphī, -ōrum *m*: Stadt in Griechenland, Sitz des Orakels

Dēmocritus, -ī *m*, *Demokrit von Abdera*: Naturphilosoph, Vorsokratiker, ca. 400 v. Chr.

Deus, -ī *m*: Gott, Gott der Juden und Christen

Domitiānus, -ī *m*, *Titus Flavius Domitianus Augustus:* röm. Kaiser 81–96 n. Chr.

Dōnātus, -ī *m*: röm. Heerführer der *legio fulminata* („Blitz-Legion") unter → Mark Aurel

E

Einhardus, -ī *m*, *Einhard:* Gelehrter unter Karl dem Großen (→ Karolus Magnus), 770–840 n. Chr.

Epicūrēī, -ōrum *m*, *die Epikureer:* Anhänger der Lehre → Epikurs

Epicūrus, -ī *m*, *Epikur:* Philosoph, 3. Jh. v. Chr.; lehrte das glückselige Leben, dessen Grundlage die Lust (lat. *voluptas*) ist; „Lust" bedeutet hier die Abwesenheit von Schmerz

Erasmus von Rotterdam, *Desiderius Erasmus von Rotterdam*: niederländischer Gelehrter der Renaissance (ca. 1466–1536)

Eurōpa, -ae *f*: Europa

F

Francī, -ōrum *m*: die Franken

G

Gaarder, Jostein: dänischer Schriftsteller, Roman *Sofies Welt* (1993)

Germānī, -ōrum *m*: die Germanen; *Adj.:* **Germānus, -a, -um:** germanisch

Germānia, -ae *f*: Germanien

Germānicus, -ī *m*, *Germanicus Iulius Caesar:* röm. Feldherr, Vater des → Caligula

Graecī, -ōrum *m*: die Griechen; *Adj.:* **Graecus, -a, -um:** griechisch

Graecia, -ae *f*: Griechenland

H

Helena, -ae *f*: Mutter des Kaisers Konstantin (→ Constantinus)

Hēraclītus, -ī *m*, *Heraklit von Ephesos:* Naturphilosoph, Vorsokratiker, ca. 500 v. Chr.

Herculēs, -is *m*, *Herkules:* berühmtester Held der griech. Sagenwelt (griech. Herakles), Sohn des Jupiter (→ Iuppiter); vollbrachte zwölf Heldentaten

Hierosolyma, -ōrum *n*: Jerusalem

Hispānia, -ae *f*: Spanien

Hūnnī, -ōrum *m*, *die Hunnen:* Volk in Asien

I

Iēsūs (-ū) Chrīstus (-ī) *m*: Jesus Christus, gest. ca. 31 n. Chr.

Incitātus, -ī *m*: Pferd des Kaisers → Caligula

Irminsul: mittelalterliches Heiligtum in Sachsen, von Karl dem Großen (→ Karolus Magnus) 772 n. Chr. zerstört

Italia, -ae *f*: Italien

Iuppiter, Iovis *m*, *Jupiter:* Göttervater (griech. Zeus); Gott des Wetters; oft dargestellt mit Blitzbündel; hatte zahlreiche außereheliche Liebschaften

Iūstīniānus, -ī *m*, *Flavius Petrus Sabbatius Iustinianus, Justinian:* röm. Kaiser 527–565 n. Chr.

J

julisch-claudisches Kaiserhaus: Kaiserhaus der Julier und Claudier, von → Augustus begründet, endete mit → Nero

Justinian → **Iūstīniānus**

K

Karolus (-ī) Māgnus (-ī) *m*, *Karl der Große:* König des Frankenreichs 768–814 n. Chr., 800 n. Chr. vom Papst in Rom zum Kaiser gekrönt

L

Latīnus, -a, -um: lateinisch

Latium, -ī *n*: Landschaft in Mittelitalien

Leonardo da Vinci: ital. Universalgelehrter der Renaissance (1452–1519)

Lessing, Gotthold Ephraim: Schriftsteller der Aufklärung, der Gedichte, Dramen, Fabeln und theoretische Schriften zur Philosophie, Ästhetik und Theologie verfasste (1729–1781)

Līmes, -itis *m*, *der Limes:* Außengrenze des Römischen Reiches, z. B. Grenzwall in Germanien und Britannien

Linné, Carl von, *Linnaeus:* schwedischer Naturforscher des 18. Jh., Hauptwerk: *Systema naturae*

Lūcīlius, -ī *m*, *Lucilius:* Freund des Philosophen → Seneca

Luther, Martin: Begründer der Reformation (1483–1546)

M

Marcomannī, -ōrum *m*, *die Markomannen:* Volk in Germanien

Mārcus (-ī) Aurēlius (-ī) *m*, *Mark Aurel:* röm. Kaiser (161–180 n. Chr.) und Philosoph *(Selbstbetrachtungen)*

Mārs, Mārtis *m*: Gott des Krieges (griech. Ares), oft dargestellt mit Rüstung

Mārtiālis, -is *m*, *Marcus Valerius Martialis, Martial:* röm. Dichter der Kaiserzeit, gest. ca. 102 n. Chr.

Māxentius, -ī m, *Marcus Aurelius Valerius Maxentius:* röm. Kaiser 306–312 n. Chr., gest. 312 n. Chr. in der Schlacht an der Milvischen Brücke (→ pons Mulvius)

Mediōlānum, -ī *n*: Mailand

Mercurius, -ī *m*, *Merkur:* Götterbote, Gott der Reisenden, des Handels und der Diebe (griech. Hermes); Sohn des Jupiter (→ Iuppiter); oft dargestellt mit Flügelhelm, -schuhen und Heroldsstab

Mirandola, Giovanni Pico della: ital. Philosoph der Renaissance (1463–1494)

Morus, Thomas, *Thomas More:* englischer Staatsmann und Schriftsteller der Renaissance, der vor allem für das Werk *Utopia* über eine neue Art der Gesellschaft berühmt ist (1478–1535)

N

Neptūnus, -ī *m*, *Neptun:* Gott des Meeres (griech. Poseidon), oft dargestellt mit Dreizack

Nerō, -ōnis *m*, *Nero Claudius Caesar Augustus Germanicus:* röm. Kaiser 54–68 n. Chr.

Nerva, -ae *m*, *Marcus Cocceius Nerva:* röm. Kaiser 96–98 n. Chr.

O

Odoacar, -āris *m*, *Odoaker:* Germanenfürst, vertrieb den letzten röm. Kaiser → Romulus Augustulus 476 n. Chr.

Olympia, -iōrum *n*: Olympische Spiele; sportlicher Wettkampf, der seit 776 v. Chr. alle vier Jahre zu Ehren des Zeus (→ Iuppiter) stattfand

P

Petrarca, Francesco: einer der Mitbegründer der Renaissance (1304–1374), von dem der Begriff des „finsteren Mittelalters" stammt

Petrus, -ī *m*, *Petros:* männlicher Vorname

Phaedrus, -ī *m*: röm. Fabeldichter, 1. Jh. n. Chr.

Plīnius, -ī *m*, *Gaius Plinius Secundus, Plinius minor, Plinius der Jüngere:* Statthalter der röm. Provinz → Bithynien und Pontos, Schriftsteller (Briefe über den Ausbruch des → Vesuvs), Neffe Plinius' des Älteren, gest. ca. 115 n. Chr.

pōns (-ntis) Mulvius (-ī) *m*, *die Milvische Brücke:* Brücke über den Fluss Tiber, wo die Schlacht zwischen Konstantin (→ Constantinus) und → Maxentius stattfand

Prōserpina, -ae *f*: Herrscherin der Unterwelt (griech. Persephone), Ehefrau von Pluto (Gott der Unterwelt), oft dargestellt mit Granatapfel oder Hahn

Prōtagorās, -ae *m*, *Vok.* **Prōtagorā,** *Protagoras aus Abdera*: griech. Philosoph, Sophist, 5. Jh. v. Chr.

Psȳchē, -ēs *f*, *Gen.* **Psȳches,** *Dat.* **Psȳchae,** *Akk.* **Psȳchen,** *Abl.* **Psȳchā:** griech. „Seele", Königstochter, Geliebte und Ehefrau des → Amor

Pȳthagorās, -ae *m*, *Pythagoras von Samos:* griech. Philosoph und Mathematiker, Vorsokratiker, ca. 540 v. Chr.

R

Ravenna, -ae *f*: Stadt an der Adria, ab 402 n. Chr. Residenzstadt des röm. Kaisers

Rhēnus, -ī *m*: der Rhein

Rōma, -ae ***f*****:** Rom

Rōmānī, -ōrum ***m*****:** die Römer; *Adj.*: **Rōmānus, -a, -um:** römisch

Rōmulus (-ī) Augustūlus (-ī) ***m*****,** *Flavius Romulus Augustus:* letzter röm. Kaiser 475–476 n. Chr., vom Germanenfürst → Odoaker vertrieben

S

Saxonēs, -um ***m*****:** die Sachsen

Seneca, -ae ***m*****,** *Lucius Annaeus Seneca:* berühmter Philosoph und Schriftsteller u. a. der *Briefe an Lucilius*, Erzieher des röm. Kaisers → Nero

Sōcratēs, -is ***m*****,** *Sokrates:* griech. Philosoph, der durch gezieltes Befragen seiner Gesprächspartner Lösungen zu philosophischen Problemen sucht („sokratischer Dialog"); gest. 399 v. Chr.

Sōl, -is ***m*****:** Sonnengott (griech. Helios)

Stoa, die → Stōicī

Stōicī, -ōrum ***m*****,** *die Stoiker:* Vertreter der Philosophenschule Stoa, die unabhängig von äußerem Schicksal leben wollen (stoische Ruhe)

T

Tassilō, -ōnis ***m*****:** bayerischer Herzog zur Zeit Karls des Großen (→ Karolus Magnus)

Thalēs (-ētis) Mīlēsius (-ī) ***m*****,** *Thales von Milet:* Naturphilosoph, gilt als erster Philosoph, Vorsokratiker, ca. 600 v. Chr.

Theodōra, -ae ***f*****:** Ehefrau des Justinian (→ Iustinianus)

Theodosius, -ī ***m*****,** *Flavius Theodosius, Theodosius I.*: röm. Kaiser 379–395 n. Chr., machte das Christentum zur Staatsreligion des röm. Reiches

Tiberius, -ī ***m*****,** *Tiberius Iulius Caesar Augustus:* Stiefsohn des → Augustus, röm. Kaiser 14–37 n. Chr.

Titus, -ī ***m*****,** *Titus Flavius Vespasianus:* 1. röm. Kaiser 69–79 n. Chr.; 2. Titus' Sohn, röm. Kaiser 79–81 n. Chr.

Trāiānus, -ī ***m*****,** *Marcus Ulpius Traianus, Trajan*: röm. Kaiser 98–117 n. Chr., unter dessen Herrschaft das röm. Reich seine größte Ausdehnung besaß

Trōia, -ae ***f*****:** Stadt in Kleinasien, Schauplatz des Trojanischen Krieges

V

Vandalī, -ōrum ***m*****,** *die Vandalen:* Volk in Germanien

Vārus, -ī ***m*****,** *Publius Quinctilius Varus:* Statthalter von Germanien unter → Augustus, 9 n. Chr. im Teutoburger Wald gefallen; **clādēs (-is) Vāriāna (-ae)** ***f*****:** die Niederlage des Varus

Venus, -eris ***f*****:** röm. Göttin der Liebe (griech. Aphrodite), oft dargestellt mit Rosen

Vesuvius, -ī ***m*****,** *Vesuv:* Vulkan in Süditalien

Vitrūvius, -ī, ***m*****,** *Marcus Vitruvius Pollio, Vitruv*: röm. Architekt und Verfasser des Werks *De architectura*, 1. Jhdt. v. Chr.

Voluptās, -ātis ***f*****:** lat. „Lust", Tochter von → Amor und → Psyche

Vulcānus, -ī ***m*****:** röm. Gott des Feuers und der Schmiedekunst (griech. Hephaistos), Sohn des Jupiter (→ Iuppiter), oft dargestellt mit Hammer und Amboss

Z

Zephyrus, -ī ***m*****:** Westwind; milder Frühlingswind, der die Erde fruchtbar machte

Die römische Welt in der Kaiserzeit

Die XVII wichtigsten Kaiser

Frühe Kaiserzeit	**Regierungszeit**
Augustus	31 v. Chr.–14 n. Chr.
Tiberius	14–37 n. Chr.
Gaius (Caligula)	37–41 n. Chr.
Claudius	41–54 n. Chr.
Nero	54–68 n. Chr.
Mittlere Kaiserzeit	
Vespasian	69–79 n. Chr.
Titus	79–81 n. Chr.
Domitian	81–96 n. Chr.
Nerva	96–98 n. Chr.
Trajan	98–117 n. Chr.
Hadrian	117–138 n. Chr.
Antoninus Pius	138–161 n. Chr.
Mark Aurel	161–180 n. Chr.
Späte Kaiserzeit	
häufig wechselnde sog. Soldatenkaiser	*180–284 n. Chr.*
Diokletian	284–305 n. Chr.
Konstantin der Große	306–337 n. Chr.
Theodosius I.	379–395 n. Chr.
Romulus Augustulus	475–476 n. Chr.
Iustinian	527–565 n. Chr.

Die IX wichtigsten Rechtsgrundsätze der Römer §

Audiatur et altera pars.	→ S. 31
In dubio pro reo (iudicandum est).	
Ius naturae est immutabile.	
Ius est ars boni et aequi.	→ S. 17
Ne bis in idem (crimen iudicetur).	→ S. 31
Nulla poena sine lege.	→ S. 31
Sensum, non verba spectamus.	
Summum ius summa iniuria.	→ S. 17
Iustitia est constans et perpetua voluntas ius suum cuique tribuens.	→ S. 35

Die V wichtigsten Daten – Christen und Rom

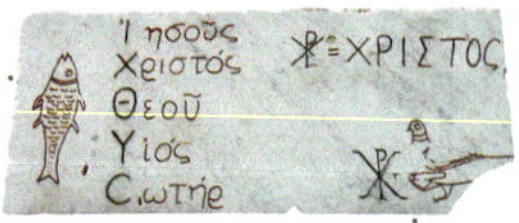

Nero	Erste Christenverfolgung nach Brand Roms → S. 14
Trajan	Christenbrief des Plinius → S. 17
2./3. Jh.	zahlreiche Christenverfolgungen → S. 18, 21
Konstantin	Edikt von Mailand (Religionsfreiheit) → S. 22
Theodosius	Edikt des Theodosius (Christentum Staatsreligion) → S. 22, 30

VI sehenswerte Limes-Orte in Bayern

Passau	*Boiotro*	Kastell Boiotro
Künzing	*Quintana*	Museum Quintana
Straubing	*Serviodurum*	Schatzfund
Regensburg	*Castra Regina*	Legionslager
Eining/Hienheim	*Abusina*	rekonstruierter Wachturm
Weißenburg	*Biriciana*	Schatzfund
Ruffenhofen		„Limeseum"

X Fakten über Römer und Germanen

Kaiser/Epoche	*Ereignisse*
Augustus	Niederlage im Teutoburger Wald: Vernichtung dreier Legionen unter Varus durch den Cherusker Arminius → S. 10
Tiberius	Feldzüge des Germanicus (Neffe des Kaisers): Er gewinnt zwei der drei verlorenen Legionsadler zurück und feiert einen Triumph über Germanien (vom Rhein bis zur Elbe); tatsächlich werden die rechtsrheinischen Gebiete aber schnell wieder aufgegeben. → S. 10, 13
Caligula	Caligula erreicht militärisch nichts, feiert aber einen Triumph über die Germanen. → S. 10, 13
1. Jh.	Der Rhein wird durch Legionslager und Stadtgründungen als Grenze gesichert. Es entstehen u. a. *Mogontiacum* (Mainz), *Colonia Claudia Ara Agrippinensium* (Köln), *Vetera* (Xanten).
Vespasian, Domitian	Das Gebiet zwischen Rhein und Donau wird erobert und als Provinz Germania superior eingerichtet. Deren Nordgrenze wird später zum Limes ausgebaut. → S. 18
Hadrian	Hadrian beendet die Expansionspolitik und setzt auf Grenzsicherung. In Britannien entsteht der Hadrianswall, in Germanien der rätisch-obergermanische Limes zwischen Rhein und Donau in Form von Palisadenzäunen.
2./Anfang 3. Jh.	Der Limes wird weiter ausgebaut und durch Kastelle, Wachtürme und Legionslager gesichert. Er schützt vor Plünderungszügen und unkontrollierter Einwanderung und sichert damit auch den friedlichen Handel und Austausch zwischen Römern und Germanen. → S. 18
Mark Aurel	Große, organisierte Barbareneinfälle vermag der Limes nicht zu verhindern. U. a. führt Mark Aurel Kriege gegen Quaden und Markomannen. → S. 18, 21
um 260	Limesfall: Die Römer müssen den obergermanisch-rätischen Limes räumen und ziehen sich auf die Flussgrenzen zurück.
4. Jh.	Errichtung neuer Grenzbefestigungen hinter der früheren Linie; trotz verheerender Germaneneinfälle hält das Grenzsystem insgesamt bis ins 5. Jh.

Zeitstrahl

776 v. Chr.
erste
Olympische
Spiele

Thales
(ca. 585 v. Chr.)
→ L 66

Sokrates
(439–399 v. Chr.)
→ L 67

Caesar
(100–44 v. Chr.)

Augustus
(63 v.–14 n. Chr.)

Traja
(reg.
117 n.
→ L 6

Königszeit

Republik

1000 v. Chr.

Trojanischer
Krieg

753 v. Chr.
Gründung
Roms der
Sage nach

509 v. Chr.
Sturz des
Tarquinius
Superbus
und
Gründung
der
Republik

500 v. Chr.

Cicero
(106–43 v. Chr.)

0

Seneca
(1–65 n. Chr.)
→ L 68

Mark Aurel
reg. 161–
180 n. Chr.)
→ L 63, L 68

Konstantin
(reg. 306–
337 n. Chr.)
→ L 64

aiserzeit

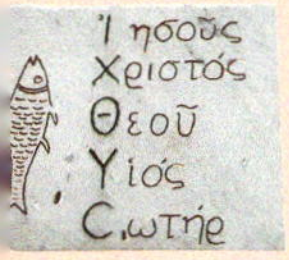

2. Jh. n. Chr.
usbreitung
s
ristentums
L 62, L 64

500 n. Chr.

476 n. Chr.
Untergang
des West-
römischen
Reiches
→ L 64

800
Krönung Karls
des Großen
→ L 65

1000 n. Chr.

Pico della
Mirandola
(1463–1494)
→ L 70

Leonardo
da Vinci
(1452–1519)
→ L 70

1453 Eroberung
Konstantinopels
durch die Türken
→ L 64

1500 n. Chr.

1492
Entdeckung
Amerikas

Bildquellenverzeichnis

Illustrationen und Karten

Cornelsen / Achim Norweg: Vorsatz.

Cornelsen / Erika Heiligendorff: Seiten 11, 12, 15, 19, 23, 24, 27, 28, 29, 39 oben, 40, 47, 50, 51, 52, 55, 56, 61 links, 82, 84, 88, 94, 97, 98, 102, 109.

Cornelsen / Barbara Steinitz: alle Abracadabra-Zeichen, Seiten 39 unten, 43, 44, 48, 61 rechts, 84, 86f., 89f., 95f., 103, 105, 108, 115f., 120.

Cornelsen / Dorothee Mahnkopf: Seiten 8f. Hintergrund, 36f. Hintergrund, 58 oben links, 65, 92.

Cornelsen / Detlev Seidensticker: S. 79.

Cornelsen / Roland Beier: S. 106.

Cornelsen / Ingrid Schobel: Nachsatz.

Abbildungen

Cover: *Vordergrund:* akg-images; *Mittelgrund:* akg-images/Erich Lessing; *Hintergrund:* akg-images/Hilbich; **S. 8/9 a** bpk /Scala – courtesy of the Ministero Beni e Att. Culturali, **b** bpk /Scala, **c** Bridgeman/G. Dagli Orti/De Agostini Picture Library, **d** bpk/Alfredo Dagli Orti, **e** Bridgeman/Ghigo Roli (Fuß), Bridgeman/Photo © Stefano Baldini (Hand), bpk/ Scala (Kopf), **f** mauritius images/imageBROKER/ Karl F. Schöfmann; **S. 10** bpk/DeA Picture Library/G. Nimatallah; **S. 13** o. Bridgeman Images/European School, (20th century), u. bpk/Münzkabinett, SMB; **S. 14** o. Bridgeman Images/Tarker, u. Bridgeman Images; **S. 17** Bridgeman Images/Zev Radovan; **S. 18** o. akg-images/Erich Lessing, u. bpk-Bildagentur/Herbert Kraft; **S. 19** Shutterstock/StGrafix; **S. 21** Bridgeman Images/Alinari; **S. 22** akg-images; **S. 24** mauritius images/alamy stock photo/Bildarchiv Monheim GmbH; **S. 25** akg-images; **S. 26** o. Bridgeman Images, u. bpk/Staatsbibliothek zu Berlin; **S. 29** akg-images/Schadach; **S. 30** o. Bridgeman Images/Zev Radovan, mi. und u. Bridgeman Images; **S. 31** o. Shutterstock/ 3fairyz, mi. li. interfoto e.k./Granger, NYC; **S. 34** Shutterstock.com/Val Iva; **S. 35** bpk/Scala; **S. 36/37 a** bpk, **b** akg/De Agostini Picture Lib., **c** bpk/Scala, **d** bpk/SMB/CoDArchLab, **e** bpk/DeA Picture Library, **f** Bridgeman Images; **S. 41** o. dpa Picture-Alliance/imageBROKER, u. mauritius images/dieKleinert; **S. 42** bpk/The Metropolitan Museum of Art; **S. 45** akg-images/Erich Lessing; **S. 46** li. akg-images/Peter Connolly, re. bpk/Antikensammlung, SMB/CoDArchLab; **S. 49** bpk/Scala; **S. 50** bpk/Nationalgalerie, SMB/Klaus Göken; **S. 53** interfoto e.k./Austrian National Library; **S. 54** bpk/ adoc-photos; **S. 57** o. Bridgeman Images, u. akg-images/British Library; **S. 58** o. re. bpk/Scala, u. bpk/adoc-photos; **S. 59** Shutterstock.com/3fairyz; **S. 61** o. (Kuh) Shutterstock.com/SunshineVector, u. Bridgeman Images; **S. 63** Bridgeman Images; **S. 64** Bridgeman Images/Photo © Christie's Images; **S.** 65 Bridgeman Images/Photo © Christie's Images (Amor und Psyche), shutterstock/flower travelin man (Emojis Herzchenauge, Zwinkern, Zeigefinger, verschmitzt), shutterstock/ ober-art (Emoji Erröten), shutterstock/graphixmania (Emojis Herz, Sternchenauge); **S. 69, 71, 73, 75, 77** Bridgeman Images; **S. 192** o. li. bpk /Scala, o. re. Bridgeman/G. Dagli Orti/De Agostini Picture Library, mi. li. bpk/Alfredo Dagli Orti, mi. re. bpk / Scala, u.li. bpk/Scala, u.re. Bridgeman Images/Zev Radovan; **S. 193** o. bpk-Bildagentur/Herbert Kraft, u. bpk/Münzkabinett, SMB; **S. 194/195** Reihe oben v. li. n. re.: akg-images/De A. Picture Lib. (Sokrates), akg-images (Augustus); Bridgeman Images (Marc Aurel), Mauritius images/alamy stock photo/adam eastland (Konstantinsbogen), Bridgeman Images (Krönung Karls d. Gr.), Bridgeman Images/Photo © S. Bianchetti (Pico della M.); Reihe unten v. li. n. re.: akg-images/De Agostini Picture Lib. (Wölfin), bpk/Alinari Archives (Brutus), bpk/Scala (Cicero), bpk/Antikensammlung, SMB/CoDArchLab (Seneca), Bridgeman Images/Zev Radovan (Ausbreitung Christentum)

Liste der Zauberstab-Übungen

Ordnungszauber

I. Ordne die Wörter nach Wortarten.
II. Ordne die Wörter nach Deklinationen oder Konjugationen.
III. Ordne die Wörter nach Wort- oder Sachfeldern.

Verwandlungszauber

IV. Verwandle Numerus oder Kasus.
V. Verwandle bei Verben den Numerus, die Person oder das Tempus, wechsle das Genus Verbi (Aktiv/Passiv) oder den Modus (Indikativ/Konjunktiv).
VI. Führe Wörter auf die Grundform oder die Lernform zurück.

Wortschatz-Gedächtnis-Zauber

VII. Schlage Bedeutungen im alphabetischen Wortverzeichnis nach.
VIII. Entwickle zu den Wörtern selbst Merkhilfen (→ Anleitung in Band 1, S. 157).
IX. Nenne zu den Wörtern Synonyme oder Antonyme.
X. Nenne verwandte Wörter aus anderen Sprachen oder deutsche Fremdwörter.
XI. Schreibe eine Reizwortgeschichte; oder schreibe eine Fortsetzung zu einem Text.

Zaubern zu zweit (oder zu mehreren)

XII. Denke dir selbst Aufgaben aus, die deine Lernpartner lösen sollen.
XIII. *Activitas!* Lasse deine Lernpartner „aktiv“ werden, indem sie lateinische Vokabeln erraten: Erkläre die Vokabeln auf Deutsch, male sie oder stelle sie pantomimisch dar.

Abkürzungen

Abb.	Abbildung
Abl.	Ablativ
Abl. abs.	Ablativus absolutus
AcI	Accusativus cum Infinitivo
adj.	adjektivisch
Adv.	Adverb
Akk.	Akkusativ
Akt.	Aktiv
Dat.	Dativ
Dekl.	Deklination
dt.	deutsch
f	feminin
F	Formenlehre
f./ff.	und folgende Seite/n
Fut. I	Futur I
Fut. II	Futur II
Gen.	Genitiv
gest.	gestorben
Ggw.	Gegenwart
griech.	griechisch
GZ	gleichzeitig
Imp.	Imperativ
Imperf.	Imperfekt
Ind.	Indikativ
indekl.	indeklinabel (wird nicht dekliniert)
Inf.	Infinitiv
Jh.	Jahrhundert
KNG	Kasus, Numerus, Genus
Konj.	Konjugation
Konj.	Konjunktiv
kons.	konsonantisch
Kons. Konj. (ĭ)	Konsonantische Konjugation mit i-Erweiterung
L	Lektion
lat.	lateinisch
m	maskulin
n	neutrum
n. Chr.	nach Christus
NcI	Nominativus cum Infinitivo
Nom.	Nominativ
NZ	nachzeitig
Obj.	Objekt
P.	Person
Pass.	Passiv
PC	Participium coniunctum
Perf.	Perfekt
PFA	Partizip Futur Aktiv
Pl.	Plural
Plqupf.	Plusquamperfekt
PPA	Partizip Präsens Aktiv
PPP	Partizip Perfekt Passiv
Präp.	Präposition
Präs.	Präsens
Prät.	Präteritum
röm.	römisch
S	Satzlehre
S.	Seite
Sg.	Singular
Subj.	Subjunktion
subst.	substantivisch
T	Tabelle
Ü	Übung
Übs.	Übersetzung
usw.	und so weiter
v. Chr.	vor Christus
Verg.	Vergangenheit
Vok.	Vokativ
VZ	vorzeitig
WH	Wiederholung
z. B.	zum Beispiel

Imperium Romanum

- Das Imperium um 46 v. Chr.
- Das Imperium bis 14 n. Chr.
- Das Imperium bis 200 n. Chr.